実戦演習民法

予備試験問題を
素材にして

古積 健三郎 *KOZUMI Kenzaburo*

弘文堂

は し が き

　本書は、土田伸也中央大学教授が著した『実戦演習行政法』(2018 年) に続く実戦演習シリーズの民法編である。令和2年度までの司法試験予備試験の問題を題材にして、具体的な事案を検討しながら、民法の基本から応用までを学習することを目的としている。この点は基本的に『実戦演習行政法』と異ならない。

　大学教員が資格試験の問題を解説する本を出版することに対しては、特に研究者の間で批判的な意見が少なくないように思われる。従来、教員がこのような本を書くことはほとんどなかったことも、そのことを暗示している。筆者自身も、かつて法学部の教員であったころには、学問を志す者が資格試験の解説などするものではない、と思っていた。それにもかかわらず本書を執筆した背景には、同僚の土田教授に依頼されたことのほかに、以下のような筆者自身の葛藤があった。

　2004 年に法科大学院制度が発足し、大学教員が法曹養成に関して直接的な責任を負うようになった今日、学生にとって最終関門となる司法試験について、教員が何もしないというのは一種の責任の放棄であろう。考えてみれば、旧司法試験制度の時代でも、司法試験考査委員の多くが大学教員によって構成されていたのであるから、教員は研究のほかには学内の授業さえやればよく、司法試験については学生に対するケアをしなくてもよい、とはいえなかったはずである。そのことが新司法試験制度の導入によっていっそう明確になったにすぎない。

　ただ、これを理由に筆者も 50 代の半ばにもなって司法試験関連の本を書くことにしたと説明すれば、おそらく、次のように反論されるだろう。あなたは法科大学院の教員であり、法科大学院の修了生が受験した司法試験の問題を解説することは、その職責に照らしてもっともかもしれない。しかし、予備試験はそれとは異なる。予備試験制度は、本来、法科大学院に進学しえ

ない経済的事情等を抱えた人を対象とするはずである。そのうえ、今では司法試験受験を志す法学部学生の大半が予備試験を受験し、予備試験制度は法科大学院制度を半ば形骸化させているのが現状である。その予備試験問題の解説を法科大学院の教員が書くのは矛盾ではないのか。

　しかし、筆者は、むしろ、学生が予備試験を重視し、法科大学院に関心を持たなくなっている状況にあるからこそ、このような本を書かなければならないと考えた。世間では、毎年の司法試験の合格率では予備試験合格者が法科大学院修了生より格段に良いことばかりが強調され、法科大学院の教育がまるでなっていないかのように批判する人間もいる。だが、司法試験を目指す学生の大半が学部在学中に予備試験を受験する以上、早々に予備試験に合格した学生が司法試験に合格する確率が高いのは当たり前であり、単に合格率をもって法科大学院の教育が悪いと糾弾するのは短絡的であろう。それにもかかわらず、結果として現れる数値だけが注目されるため、法学部の学生も法科大学院に行ってもいいことなどないと思い込んでしまう傾向にある。それゆえ、学部学生に法科大学院の良さを少しでも知ってもらうには、現役の教員がどんな教育をしてくれるのかを対外的に示さなければならない。そして、そのために最も効果的な方法は、多くの学部学生が受験する予備試験を題材にして、巷の受験予備校では決して得られない知見を示すことだ、と筆者は思い至った。

　こう説明しても、依然として、試験問題の解説などをする大学教員は研究者失格だと批判されるかもしれない。しかし、予備試験の問題を侮ってはならない。予備試験の問題作成にも大学教員が関わっているのであり、その出題内容には研究者ならではの観点・論点が盛り込まれている。それゆえ、これを丁寧に解説することは、単なる試験テクニックの開陳ではなく、まさに法律学のために有益な作業である。そもそも、筆者は試験テクニックを示すために本書を執筆したのではない。それこそ受験予備校がするようなことであり、大学の教員がすべきことではない。この演習書の執筆の依頼を受けて、筆者はある予備校が市販している司法試験予備試験の解説本を見てみたが、それには、出題者の意図を汲んでいるとは到底思えない記述が少なくなかった。もちろん、これは数ある予備校のうちの1つにすぎないが、学生がそんな解説に依拠して勉強している可能性を知りながら、これを放置しておくこ

とこそが問題ではないのか。

　以上のような思いから、本書は次のような構成をとることにした（詳しくは、後掲の「本書の構成」を参照）。まず、基礎編、応用編、展開編と分けている点は『実戦演習行政法』に倣うものであるが、民法を扱う本書では、基礎編および応用編において、問題を解くうえで前提になる基本的知識、また、実際に答案を書く際の留意事項を示しながら、学問的にも究極的には何が問われるのかを簡易に説明することにした。したがって、予備試験の問題に対する解説だけで十分だと考えて本書を手にした人も、この2つは読まなければならない。そのうえで、展開編では、究極的に問われる論点や派生する論点をより詳しく説明することにした。特に、2017年に改正された民法の下では、予備試験当時には問題にならなかった新たな論点も出てくるが、展開編ではそのような部分にも重点をおいている。

　なお、令和元年度の予備試験については、筆者も考査委員を務めていたため、その試験問題は本書の対象から除外した。試験の公正さを保つために、この点はご了承いただきたい。

　本書の公刊に際しては、中央大学法科大学院修了生の谷貝龍一君、中央大学法科大学院3年次生の矢田雄基君、そして、同3年次生の飯田祐希君に、筆者が書き上げた原稿について学生モニターとしてご意見を寄せていただいた。特に、谷貝君には最終チェックとして校正ゲラにも目を通してもらった。三君には、心より御礼を申し上げたい。

　最後に、本書の公刊に尽力していただいた弘文堂編集部の高岡俊英さんにも心より御礼を申し上げたい。これまで、高岡さんには研究書、教科書の出版でお世話になり、何らかの形でその恩に報いたいと考えていた。実戦演習シリーズは高岡さんの企画によるものであり、新たに本書を添えることで少しはその恩返しができたかもしれない。あとは多くの読者に恵まれることを願うばかりである。

　2021年8月

古積　健三郎

本書の構成

　本書は、同じシリーズの『実戦演習行政法』にならい、予備試験問題を年度順にとりあげ、基礎編、応用編および展開編から構成されている。ただし、民法特有の事情から、それぞれの内容は行政法とはかなり異なっている。

基礎編

　膨大な領域を扱う民法の演習書では、基礎編といっても、文字通りに初歩的なことまで一々説明することはできない。そこで、そのような一般的学習としてはあくまで教科書を読んでいただくことにして、本書では、予備試験問題の事例の流れに沿う形で、特に解答に必要となる基本的知識に焦点を絞って説明を進めていきたい。ただし、事例に限定するとはいえ、とりあげる分野に関してはなるべく丁寧に説明することにより、初学者にもわかりやすいものにしたい。

　また、周知のように、平成 29 年に民法が改正され、令和 2 年からは改正民法を前提にして出題がされるようになった。そのため、過去の予備試験の問題の中には、改正前の民法でこそ意味があるといえるものもある。そこで、基礎編では、問題の解決のために改正前の旧法ではどのよう規定があり、それがどのように解釈されていたのかを明らかにしたうえで、それが改正によってどのように変遷したのかを説明することにしている。その結果、おそらく、基礎編のウェイトは、このシリーズの他科目の説明よりもかなり大きいものとなっている。

　したがって、予備試験の問題を解くために必要なことだけ習得できればよいと考える場合でも、やはり基礎編から読んでいただく必要がある。この点は『実戦演習行政法』とはかなり異なっている。

応用編

　以上のように、基礎編の解説を読めば、問題の解答に必要な知識は十分に得られるようにしているため、応用編では、基本的知識をふまえた上で、実際に

起案を書くときには、どのようなアプローチをとるのがよいのかに焦点を当てていきたい。

　起案を書くときには、まず、そこで問われている権利、請求権の法的根拠が何かを特定し、それが認められる要件は何かをはっきりさせることが肝要である。そして、それらの要件が当該事実関係で充足されるか否かを検討しつつ、その過程で争いのある論点についての解釈論を展開することになる。

　また、請求権の要件の検討に当たっては、請求する側が最低限その充足を主張しなければならない部分を第一に検討し、請求を例外的に否定する要件についてはこれとは切り離して、あとで検討するようにしなければならない。これは法科大学院で学ぶ要件事実論を意識したものであるが、このやり方は結局、起案を分かりやすく明晰なものにする作用を持っているので、予備試験を受験する段階でもできる限りこの手法をとるほうが良い。それがいずれ司法試験を受験するときにも生きてくる。

　ところが、法科大学院で教鞭をとっていると、特に初学者の起案では、問題の分析に必要ではないことを滔々と論じ、あるいは、解釈論上の論点ばかりを大々的に書いて、要件検討をおろそかにしている結果、その得点が低くなるケースが目立つ。このような起案を書いてしまう原因は、結局、設問にしっかり答えようとする姿勢に欠けている点にある。もちろん、設問の意図を見抜くためには基本的知識が十分に身についていることが必要となるのだが、起案は自分が知っていることを書けばいい場ではないことはわきまえておかなければならない。試験では限られた時間の中で解答しなければならないから、解答として求められている内容は何かを常に意識し、それをコンパクトにまとめるようにしなければならない。

　それゆえ、基礎編では、初学者のことも考慮して、実際の起案で書くことはない点についても詳細に説明しているが、応用編では、実際の起案において現実的に留意しなければならないことに焦点を当てたい。

　なお、改正前の民法を前提としていた試験問題についても、応用編では、基本的に改正後の民法を前提にした起案方法を説明したい。今さら改正前の民法を前提にした起案を考えても、受験生にとってはほとんど意味がないからである。それゆえ、最後に掲示する〔参考答案例〕も、改正後の民法を前提にしたものである。

　ここでは、予備試験の問題より発展的ないしは派生的な論点を考察する。ただ、あくまでその素材は予備試験の問題に関連したものになるため、予備試験の内容次第では、必ずしも、ここで触れることが司法試験で問われやすいことにはならないかもしれない。また、前述のように、平成29年に民法が改正されたので、大幅な改正がされたような分野に関しては、改正法ではどのような点が今後は問われそうになるのかも解説したい。あるいは、そのことが、改正法を前提に出題される今後の司法試験においても、有用となるかもしれないからである。

　なお、『実戦演習行政法』と同様に、予備試験の解答に必要なことを習得できればよいと考える読者は、展開編は読まなくてもよいようにしている。筆者はやはり研究者なのであり、展開編では、学問的関心の高い人に向けた内容も書くことにしようと思った。もちろん、特に研究に関心がない場合でも、さらに理解度を深め、応用力をつけたいと考えている人にとって、読んでも決して損にはならないものにしたつもりである。

CONTENTS

凡　　例

〔判例・裁判例〕
＊判例または裁判例は、以下のように略記した。
　例：最判平成18年2月23日民集60巻2号547頁
＊判例あるいは裁判例を示す際の略記は、以下のとおりである。
　　民　録　　　大審院民事判決録
　　民　集　　　最高裁判所民事判例集
　　裁判集民事　最高裁判所裁判集民事
　　高民集　　　高等裁判所民事裁判集
　　下民集　　　下級裁判所民事裁判集
　　家　月　　　家庭裁判月報

○法令略語については、慣例に従った。

論点表

年　度	論　点
平成 23 年度	虚偽表示の意義 虚偽の意思表示の無効を対抗しえない「第三者」 「第三者」が競合した場合の法律関係
平成 24 年度	物上保証と補充性 物上保証人の債務者に対する求償権の内容 遺留分減殺（侵害額）請求権の性質
平成 25 年度	将来発生する債権の譲渡における権利移転時期 将来債権譲渡と免責的債務引受との優劣 将来債権譲渡と譲渡禁止特約との優劣
平成 26 年度	仕事に瑕疵がある場合の請負人の修補義務 修補に代わる請負人の損害賠償責任の内容
平成 27 年度	物権変動と対抗要件 共有者の一人の他の共有者に対する物権的返還請求権の行使 所有権移転義務の共同相続における各相続人の責任
平成 28 年度	他人物売買の解除における買主の原状回復義務の内容 履行不能による損害賠償請求権と免責事由 占有者の費用償還請求権
平成 29 年度	登記の有効要件 94 条 2 項の類推適用の射程 譲渡担保契約の法律関係 賃貸借の合意解除と適法な転貸借との関係
平成 30 年度	安全配慮義務違反と不法行為責任との関係 離婚の要件 財産分与に対する詐害行為取消権の行使の可否
令和 2 年度	無権代理人が本人の後見人に就任した場合の法律関係 詐欺による取消権に対する債権者代位権の行使の可否 詐害行為取消権の要件・効果

虚偽表示における「第三者」の権利取得のプロセス

◀ 問 題 ▶

　Aは，平成20年3月5日，自己の所有する甲土地について税金の滞納による差押えを免れるため，息子Bの承諾を得て，AからBへの甲土地の売買契約を仮装し，売買を原因とするB名義の所有権移転登記をした。次いで，Bは，Aに無断で，甲土地の上に乙建物を建築し，同年11月7日，乙建物についてB名義の保存登記をし，同日から乙建物に居住するようになった。

　Bは，自己の経営する会社の業績が悪化したため，その資金を調達するために，平成21年5月23日，乙建物を700万円でCに売却し，C名義の所有権移転登記をするとともに，同日，Cとの間で，甲土地について建物の所有を目的とする賃貸借契約（賃料月額12万円）を締結し，乙建物をCに引き渡した。この賃貸借契約の締結に際して，Cは，甲土地についてのAB間の売買が仮装によるものであることを知っていた。

　その後，さらに資金を必要としたBは，同年10月9日，甲土地をDに代金1000万円で売却し，D名義の所有権移転登記をした。この売買契約の締結に際して，Dは，甲土地についてのAB間の売買が仮装によるものであることを知らず，それを知らないことについて過失もなかった。

　同年12月16日，Aが急死し，その唯一の相続人であるBがAの一切の権利義務を相続した。この場合において，Dは，Cに対し，甲土地の所有権に基づいて，甲土地の明渡しを求めることができるかを論ぜよ。

Ⅰ. 基礎編

▶基礎的事項のチェック

1. 物の所有権の移転のための要件は何か？
2. 物権変動における対抗要件とは何か？
3. 登記に公信力は認められるか？
4. 虚偽の意思表示の効力はどうなるか？
5. 虚偽の意思表示における「第三者」の地位はどうなるのか？

1

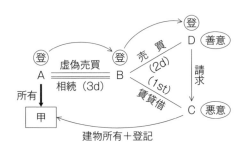

1. 所有権移転の要件

　まず、問題文では、Aがもともと甲土地の所有権を有し、この土地についてAからBへの所有権移転登記がされたという事実がある。所有権とは、目的物を全面的に支配しうるという物権である。では、物の所有権の移転のために必要とされる要件は何だろう。

　民法176条は、所有権の移転等の物権の変動は当事者の意思表示のみによって生ずるとしている。すなわち、物の所有者がその権利を移転するには、これを相手方に移転するという意思表示をし、相手方がこれを受ける意思表示をすればよいということになる。すなわち、所有権移転の合意さえあればよく、この合意には特別の方式は要求されない。

　ただ、たとえば、代金の支払いに対して所有権を移転するという売買契約（555条）において、売買契約を成立させる意思表示があれば176条にいう意思表示があったといってよいかは一応問題である。というのは、売買契約の意思表示が直接発生させる権利・義務は、買主が売主に対して目的物の所有権を移転するように請求しうる債権、売主がその対価として買主に対し代金を支払うように請求しうる債権であり、この債権を発生させる意思表示と、物権としての所有権を移転する意思表示とは、理論的には分別することが可能であるから

である。

　しかし、売買契約を成立させる意思表示、すなわち物を売るという意思表示には、特段の事情がないかぎり、その所有権を移転するという意思表示も普通は包含されよう。そして、所有権移転の意思表示に特別の方式が要求されていない以上、売買契約の意思表示さえあれば所有権移転の意思表示もあったといってよい。このため、判例・通説は、売買契約の意思表示は、その目的物が特定されている限り、176条の意思表示に当たると見て、売買契約成立時に直ちに所有権は売主から買主に移転するとしてきた（最判昭和33年6月20日民集12巻10号1585頁）。

2. 不動産物権変動における登記の意義

（1）対抗要件としての登記

　以上の原則は、目的物が不動産、すなわち土地およびその定着物である場合（86条1項）にも、動産、すなわち不動産以外の物である場合（同条2項）にも、等しく妥当する。もっとも、所有権の移転が当事者の純粋な合意だけで完全に認められるとすると、その合意を知らずに従前の所有者と同じ目的物に関して取引に入る第三者（民法上、「第三者」は、問題となっている法律関係の当事者以外の者を指す）が現れ、その第三者が所有権を取得しえないという事態が生ずる恐れがある。そこで、民法177条は、このような第三者の正当な利益を保護すべく、176条によって認められる不動産の物権変動も、その登記をしない限り、第三者に対抗しえないと定めた。これは、物権変動の目的物について第三者が有する正当な利益を保護するための措置であるから、判例は、ここでの「第三者」を、物権変動の当事者およびその包括承継人を除いた者で、「登記の欠缺を主張する正当な利益を有する者」と解している（大連判明治41年12月15日民録14輯1276頁）。ちなみに、動産の物権変動の場合には、技術的に登記制度を完備することが困難であるため、同様の要件として物の占有の移転、すなわち引渡しが求められている（178条）。

　このように、登記は不動産の物権変動があった場合の対抗要件とされている。したがって、不動産の所有者がこれを誰かに譲り渡す契約を結んでも、なお所有権移転登記がされないならば、原所有者から同じ不動産を二重に譲り受けた

者は、177条の「第三者」として、第一の譲渡による所有権移転をないものとみなし、なお原所有者から所有権を取得しうることになる。そして、第二譲受人は、先に所有権移転登記を具備すれば、第二譲受人から見て「第三者」に当たる第一譲受人に対しても、その所有権の取得を主張しうることになる。つまり、二重譲渡があった場合には、いずれが先に所有権移転登記をしたかによってその優劣が決定される。

(2) 登記と公信力

　ただ、物権変動がないにもかかわらず、登記申請に必要な書類等を悪用して登記が申請されると、結果的に、不実の登記がされる可能性もある。しかし、そのような登記は無効であり、登記名義人が所有権を有するわけではない。したがって、不実登記の名義人を所有者と信じて、これと所有権を譲り受ける契約を結んでも、所有権を取得することはできない（無権利の法理）。また、民法上、登記を信頼したからといって、無権利者と取引をした者が所有権を取得しうるという規定もない（登記の公信力の否定）。すなわち、不動産の物権変動があった場合にはそれに対応する登記が必要となるが、逆に登記名義人を信じて不動産を譲り受ける契約を結んでも、所有権を取得しうる保証はない。

3. 虚偽表示の意義と「第三者」の保護

(1) 虚偽の意思表示の効力

　本問では、AB間で売買契約が仮装されたとある。これは、Aが相手方Bと通じて売買の意思がないにもかかわらずその意思表示をしたことを意味し、虚偽表示といわれる。ここでは、意思表示があってもこれに対応する意思はなく、相手方もそのことを認識しているから、意思表示は当然に無効となる（94条1項）。そうすると、売買ないしは所有権移転の意思表示が無効となる以上、甲土地の所有権がAからBに移転することはない。たとえ所有権移転登記がされてもこのことに変わりはなく、むしろ、不実の所有権移転登記も無効である。

（2）善意の第三者の保護

　しかし、Bへの所有権移転登記を信頼して、甲土地の取引に入る当事者以外の第三者が現れる危険性がある。本問でも、一方では、CがBとの間で甲土地上の乙建物の所有権を譲り受けつつ甲土地を賃借する契約を結び、他方では、その後、Dが甲土地をBから買い受けるという売買契約を結んでいる。そこで、これらの第三者の法的地位が問題となる。

　前述のように、Bには所有権が移転しない以上、Dは無権利者との間で売買契約を結んだことになる。たとえ売主が目的物の所有権を有していなくとも、売買契約自体は有効に成立し、売主は目的物の所有権を取得してこれを買主に移転する義務を負うが（561条）、売主がその所有権を取得しなければ、買主も所有権を取得することができない（上述の無権利の法理）。登記には公信力がないから、たとえDがBの登記名義を信じて取引に入っても、それだけでは保護されない。

　しかし、これではDの取引の安全が害されることになる。本問でのDの信頼は本来の所有者の意思に基づく所有権移転の外形の作出によって生じている以上、それによるリスクは原所有者が負うべきである。そのため、意思表示の無効は善意の第三者に対抗できないとされている（94条2項）。すなわち、かかる第三者との関係では、有効な意思表示がされたと同様の物権変動があったものとして扱われることになる（94条2項）。ここでの「第三者」は、意思表示によって生ずると思われた物権変動の上に法的な利害関係を有するに至った者を指すが、まさにDは「第三者」に該当する。

　ただ、「第三者」がこの規定によって保護されるためには、意思表示が虚偽であることにつき善意（すなわち、不知）であるのみならず、その点について無過失（すなわち、取引通念として通常求められる注意を尽くしていること）であることまで必要かどうかは議論されていた。一部の学説は、94条2項の背景には権利外観法理があるとして、第三者の信頼が正当である場合、すなわち無過失である場合にのみ、その適用をすべきという見解もあった。権利外観法理とは、無権利者に権利があるかのような外観が存在し、しかもその外観が本来の権利者の責めに帰すべき事由によるものであれば、かかる外観に対する第三者の正当な信頼を保護すべきという思想である。すなわち、正当な信頼とは取引上要求される注意義務を尽くした場合に肯定されるので、取引の相手が無権利である

ことにつき善意無過失である第三者のみを保護すべきことになる。しかし、判例は、94条2項の第三者は条文の文言どおり善意であれば保護されるとしている（大判昭和12年8月10日法律新聞4181号9頁）。それはおそらく、虚偽表示における不実の外観の作出は、本来の権利者の意思によるもの（すなわち故意的なもの）である以上、第三者は虚偽の事実について善意であれば保護に値するという発想があるからだろう。平成29年改正後の94条2項も、第三者の保護要件としては善意のみを要求しているから、この点は判例の立場が反映されたといえよう。本問では、DはAB間の売買が仮装であることについて善意でかつ無過失であったと記されているから、いずれの立場でも結論は異ならない。

(3)「第三者」の権利取得の法的構成

そうすると、Dは94条2項によって甲土地の所有権を取得することになる。もっとも、Dの所有権の取得がどのようなプロセスを経たものと捉えるかについては、2つの見解がある。

1つは、94条2項が意思表示の無効は善意の第三者に対抗しえないとする趣旨は、第三者との関係では意思表示を有効とするものと解し、Dの権利取得を、所有権が本来の所有者Aからその意思表示の相手のBを経由してDに移転する結果と見る立場である。もう1つは、94条2項による所有権の取得を、第三者の取引の安全のために目的物上に新たな所有権の取得を認めたものとみて、その反射として本来の所有者はその所有権を失う、という考え方である。94条2項の背景には権利外観法理があると説明されるが、この立場はそれを徹底したといえるかもしれない。つまり、本来、虚偽の意思表示は無効である以上、AからBに所有権は移転することなく、Bは無権利者であるところ、Bの有する権利の外観を信頼したDは新たな所有権を取得するというのだろう。

前者は、第三者の所有権取得を承継取得と捉える立場であり、後者はそれを原始取得と捉える立場である。承継取得とは、元の所有者からその所有権が移転されること等を意味する。元の所有者からその意思表示によって所有権の移転を受けることがその代表例である。これに対して、原始取得とは、元の所有権とは別個に、新たな所有権が取得されること等を意味する。前述のように登記には公信力がないが、所有権を有さない動産の占有者を過失なく所有者と信

じて所有権を譲り受ける契約を結んだ者には、取引の安全のために一定の要件のもとに所有権の取得が認められており（即時取得。192条参照）、この場合の所有権の取得は原始取得である。

いずれにしても、Dが所有権を取得しうることには変わりはないが、ただ、Dが所有権の取得を本来の所有者Aに対して主張するためには、対抗要件としての登記が必要であるか否か、という問題との関係は問われよう。仮に原始取得という考えをとるならば、甲土地についてDが所有権を取得し、Aが所有権を失うという物権変動が生ずるので、ADはこの物権変動の当事者となるから、Dは登記なくして所有権の取得をAに対しては主張しうることとなろう。これに対して、Bからの承継取得という立場をとると、少し状況が異なってくる。この場合には、AからB、BからDへと2つの物権変動があり、ADは同じ物権変動の当事者ではない。しかしながら、この立場をとる見解の多くも、次のような理由から、Dは登記なくして所有権の取得をAに対して主張しうるとしている。すなわち、AからBに所有権が移転しているとなれば、ABはこの物権変動の当事者であり、BはAに対して登記なくして所有権の取得を主張しうることになる。そのBがDに所有権を譲渡した以上、DはBの地位を承継するので、Dも登記なくして自己の権利取得をAに対し主張しうると見ることができる。つまり、AはDの「登記の欠缺を主張する正当な利益を有する者」には当たらない。

この問題について、判例は、「第三者」は登記なくして本来の所有者に所有権の取得を主張しうるという立場をとっている（最判昭和44年5月27日民集23巻6号998頁）。また、本問では、Dへの所有権移転登記がされているので、この論点もいずれにしても結論に影響を及ぼさない。

4. 不動産賃貸借の効力

（1）他人物賃貸借の効力

それでは、Bから甲土地を賃借したCの地位はどうなるか。

他人の土地について賃貸借契約（601条）が結ばれた場合でも、契約自体は有効であり、賃貸人は賃借人に対して目的物を使用させる義務を負う。しかし、これもあくまで契約当事者しか拘束しない。つまり、賃借人の権利（賃借権）

は債権にすぎない。それゆえ、契約当事者ではない所有者は、自己の所有権を主張して、賃借人に対しては、後に説明する所有権に基づく物権的返還請求権を行使し、その引渡しを請求することができる。

とすると、AB間の売買が虚偽表示であり、Bに所有権が移転しないということは、賃借人にとってかかる請求権に屈するという不利益を意味することになる。しかし、仮に所有権がAからBに移転しているならば、Bは、所有権を有するとしても自らが賃貸借契約の当事者である以上、賃借人Cに対して目的物の引渡しを請求することなどできない。他方で、AはCに対しもはや所有権に基づく請求をすることができない。この点で、賃借人も、虚偽の意思表示によって生じたかに見える物権変動に利害を有しているから、94条2項の「第三者」として保護されるべきである。

(2) 不動産賃貸借の対外的効力

このようにCの賃借権が保護されることになれば、Cはその賃借権をDに対しても主張しうる可能性が出てくる。確かに、本来、賃借権は契約当事者のみを拘束する債権的権利である。それゆえ、契約当事者以外の者には原則としてその効力を主張しえない。もっとも、常にこの原則を貫くと、不動産の賃貸借の場合に賃借人の地位を著しく不安定にし、その利益を甚だ害する恐れがある。というのは、たとえ不動産の所有者からこれを賃借する契約を結んでも、所有者がこれを第三者に売却・譲渡してしまうと、常に第三者からの所有権に基づく請求に屈することになり、賃借人の生活等の本拠が失われる恐れがあるからである（このことを「売買は賃貸借を破る」と表現することがある）。

そこで、不動産の賃貸借については、一定の要件の下に、その対外的効力が認められている。まず、民法は、賃借権も登記をすれば、その後で目的不動産に物権を取得した第三者に対して効力を有するとしている（605条）。ただ、売買における所有権の移転のような物権変動においては、買主は、売主に対し、その義務として所有権移転登記手続をするように請求しうるとされているが、債権である賃借権が成立した場合には、そのような登記請求権は認められないと解されている。したがって、登記による賃借権の保護の規定はほとんど実効性を持たない。そこで、借地借家法という特別法により、建物所有のための土地の賃貸借の場合には、賃借人がその所有する建物について自己名義の所有権

の登記を具備すれば、その後に土地の上に権利を取得した第三者に対してもその効力を主張しうることとされている（借地借家法10条1項）。また、建物の賃貸借の場合でも、賃借人が建物の引渡しを受けていれば、これと同じ効力が認められる（借地借家法31条参照）。

　この借地借家法の取扱いは、次のような考慮による。すなわち、建物所有のための土地の賃貸借は第三者との関係でも保護しなければならない要請が強い。また、賃借人がその名義で登記されている建物を所有していれば、その敷地について取引をする第三者もこれによって賃借権の存在を推知しうるから、その対外的効力を認めても第三者の取引の安全は害されない。建物の賃貸借の場合にその引渡しがあれば賃借人が保護されるのも、同じ考慮による。

　本問のCは乙建物の所有のために甲土地を賃借しており、乙建物の登記名義を具備しているから、この要件が充足される。そのうえで、仮にCが94条2項の「第三者」として保護されれば、Cは、Dが現れる前に、Bに所有権が移転された甲土地をBから賃借し、対抗要件としての建物の登記を具備したので、かかる賃借権をそれ以降に所有権を取得したDにも対抗しうると主張できるかもしれない。ところが、CはAB間の意思表示が虚偽であることを知っていたので、94条2項による保護は認められない。そうなると、Cは賃借人としての権利、すなわち賃借権をBに対して主張することはできるが、契約当事者ではないAらには何も言えない立場にある。他方で、Dは、Aに対する関係で甲土地の所有権を主張しうることになるとすれば、Cに対してもその所有権を主張しうるはずである。そうなると、Cは、Aに対するのと同じように、Dに対しても屈せざるをえない。

5. 相続による所有権の事後的取得

　ところが、その後、Aが死亡してBがこれを単独で相続した。問題文にもあるように、相続とは被相続人の権利・義務を包括的に承継するものである（896条本文）。とすれば、仮にDのことを度外視すれば、当然、Bは甲土地の所有権もAから承継することになり、前述のように、Cは所有者となったBに対してはその賃借権を主張して、甲土地の引渡しを拒絶することができたであろう。そこで問題となるのが、相続により、CD間においても甲土地の所有

権はＢに帰属していたという効果が認められるかである。もしそのように考えることができるのであれば、借地借家法10条1項をＤとの関係でも適用することができるだろう。というのは、この規定は、不動産をその所有者から賃借し、その対抗要件が具備された後に、第三者が従来の所有者ないし賃貸人から目的不動産を譲り受けた場合を想定しているからである。つまり、もともと不動産をその所有者から賃借している者は、その利用権を賃貸人たる所有者に主張することができるが、この規定の目的は、所有権が譲渡されることによってこれが覆されること（前述の「売買は賃貸借を破る」）を防ぐ点にある。しかし、他人の土地を勝手に賃貸する契約を結び、賃借人がその土地の上に登記をした建物を所有している場合には、その後に土地所有者から所有権を譲り受けた者に賃借権を対抗しうることにはならない。

　この点に関する議論の展開は、94条2項による権利取得のプロセスをどのように捉えるかによって変わってくるだろう。

　前述の承継取得という立場による場合には、肯定的な結論に到達しやすい。確かに、この立場による場合でも、相続が開始していない段階では、ＡからＢに所有権が移転したという効果は、あくまでＡＤ間での取扱いであり、Ｃ自身はＢに所有権が移転したとは主張しえない。それゆえ、Ｃは単に他人の物を賃借した者にすぎないというべきだろう。したがって、ＤのＣに対する所有権の主張は認められるが、ＣのＤに対する賃借権の主張は認められない。しかし、ＢによるＡの相続によって、他人物の賃貸借という関係が解消している以上、Ｃは、Ｄに対し、もともとＢの所有物を賃借していたところ、これをＤがＢから譲り受けた、という主張をすることができるかもしれない。

　これに対して、原始取得の立場によると、ＤがＢとの間で甲土地の売買契約を結んだ時点では、Ｃは他人の物をＢから賃借しているだけであり、Ｄが94条2項により甲土地の所有権を取得し、またその対抗要件を具備した以上、甲土地の所有者がＡからＤに変わったにすぎない。したがって、その後になってＢの相続による権利承継が生じても、Ｂは甲土地の所有権を取得するなどありえず、他人の物の賃貸借が継続しているにすぎない。それゆえ、この立場では、借地借家法10条1項の適用の否定に傾きやすい。

　借地借家法10条1項適用肯定説に対しては、もともとＣがＤの請求に応じなければならなかったにもかかわらず、その後、たまたま相続という事情が

あって立場が逆転するということは問題だという批判があるかもしれない。しかし、否定説に対しても、もともとDはBに所有権があると信じて取引に入ったことを理由に保護されているのであり、その時点ですでにBに確定的に所有権がありその上に賃貸借契約が存在したという取扱いをしたからといって、その地位が特に害されるわけでない、との批判があるだろう。特に、DがBから甲土地を譲り受ける契約をした時点では、C名義の所有権保存登記のある乙建物が甲土地上に存在し、Dは甲土地上には賃借権があることも想定しえたのであるから、相続によって無権利者との賃貸借という瑕疵が治癒されている以上、Cを保護すべきではないだろうか。すなわち、Dにとっての権利の外観とは借地権の負担の付いたBの土地所有権であったともいえ、たまたまCが94条2項の「第三者」として保護されないために（Dは、Cの主観的態様を知りうるはずがなく、その賃借権が対抗力を有しないものだと信じていたのではない）、Dは権利の外観を超える権利主張をしえたにすぎないともいえるからである。

6. 物権的請求権の意義・要件

　最後に、この問題はDのCに対する所有権に基づく明渡請求の可否である。すでに述べたように、所有権は目的物を全面的に支配しうる権利であり、他人が目的物を占有することは所有権の侵害に当たる。それゆえ、この場合には、所有者には所有権に基づいて侵害者に対してこれを排除するように請求する権利があり、これを物権的請求権という。とりわけ、他人が目的物を占有している場合には、その占有を自分に戻せという請求権、物権的返還請求権が認められる。Dの明渡請求はこれを根拠とする。

　この物権的返還請求権の要件は、当たり前であるが、①自己に目的物の所有権があり、②請求の相手方が目的物を占有していること、である。ただし、相手方が所有者に対抗しうる利用権等の占有権原を有する場合には、これは否定される。

　したがって、本問では、甲土地の所有権がDにあり、Cがこれを占有しているかを検討することになるが、所有権の存在についてはこれまでの検討からわかるように、認めてよいだろう。これに対して、甲土地をCが占有しているかという点は、通常、Cがこれを所持しているか、すなわち事実的支配を有

しているかによって判断されることになるが、問題文にはその詳細は書かれていない。しかし、本問の場合に注意を要するのは、甲土地上にある乙建物の所有権をCが有している点である。というのは、乙建物の所有権はまずこれを建てたBに原始的に帰属するけれども、その後のBC間の売買によりBからCに移転され、その対抗要件としての登記もされているからである。このようにCが甲土地の上に乙建物を所有している場合には、社会観念上、Cは甲土地を事実上支配していることになり、その土地占有が認められる。その結果、本問では上記①②の要件は充足される。

これに対して、CがDに対して甲土地の賃借権の効力を主張しうるということになれば、物権的請求権の行使は否定される。賃借権の効力が肯定されるかどうかは、94条2項による権利取得の内容と相続の効果をどのように判断するかにかかっている。

Ⅱ. 応用編

1. 請求の根拠と要件の摘示

まず、設問で問われている権利主張の法的根拠、そしてその要件が何かを明らかにする必要がある。ところが、本問ではすでに所有権に基づく明渡請求と書かれているので、物権的請求権を問題にしているのは明らかである。ただ、いかなる物権的請求権が問題となり、その要件が何かははっきり書かなければならない。甲土地の明渡請求は、甲土地の引渡しを求めるものであるから、これは物権的返還請求権を意味する。そして、物権的返還請求権の要件は、甲土地を所有しており、相手方が甲土地を占有していることになる。

基礎編で説明したように、土地の上に建物を所有する者は、これによって土地を占有していると評価しうるから、相手方Cの占有の要件は充足される。問題は、甲土地の所有権がAに属するといえるかである。

2. Dの所有権取得の基礎づけ

次に、Dはいかなる理由をもって甲土地の所有権を取得したといえるのか

を検討することになる。もともと甲土地を所有している A が B と売買契約を締結し、さらに B が D と売買契約を締結すれば、D は 176 条によって甲土地の所有権を取得したといえるはずだが、本問での AB 間の売買は虚偽表示であるため無効であるとなれば（94 条 1 項）、これによっては D の所有権取得を基礎づけることができない。

そこで、D は、自己が 94 条 2 項の善意の第三者に該当するとして、その所有権取得を主張することとなろう。この点については、94 条 2 項の「第三者」の意義を述べ、D がこれに該当することを説明すればよい。また、虚偽の事実について善意であることは問題文で明らかであり、無過失であることが必要になるとしてもそれも充足されているから、この点も問題にはならないことを簡易に説明すればよい。試験では時間が限られているから、いかなる立場によるにしても結論が左右されなければ、説明は簡単に済ませるのが無難である。そして、94 条 2 項によって認められる所有権取得の効果がどのようなものかも簡潔に説明するのが良いだろう。

これに対して、C は、94 条 2 項によって D に認められた所有権取得という物権変動について、自己が 177 条の「第三者」に当たるという主張をするかもしれないが、この点も D がすでに所有権移転登記を済ませていることから問題にならないと説明すればよい。

3. C の占有権原の抗弁

以上で D の請求権の積極的要件はクリアするが、C は占有権原の抗弁を主張することになろう。すなわち、C は甲土地についての賃借権を D に対抗しうると主張するだろうから、その是非を検討することになる。

そのためには、まず甲土地について賃貸借契約を有効に締結したことが不可欠であり、この点は認められる。ところが、この賃貸借契約は他人 A の所有物を目的としており、所有者に対しては何ら効力を及ぼさないこととなる。それゆえ、C もやはり 94 条 2 項の善意の第三者に当たるとして、C との関係では甲土地の所有権が A から B に移転しており、その B から D は甲土地を譲り受けた以上、C は、これに先立って賃借権の対抗要件である甲土地上の自己所有の建物の登記名義を具備していたから、借地借家法 10 条 1 項によって賃

借権をDにも対抗しうると主張するだろう。Bへの所有権移転が認められれば、Cは所有権に基づく明渡請求に対抗できる点で、虚偽の物権変動に法的な利害関係を有しているからである。ところが、本問では、Cは賃貸借契約締結の際にAB間の売買が虚偽表示であることを知っていたから、94条2項は適用されず、この主張は通用しないことになる。

　そこで、最後に、Cは、相続によってBがAの権利を包括的に承継したことにより、自己の賃借権の対外的効力を基礎づけるAからBへの所有権移転という要件が充足されたとして、Dに対して賃借権を対抗しうると主張するであろう。この点については、94条2項による所有権の取得をどう捉えるのか、また、もともとDはC名義の建物がある状況において甲土地を譲り受けている点などを考慮し、そのようなCの主張を容認すべきか否かを論ずることになる。

　そして、上記の論点についていずれの立場をとるかにより、Dの請求の可否についての結論を述べることとなろう。

4. 民法116条但書の類推適用について

(1) 本問との類似性

　ところで、学生から仄聞した話によれば、本問でのCD間の優劣関係を116条但書の類推適用によって処理するという立場をとる人も少なくないようである。おそらく、これは、本来、Cは、他人物を賃借したにすぎず、その賃借権を目的不動産の所有権を取得したDに対抗することができないが、その後、Bが相続によってAの地位を承継したため、Cははじめから目的不動産をその所有者から賃借していたことになり、いわばCの賃借権は遡及的に対抗力を有する、という理解に基づくのであろう。そう考えれば、確かにこれは116条が想定する追認による遡及効の問題と類似する。

(2) 本問との異同

　しかし、116条が規定している法律関係は厳密には本問の法律関係とは異なる。まず、116条本文の趣旨は、無権代理行為がされた場合に、無権代理人は本人の財産の管理権を有さないので、その法律行為の効果は本人には帰属しな

いところ、その後、本人が無権代理行為を追認すれば、その限りで無権代理人の財産管理権が追完されることになるので、法律行為の効果を当初より本人に帰属させても問題がない、というものである。ただし、本人がすでにその財産管理権に基づいて同じ法律行為を第三者と締結していた場合には、本来はこちらが有効であるべきであり、その後、本人が追認の意思表示をしても、その遡及的効力によって第三者の正当な地位は害されない、というのが但書の趣旨であろう。すなわち、この条文は、もともと処分権限を持たない者の処分が、追認によって有効になるとしても、それより先になされた正当な処分行為には優先しえない、というものである。実際に、判例上本条の類推が容認された事例も、上記の点において本来の適用事例と共通している。有名な判例としては、金銭債権が債権譲渡禁止の特約に違反して譲渡され、対抗要件としての通知がされた後に、同じ債権について差押えがなされたところ、さらに債務者が債権譲渡に対し承諾の意思表示をしたというケースがある（これについては、平成 25 年度の展開編で詳しく説明するので、ここでは立ち入らない）。

　ところが、賃貸借契約は他人が所有する不動産についても有効に成立し、賃借権も有効に成立する。すなわち、目的物の処分権を持たない者との契約によっては賃借権を取得しえないわけではない。それが、本来的に債権関係にすぎない賃貸借契約の特性でもある。このように賃貸人の処分権の有無にかかわりなく賃借権は契約によって有効に成立する以上、契約当事者以外の第三者に賃借権を対抗しうるか否かは、基礎編で説明したように、結局は、605 条または借地借家法 10 条 1 項の適用範囲をどのように捉えるか、にかかっている。すなわち、D 自身も B が目的不動産の所有権を有する前提でこれを買い受ける契約を結んでいた以上、B が A を相続したことによって、事後的にせよ、A からの明渡請求の問題が解消したならば、C の賃借権は D に対抗しうると判断すべきかが問われるのである。そして、これを適切と考えるのであれば、結論として、借地借家法 10 条 1 項によって C はその賃借権を D に対抗しうるとすれば十分である。

（3）形式論理的な解答の問題

　116 条の問題が本問の法律関係と類似することは否定しないが、これらを全く同列に論ずることはできない。それゆえ、たとえば、形式的に同条を援用し、

Bの相続が同条の追認に相当し、同条但書によりその遡及効によってDの地位は害されない、などという理由のみで、Dの明渡請求は容認される、という答案を作成しても、筆者はそれほど評価しないだろう。むしろ、基礎編でも書いたように、Dは、Bとの売買の時点では、C所有の建物があることを認識しえ、Cの賃借権が存在することを覚悟せざるをえない状況にあったのであるから、そのことを全く考慮しないでDの請求を容認する答案は、バランス感覚に欠けたものといわざるをえない。

5. 出題趣旨について

(1) 出題趣旨

法務省から公表された平成23年度予備試験の民法の出題趣旨は、以下のとおりである（http://www.moj.go.jp/content/000081212.pdf）。

> 不動産の仮装売買（民法第94条第1項）を前提に、仮装名義人が不動産を一方に賃貸し、他方に売買した事案における、賃借人と買主との法律関係についての理解を問うものである。民法第94条第2項の善意の第三者に関する基本的理解を前提に、他人物売買及び他人物賃貸借をめぐる法律関係を検討し、さらに、他人物の売主及び賃貸人が所有者を相続した場合の法律関係を問うことで、正確な法的知識とそれに基づく事案分析能力、論理的思考能力及び応用力を試すものである。

(2) コメント

問題文を丁寧に検討すれば、コメントで列挙されていることが問われていることは十分に理解することができ、このコメントは受験生にもおおよそ想定されたものであろう。

しかし、そこで出てくる「事案分析能力」という言葉には少し違和感を覚える。旧司法試験とは異なり、新司法試験においては、かなり長い事実関係において、問題となる権利ないし請求権の根拠、またその要件は何かを特定し、当該事実関係におけるその充足を検討する、という実務的に必要な分析能力を重視している。ところが、この問題は、その点ではかなり新司法試験の傾向とは異なっているように思われる。というのは、「仮装売買」という言葉ですでに

94条2項が問われるのは明らかであり、また、その要件として検討されるべき善意無過失等もほぼそのままの形で問題文に書かれているからである。これは、生の事実関係というより、ほとんど条文の構成要件の言い換えにすぎない。しかし、これでは、雑多な事実関係から法的に有意な事実を抽出して、ある条文ないしは法理の適用が問題となることを見抜き、その要件の充足を検討する、という事案分析能力は全く問題にならない。むしろ、94条2項の「第三者」が競合し、その一方が善意の要件を充たすが、他方がその要件を充たさない場合に、取引相手の相続による権利承継がこれにいかなる影響を与えるのか、という論点に絞った、理論的ないしは価値判断的考察だけが問われているようである。

　また、本来、土地の所有者がその上に建物を所有する者に対してする請求は、建物を収去して土地を明け渡せ、というのが自然であり、実務家を意識した問題にするならば、最後の設問は、「DはCに対して乙建物を収去して甲土地を明け渡すように請求することができるか」とするであろう。そして、この請求が所有権に基づく物権的返還請求権の行使を意味していること、その要件が、土地の所有、相手方の土地の占有、であり、とりわけ後者が建物所有に伴うものであることを、受験生がきちんと理解しているかを試そうとするだろう。ところが、今回の問題は、わざわざ所有権に基づく明渡請求と書いてしまっており、この点をほとんど意識していない。

　そういう意味では、司法試験との関係でこの出題内容にはかなり疑問がある。司法試験と予備試験とは異なるものであるといっても、本来、法科大学院の修了に代わる学力を備えたか否かを判定するのが予備試験であるならば、実務家養成を意識した法科大学院での学修内容に近いものを出題すべきであり、司法試験の内容を意識して、これを簡易化したようなものを出題するのが自然であるからである。もっとも、予備試験の導入時では、はたしてどのような出題内容が適切なのか自体が模索されていただろうし、制度の過渡期としてこれは仕方がなかったのであろう。また、一般論として、上記のような理論的分析能力を問うこと自体は法律学の試験としては十分ありうることだろう。ただ、司法試験の出題傾向との差異から見て、この問題でいい評価を得られた受験生が当然に司法試験でも同じような評価を得られる可能性は、あまり高くないと思っている。しかも、限られた時間の中で、虚偽表示における「第三者」の権利取

得の過程がこの問題の分析にどのように影響するのか、を十分に明らかにしえた答案がどれだけあったのかは微妙である。おそらく、①無権利者から目的物を譲り受けた場合でも、あるいはこれを賃借した場合でも、94条2項の適用が問題となること、②他人物の賃貸借も有効に成立するが、その効力を第三者たる所有者には当然には主張しえないこと、③Dが所有権を取得した時点で、すでに甲土地上にはC名義の登記が具備された乙建物があったことを考慮して、賃借権の対抗力を容認してもDにとって不測の損害とはならないこと等、がおさえられていれば、それなりの評価は得られたのではないか。

6. 参考答案例

1　DのCに対する所有権に基づく甲土地の明渡請求は、所有権に基づく物権的返還請求権を根拠とする。その要件としては、Dが甲土地の所有権を有し、Cが甲土地を占有している必要がある。本件では、Bが甲土地上に乙建物を建築してこれを所有していたところ、BC間でその売買がなされ、所有権移転の意思表示がなされたから（民法176条。以下では民法の条文は条数だけで記す）、Cは甲土地上に乙建物を所有することになった。それゆえ、Cは乙建物を所有して甲土地を占有している。そこで、本件ではDに甲土地の所有権があるかが問題となる。

2　Dは、甲土地を所有していたAからBがこれを買い受ける契約を結んだことにより、AB間で所有権移転の意思表示があったので、AからBに所有権が移転し（176条）、さらにDがそのBから甲土地を買い受ける契約を結んだことにより、所有権を取得したというであろう。もっとも、AB間の売買は相通じた虚偽の意思表示による契約であり、当該意思表示は無効となるため（94条1項）、Bには所有権が移転していない。AからBへの所有権移転登記はされているが、登記に公信力はないため、無権利者のBから甲土地を買い受けたDは所有権を取得しえない。

3　このため、Dは、自己が94条2項の第三者に当たるとして、AB間の意思表示の無効はDに対抗しえず、これにより所有権を取得したといえるかが問題となる。同項の第三者とは、虚偽の意思表示の当事者以外の者で、かつ、かかる意思表示による物権変動に法的な利害関係を有した者であり、Bと売買契約を結んだDはこれに該当する。そして、同項の保護要件として、第三

者が取引に入った時点で意思表示が虚偽であることにつき善意であることが必要であるところ、本件では、Dは売買契約当時に善意であった以上、その保護要件も充たされている。なお、その保護要件として善意のみならず無過失を要求する見解もあるが、本件ではDは無過失であるから、この点も問題にならない。

　したがって、AはDには意思表示が無効であると主張しえない結果、Dとの関係では、甲土地の所有権がAからBに移転したことになり、DはBから有効にその所有権を取得したことになる。また、BからDへの所有権移転登記もされている本件では、Dはその所有権取得を当事者のみならずすべての者に対抗しうる（177条）。それゆえ、Dは、Cに対してもその所有権を主張しうる。

4　これに対し、Cは、甲土地を占有する権原、すなわち賃借権が自己に帰属するとして、Dの請求を拒絶することが考えられる。そこで、Cが賃借権を有し、その効力をDにも主張しうるかが問題となる。

　まず、Cは甲土地をBから賃借する契約を結んでいる。しかし、AB間の売買は虚偽の意思表示によるものであり、Bには所有権が移転していない。このため、この賃貸借契約は他人Aの所有物を目的としており、契約自体は有効であるが、Cは原則としてその効力を所有者Aには対抗しえない。

　そこで、Cも、94条2項の第三者に当たるとして、Cとの関係では甲土地の所有権がAからBに移転しているといえるかが問題となる。確かに、Bへの所有権移転が認められれば、Cの賃借権はAに対抗しうることになるから、その意味でCも94条2項の第三者に該当する。そして、CがAに賃借権を対抗しうることになれば、この賃借権は建物所有を目的とする借地権であり、すでに甲土地上に自己の名義で所有権の登記を具備した建物を所有している以上、Cは、以後、目的の甲土地に権利を取得した者に対してその賃借権を対抗しうる（借地借家法10条1項）。すなわち、Dは、Cの賃借権の対抗要件が具備された後に所有権を取得しているから、CはDに賃借権を対抗しうる。

　しかし、本件では、Cは賃貸借契約締結の時点にAB間の売買契約が虚偽の意思表示によるものであることを知っていたから、94条2項は適用されない。

5　それでは、Cは、相続によってBがAの権利を包括的に承継したことに

より（896条本文）、自己の賃借権の対外的効力を基礎づけるAからBへの所有権移転という要件が充足されたとして、Dに対して賃借権を対抗しうるだろうか。確かに、相続によって賃借権の対外的効力の要件が充たされたのはDの所有権取得の対抗要件具備の後である。しかし、もともとDは、AからBに所有権が移転していることを前提に、Bと売買契約を結んでいたのであり、その時点ですでに賃借権の対抗要件に相当する甲土地上のC所有の建物の登記が具備されていた。したがって、通常、Dは甲土地が賃借権の対象になっていることを想定でき、賃借権を対抗されてもその取引の安全は害されない。それゆえ、Cの賃借権の対外的効力を否定する理由がなくなった以上、CはDに対して賃借権を主張しうると解すべきである。

6　結論として、Dの所有権に基づく甲土地の明渡請求に対し、Cは賃借権を抗弁としてこれを拒絶しうる。

以上

Ⅲ. 展開編

1. 94条2項の「第三者」をめぐる対抗要件の問題

　基礎編で触れたように、虚偽の売買契約の買主を目的不動産の所有者と信じてこれを譲り受ける第三者が現れた場合に、かかる第三者が売主＝本来の所有者に対し所有権取得を主張するには、対抗要件としての登記は不要であるとするのが判例の立場である。おそらく、この点について異論を唱える学説もないであろう。

　しかし、このことは、「第三者」として保護される者が、その所有権取得という物権変動について一切対抗要件を具備しなくてもよい、ということにはならない。たとえば、虚偽の不動産売買の買主から善意で目的不動産を譲り受けた者がまだ所有権移転登記を具備していない段階で、別の者が虚偽の買主から善意で同じ不動産を譲り受け、その所有権移転登記を具備した場合、第一譲受人は、本来の所有者に対しては登記なくして自己が所有者だと主張しうるが、第二譲受人との関係では自己の所有権取得を主張しえず、むしろ、第二譲受人は自分が所有者であると主張しうることになる。すなわち、94条2項の「第三者」の権利取得も177条の物権変動に該当するから、177条でいう「第三

者」との関係ではその権利取得は否定されるのである。ただ、本来の所有者は177条の「第三者」としては認められないために、これとの関係では94条2項の「第三者」は対抗要件を要求されないだけのことである。

　それでは、虚偽の不動産売買契約が結ばれ、虚偽の買主への目的不動産の所有権移転登記がされた場合において、一方では、かかる登記を信頼してこれを譲り受ける者が現れ、他方においては、本来の所有者が不実登記の事情を説明したうえで目的不動産を別の者に譲渡し、あるいはこれを賃貸したときには、いずれの者が目的不動産について優先的に権利を主張することができるだろうか。この問題については2つの判例がある。

2. 本来の所有者と取引をした者との関係

(1) 最判昭和42年10月31日民集21巻8号2232頁

(a) 事実の概要

　Aは、Bより甲不動産を買い受けたが、多額の課税を回避するために、Cと通謀してその登記名義をCとしておいた。その後、Aは、昭和34年10月頃、Xに対する債務の代物弁済としてXに甲不動産を譲渡した。これに対し、昭和39年7月29日、Cを相続したY₁Y₂からY₃が甲不動産を買い受けた。Y₃は、同年8月17日までに代金を支払い、昭和39年8月18日受付の甲不動産の所有権移転登記を受け、その引渡しも受けた。他方で、Xは、昭和39年8月11日、Y₁Y₂を仮処分義務者として甲不動産に対し処分禁止の仮処分決定を受け、昭和39年8月14日受付の仮処分登記手続がされた。

　Xは、Yらに対し、所有権に基づく登記手続請求の訴えを提起した。

(b) 最高裁の判断

　最高裁は、「不動産の譲渡人がいまだその取得登記をしない間に、その不動産について譲渡人を債務者として処分禁止の仮処分登記が経由された場合には、譲受人がその後に所有権取得登記をしても、譲受人は所有権取得そのものを仮処分債権者に主張することができないものと解すべきである」と述べて、Xの請求を棄却した原審の判決を破棄した。

(c) 若干の検討

　この判例は、目的不動産の譲受人という94条2項の「第三者」が現れても、

なお、本来の所有者からの譲受人との関係は 177 条によって決せられるとしたものと考えられる。

すなわち、この事案では、まず不実登記名義人 C を相続した $Y_1 Y_2$ の地位が問われるが、相続人は被相続人の権利・義務を包括的に承継するため、その地位は虚偽表示の当事者である C と同視でき、これは 94 条 2 項の「第三者」にはあたらない。しかし、この相続人から目的不動産を譲り受けた Y_3 は 94 条 2 項の「第三者」にあたる。それゆえ、目的不動産の所有権移転登記によって Y_3 は完全にその所有権を主張しうるようになったとも思われる。ところが、本来の所有者 A から目的不動産を譲り受けた X の申し立てた目的不動産の仮処分とは、A からの所有権の移転が有効であることを前提にした処分であり、Y_3 への所有権移転登記より先に仮処分の登記がされると、Y_3 はこれに対して所有権の取得を主張しえないというのは、結局、Y_3 への物権変動も、X への物権変動も有効であるが、両者の優劣はその登記の前後によって決せられるという立場をとったことを意味するのである。

(2) 最判昭和 61 年 11 月 18 日判例時報 1221 号 32 頁

(a) 事実の概要

甲土地および乙建物は A の所有であったところ、B が、昭和 52 年 12 月 16 日、A からこれらを買い受けた。しかし、B は、その代金を C から D 名義で借り受けたため、甲土地および乙建物の所有権移転登記を D 名義にした。B は間もなく乙建物を E に賃貸し、E らがこれに居住していた。Y は、B に対し金銭債権を有していたが、その返済が得られなかったことから、昭和 53 年 8 月 26 日、B と乙建物の賃貸借契約を結んだうえ、E との間で転貸借契約を結び、以後は E から転貸賃料の支払いを受けて、B に対する債権の回収に充ててきた。

F は、昭和 54 年 8 月 29 日、D との間で甲土地および乙建物を D から買い受ける旨の売買契約を締結した。F は、その代金を X から借り入れるべくその申込みをしたが、その際、甲土地および乙建物の真実の所有者が B であることを知りながら、X に対しては、甲土地および乙建物は D の所有である旨の虚偽の申告をするとともに、その居住者は買受け後に直ちに立ち退くことになっている旨の説明をした。そこで、X は、これを信じて、同年 9 月 4 日、F

に対し融資をし、この貸金債権を担保するため甲土地および乙建物に抵当権の設定を受けて、同日付でその登記を経由した。ところが、Fが債務を弁済しなかったので、Xは、抵当権に基づいて競売の申立てをし、昭和57年3月24日、自ら買受人となって、同年5月6日、甲土地および乙建物について所有権移転登記を経由した。

　Xは、Yの賃借権の不存在の確認等を請求した。

（b）最高裁の判断

　Yは、Xが本件土地建物につき抵当権の設定を受け、その実行により所有権を取得する以前に、本件建物の真実の所有者であるBとの間で本件建物の賃貸借契約を締結していたのであり、右賃貸借契約に通謀虚偽表示等の無効原因があることについては当事者の主張がなく、原審の認定しないところであるから、Yは本件建物の賃借権を有効に取得したものというべきである。他方、Xは、その後において、本件土地建物についてされたDのための所有権移転登記が仮装のものであることを知らず、Fが本件土地建物の所有者であるDからこれを買受けるものと信じて、その買受資金をFに貸し付け、その債権を担保するため本件土地建物に抵当権の設定を受け、その実行としての競売手続において本件土地建物を競落したものであって、民法94条2項の類推適用により、本件土地建物の真実の所有者であるBがその所有権をXに対して主張しえないものとされる結果、Xは本件土地建物の所有権を取得したというべきである。そうとすれば、本件は、Yが本件建物について取得した賃借権をもってその後に本件建物の所有者となったXに対抗することができるかどうかという対抗問題に帰着するところ、原審の認定によれば、Yは、Bと本件建物の賃貸借契約を締結した後、それ以前にBからこれを賃借して占有していたEと転貸借契約を結び、以来同人から賃料を受け取っているというのであるから、指図による占有移転によって本件建物の引渡を受けていたものとみるほかはなく、右賃借権について対抗要件（借家法1条1項）を具備しているものというべきである。したがって、右のような原審の認定事実を前提とする限り、Yは、Xが本件建物の真実の所有者及びBとY間の賃貸借契約締結の事実を知っていると否とにかかわりなく、右賃借権をもってXに対抗することができ、この間に民法94条2項を適用ないし類推適用する余地はないものという

べきであるから、Yが本件建物の賃借権を有しないことの確認を求めるX
の請求は理由がなく、また、YがEから本件建物の賃料として月額5万円
の金員を受領するについては法律上の原因があるというほかはないから、X
の不当利得返還請求も理由がないことに帰着する筋合である。

(c) 若干の検討

この判例の見解は、まさに、94条2項の「第三者」と本来の所有者との間
で取引に入った者とは対抗関係に立つというものであり、仮に本来の所有者か
ら目的不動産を譲り受けた者が現れた場合にこの考え方をあてはめれば、いず
れがその所有権移転登記を先に具備するかで優劣が決定されることになる。

ただ、本件で、94条2項の適用ではなく、その類推適用が問題とされたの
は、BD間には虚偽の売買契約の意思表示はなく、単に、本来の所有者Bが
Dと通じてD名義の不実の登記を作出したにすぎないからである。しかし、
94条2項の趣旨は、本来の所有者が不実の権利の外観をその意思によって作
出した場合にこれを信じて取引に入った第三者を保護する点にある以上、この
ケースにもその類推適用が認められるのであり、その効果は本来の適用の場合
と基本的に変わらないのである（94条2項の類推適用については、平成29年予備試験
問題の解説を参照されたい）。

3. 94条2項の「第三者」の権利取得の法的構成との関係

それでは、上記の判例の考え方は、94条2項の「第三者」の所有権の取得
の法的構成に関する2つの見解、すなわち、原始取得構成と承継取得構成との
いずれに相応することになるだろうか。

仮に原始取得構成をとれば、94条2項の「第三者」の所有権取得に関して
本来の所有者はその当事者に該当するため、これとの関係では対抗要件は不要
となるが、その所有者から目的不動産を譲り受けるなどの契約をした者は、ま
さに177条の「第三者」に当たるので、両者は対抗関係に立つと説明するこ
とができる。これに対して、承継取得構成をとると事情が変わってくる。すな
わち、有力説の言うように、94条2項の「第三者」が本来の所有者との関係
で対抗要件を具備しなくともよいとする理由を、94条2項の適用によって、

目的不動産の所有権が本来の所有者から虚偽の譲受人に、さらに虚偽の譲受人から「第三者」に移転する点に求めるとすると、所有権移転登記が虚偽の譲受人にされた段階で、これへの所有権移転は絶対的に有効となり、他方で、本来の所有者は確定的に無権利者となる以上、94条2項の「第三者」への所有権移転登記の有無にかかわらず、本来の所有者と取引に入っても所有権は得られない、ということになりかねないからである。現に、学説の中にはそのような結論をとる見解もある。

　そうなると、判例の結論は原始取得構成をとらなければ基礎づけえないかのように思われるが、そのように断定するのは実は早計である。仮に94条2項による権利の取得を承継取得として位置づけるとしても、本来の所有者が無権利者になるという結論が論理必然的に導かれるわけではないからである。確かに、94条2項の適用が認められれば、本来の所有者は「第三者」に対する関係で虚偽の名義人に所有権が移転していないと主張しえなくなる。しかしながら、虚偽表示をした当事者間ではなおこれは無効であることを尊重するならば、本来の所有者は、「第三者」との関係では虚偽の名義人への所有権移転を否定しえないとしても、なお、虚偽の名義人との関係ではその移転した所有権が自分に留保されるという主張をすることはできるはずであり、この点で、本来の所有者は全くの無権利者にはならないということができるからである。

　もちろん、だからといって、本来の所有者が94条2項の「第三者」に所有権移転登記がされていないことを主張して、その所有権取得を否定することができるかといえば、自ら虚偽の外形を作出した者にそのような利益を認めるのは適切ではない。したがって、「第三者」は登記なくして所有権取得を本来の所有者に主張しうると見るべきであるが、これはまさに、虚偽表示に関わった所有者は、177条の「第三者」、つまり、登記の欠缺を主張する正当な利益を有する者には該当しないからである。しかし、そのような所有者でもなお無権利者ではない以上、これとの間で目的不動産を譲り受ける者が現れれば、それ自身には、なお94条2項の「第三者」の登記の欠缺を主張する正当な利益はあるだろう。それゆえ、たとえ承継取得構成をとるとしても、判例の結論を導くことは十分可能である。

　それどころか、今回の予備試験の問題には、原始取得構成に対する疑問も呈する側面がある。仮に今回の事例において虚偽の譲受人からの賃借人が虚偽表

示について善意であった場合、この賃借人はその賃借権をもって本来の所有者に対抗することができるが、原始取得構成はこの点をどのように説明するのかが疑問となる。承継取得構成であれば、賃借人との関係では、本来の所有者から登記名義人に所有権が移転したものとして扱われるので、もはや、本来の所有者は依然として自分に所有権が属するとは主張しえず、賃借人に対して明渡請求をすることもできないのは明らかである。なるほど、筆者の前述の説明によれば、この場合でも、本来の所有者は虚偽の譲受人に対する関係では自分に所有権が属すると主張しうるだろうが、第三者たる賃借人との関係では、せいぜい、いったん虚偽の譲受人に所有権が移転したうえでそれが自己に復帰するとしか主張することができず、その所有権の取得は対抗要件を具備した賃借権に劣後することとなる。ところが、原始取得構成では、もともと他人物の賃貸借も有効に成立することとうまく噛み合わない可能性が出てくる。というのは、94条2項の適用以前に、もともと賃借権自体は有効に成立する以上、この場合、本来の所有者との関係での賃借権の原始取得とはいかなる意味を持つのかが問われるからである。あるいは、もともと債権的効力しかない賃借権が、94条2項の適用によって、本来の所有者に対しても効力を及ぼすということなのであろうか。

保証と物上保証との異同、遺留分減殺（侵害額）請求権

◀ 問題 ▶

次の文章を読んで，後記の〔設問1〕及び〔設問2〕に答えなさい。

I

【事実】

1. A（女性，昭和22年生）は，配偶者がいたが，平成2年5月頃から，B（男性，昭和27年生）と交際するようになり，同年10月には，配偶者との離婚の協議を始めた。

2. Aは，平成3年8月，配偶者と離婚した。A及びBは，これを契機として，マンションを賃借し，そこで同居をするようになった。もっとも，離婚を経験したAは，Bとの婚姻の届出をすることをためらい，Bと話し合いの上，その届出をしないままBとの生活を続けた。

3. 平成3年当時，Aは，甲土地を所有しており，甲土地についてAを所有権登記名義人とする登記がされていた。A及びBは，相談の上，甲土地の上にBが所有する建物を建築することを計画した。この計画に従い，平成5年3月，甲土地の上に所在する乙建物が完成して，乙建物についてBを所有権登記名義人とする所有権の保存の登記がされ，同月，A及びBは，乙建物に移り住んだ。

4. Aは，かねてよりヨーロッパのアンティーク家具や小物の収集を趣味としていたが，平成18年秋頃から，そうした家具などを輸入して販売する事業を始めた。Aは，同年9月，この事業の資金として3000万円を銀行のCから借り入れた。その返済の期限は，平成22年9月30日と定められた。

5. 同じく平成18年9月に，この借入れに係る債務を担保するため，Aは，甲土地についてCのために抵当権を設定し，また，Bも乙建物についてCのための抵当権を設定し，同月中に，それぞれその旨の登記がされた。乙建物については，Bが，Aから依頼されて，Aの事業に協力する趣旨で，抵当権を設定したものである。

6. Aの事業は，しばらくは順調であったものの，折からの不況のため徐々に

27

経営が悪化し，平成22年9月30日が経過しても，Aは，Cからの借入金を返済することができなかった。そこで，Cは，甲土地及び乙建物について抵当権を実行することを検討するに至った。

〔設問1〕
【事実】1から6までを前提として，以下の（1）及び（2）に答えなさい。

（1）Aが，銀行のDに対し預金債権を有しており，その残高がCに対する債務を弁済するのに十分な額であると認められる場合において，Bは，乙建物について抵当権を実行しようとするCに対し，AがCに弁済をする資力があり，かつ，執行が容易である，ということを証明して，まずAの財産について執行しなければならないことを主張することができるか，理由を付して結論を述べなさい。

（2）Bは，Aに対し，あらかじめ，求償権を行使することができるか。また，仮にCが抵当権を実行して乙建物が売却された場合において，Bは，Aに対し，求償権を行使することができるか。それぞれ，委託を受けて保証をした者が行使する求償権と比較しつつ，理由を付して結論を述べなさい。

II 【事実】1から6までに加え，以下の【事実】7から10までの経緯があった。
【事実】

7．その後，Aの事業は，一時は倒産も懸念されたが，平成22年12月頃から，一部の好事家の間でアンティーク家具が人気を博するようになったことを契機として，収益が好転してきた。Aは，抵当権の実行をしばらく思いとどまるようCと交渉し，平成23年4月までに，Cに対し，【事実】4の借入れに係る元本，利息及び遅延損害金の全部を弁済した。

8．平成23年9月，Aは，体調の不良を感じて病院で診察を受けたところ，重篤な病気であることが判明した。Aは，同年11月に手術を受けたものの，手遅れであり，担当の医師から，余命が3か月であることを告げられた。
　　そこで，Aは，平成24年1月18日，Bとの間で，AがBに甲土地を贈与する旨の契約を締結し，その旨を記した書面を作成した。

9．Aは，平成24年3月25日，死亡した。Aは，生前，預金債権その他の財産を負債の返済に充てるなどして，財産の整理をしていた。このため，Aが死亡した当時，Aに財産はなく，また，債務も負っていなかった。

10. Aが死亡した当時，Aの両親は，既に死亡していた。また，Aの子としては，前夫との間にもうけたE（昭和62年生）のみがいる。

〔設問2〕
　Eは，Bに対し，甲土地について，どのような権利主張をすることができるか。また，その結果として，甲土地の所有権について，どのような法律関係が成立すると考えられるか。それぞれ理由を付して説明しなさい。

Ⅰ. 基礎編

▶基礎的事項のチェック
1. 抵当権、共同抵当権はいかなる権利か？
2. 保証とは何か？
3. 検索の抗弁権とは何か？
4. 保証人は主たる債務者に対していかなる権利を有するか？
5. 物上保証とは何か？　保証との異同は？
6. 相続の効力はいかなるものか？
7. 遺留分とは何か？
8. 遺留分を侵害された権利者にはいかなる救済が認められるか？

1.〔設問1〕について

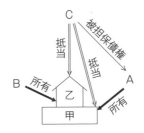

（1）抵当権の意義、設定の要件
　【事実】1〜3では、AB間の身分的関係が現れているが、この点は〔設問2〕で問題となってくるので、後で検討したい。

まず、【事実】4 において、A は銀行 C から金銭を借り受ける契約をしている。これは金銭の消費貸借契約であり（587条）、金銭を借り受けた A は約定の期限までに同額を C に返還する債務を負う。通常、それとともに金銭を運用できた期間に相当する利息も支払うという約定もされるだろうが、本問ではその点は特に問題にはなっていない。

　そして、【事実】5 では、上記の契約によって C が A に対して有する金銭債権を担保するために、A の所有する甲土地と B の所有する乙建物にそれぞれ抵当権が設定されたとある。抵当権は、債権を担保するための物権であり、目的不動産の占有を債権者に移転しないで設定され、目的不動産から優先的に弁済を受ける権利を内包する（369条1項）。すなわち、抵当権者は、債務者が期限までに弁済しなければ、裁判所に目的不動産の競売を申し立て、その売却によって得られる金銭から他の債権者より優先して弁済を受けることができる。

　抵当権は、債権の担保を目的とする以上、被担保債権がなければ有効に成立しない（付従性）。他方で、所有権と同様に、これも物の上に成立し、他の債権者を排除しうるという物権の1つである。抵当権設定という物権変動が生じるためには、債権者と目的不動産の所有者との間で、特定の債権を担保するために抵当権を設定するという合意があれば足りる（176条）。しかし、そのことを当事者以外の第三者に対抗するには、抵当権を設定した旨の登記が必要となる（177条）。本問では、この点についても問題はない。

(2) 物上保証、共同抵当の意義

　ただ、本問で気をつけるべきは、C の A に対する 3000 万円の金銭債権を担保するために、A の所有する甲土地のみならず、債務者ではない B の所有する乙建物にも抵当権が設定されているという点である。

　債務者でない者がその所有する不動産に抵当権を設定することも可能であり、この場合の抵当権設定者を物上保証人という。物上保証という言葉が使われるのは、他人の債務のために担保を供している点で、後述の保証と共通するからである。しかし、保証と物上保証とはすべての点で同じ性質を有するわけではなく、それが〔設問 1〕の解答におけるポイントにもなる。

　他方で、1つの債権を担保するために複数の不動産に抵当権を設定することも可能であり、これを共同抵当という。本来、共同抵当権者は、債務者が弁済

をしないときには、被担保債権の範囲で、いずれの不動産に対する抵当権を行使してもよく、仮に一方の不動産に対する抵当権の行使によって完全に満足を受けることができなければ、当然、残りの抵当権を行使することもできる。ところが、本問では、一方の抵当権が債務者ではない者の不動産に設定されているため、後述のように、この原則を貫くべきかが問われることになる。

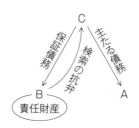

(3) 保証人の抗弁権

さて、【事実】6において、Aは約定の期限までに返済することができなかったとある。とすると、Cが抵当権を実行して目的不動産から満足するための要件は充たされているから、甲土地および乙建物のいずれについて競売を申し立てても、全く問題がないといえそうである。しかし、【設問1】の（1）では、Bは、Aが銀行Dに対する十分な預金債権を有しており、債権者Cはまずこちらから債権の回収を図るべきであり、それをやらない以上はB所有の乙建物に対する権利行使は認められるべきではない、と主張している。かかる主張は、法的にはいかなる根拠に基づくのだろうか。

この問題の核心は、保証における法律関係を参照すると見えてくる。保証とは、債務者が債務を履行しないときに自分が履行する責任を負うことを意味し（446条1項）、債権者と保証人となるべき者との契約によって成立する。ただし、その契約は書面をもってしなければならない（同条2項）。保証では、保証人自身が債務を履行する責任、すなわち債務を負うことになる。この債務は、一応、主たる債務者の債務とは別個に存在すると解されるが、その目的はあくまで主たる債務の担保にある以上、保証人の債務（以下では「保証債務」という）は、主たる債務が存在しなければ有効に成立しない（付従性）。このことは抵当権と被担保債権との関係と異ならない。

そして、保証人にはその利益保護のために次のような権利が認められている。

まず、主たる債務者の債務の弁済期が到来すれば、特段の約定がないかぎり、保証人の債務の弁済期も到来することになる。しかし、債権者が主たる債務者に対して何ら履行の請求をせずに、保証人に対して履行を請求したときには、保証人は、債権者が主たる債務者に催告をするまでは自分は履行を拒絶する、と主張しうる（452条）。これを催告の抗弁という。次に、仮に債権者が主たる債務者に催告をしているとしても、保証人が、「主たる債務者に弁済をする資力があり、かつ、執行が容易であることを証明したときは」、債権者は、まず主たる債務者の財産について執行をしなければならなくなる（453条）。これを検索の抗弁という。

　このような抗弁が保証人に認められたのは、たとえ保証人が債権者に対して債務を負うとしても、その責任はあくまで債務者の責任を補充する意味しか持たず、債権者はまず主たる債務者の財産から満足すべきであるという思想に基づく。この性質を保証の補充性という。すなわち、本来、借金の返済をすべきは債務者自身であり、保証人は単にその担保を提供しているにすぎない以上、その責任はあくまで補充的でなければならない。しかし、催告の抗弁権、検索の抗弁権を定める規定は、けっして強行規定ではない。保証契約において、債権者と保証人との間で、保証人は債務者と連帯して責任を負う旨の約定がなされれば（連帯保証）、保証の補充性という性質は排除され、2つの抗弁権は認められないことになる（454条）。

　これに対して、保証人と似た地位にある物上保証人に関しては、民法にはこのようなことを定める規定がない。となると、(1) のBの言い分が何を意図しているのかは明らかである。すなわち、BはAの債務の担保を提供した点で保証人と異ならず、債権者Cはあくまでまず債務者Aの財産から満足すべきであり、Aは預金債権を有している以上、Aには弁済をする資力があり、Cはその預金債権に容易に執行できるのであるから、その執行をしない限りBの財産への権利行使を拒絶しうる、というものである。要するに、453条は、その趣旨にかんがみて、明文の規定のない物上保証の場合にも類推適用できる、という主張である。

(4) 保証人の求償権

　さらに、〔設問2〕の (2) では、抵当権を実行されようとしているBが、債

務者Aに対して、求償権を行使しうるかが問題となっているが、この設問の趣旨も、保証に関する規定を参照すればおのずから見えてくる。

　保証人は債権者に対して債務を負うとはいえ、債務者との関係ではその担保を提供しているにすぎず、両者の間では債務者こそが弁済すべき地位にある。それゆえ、仮に保証人が弁済をした場合には、これによって責任を免れた債務者に対しては、その受けた損失を回復すべく求償権を行使しうることになっている。保証人は債務者からの委託を受けて保証をしているケースが多く、その場合には、保証人は自己の支出した金額のすべてを求償しうることになっている（459条1項）。

　さらに、特に債務者から委託を受けて保証をした場合には、いまだ保証人が弁済をしていなくとも、460条が列挙するいずれかに該当する場合には、あらかじめ債務者に対し求償権を行使しうるとされている。本来、求償権とは、自己の支出によって債務者を免責させた場合に、両者の損失・利得を調整するために認められるはずであるが、このような事前の求償権が認められた趣旨については、伝統的学説は次のように説明してきた。すなわち、債務者の委託によって保証がされた場合には、その委託により保証人自身が債務を負う以上、この委託には最終的には債務者に代わって弁済するという委託も包含される。それゆえ、保証人の弁済は債務者から委任された事務の処理に該当し、弁済に要する金額は委任事務処理の費用に当たる。そして、委任においては費用前払請求権が認められる以上（649条）、委託を受けた保証ではこれと同じように事前求償権が認められる。ただし、直ちに事前の求償を容認すれば、主たる債務者と保証人との間ではまずは主たる債務者が弁済すべき地位にあり、保証人はあくまでその担保を供与するという保証の趣旨に合致しない。したがって、保証人自身も弁済を余儀なくされる事情があったときに、事前求償も容認することにした。

　この伝統的学説を前提にすれば、保証人が債権者を満足させた後に認められる求償権の趣旨も次のように説明することになる。保証人による弁済は主たる債務者によって委任された事務処理に該当し、弁済金はそれに要した費用に当たる。したがって、保証人には、委任事務の処理に要した費用の償還請求権として（650条）、求償権が認められる。

　それでは、この問題について、民法は物上保証についてはいかなる規定をお

いているか。まず、債権者を満足させた後の求償権については、351条が保証に関する規定に従ってこれを認める旨を定めており、抵当権については372条がこれを準用している。しかし、民法は、事前の求償権を物上保証人にも認める規定をおいていない。となると、Bは、先の検索の抗弁と同じように、事前求償については保証人の規定を類推適用できるという主張をするであろうが、ここで特に問題となるのは、それなら、民法が事後の求償を認める規定をおきつつ、なぜ事前の求償を認める規定を設けなかったのか、という点をどのように説明することになるかであろう。

(5) 物上保証と保証との異同

　保証に関する規定の類推適用を論ずるにあたっては、当該規定の趣旨が、保証と物上保証との構造的異同に照らして、物上保証には適合しないことになるのかを検討しなければならない。両者の異同は、一般的に次のように説明されている。

　まず、前述のように、保証でも物上保証でも被担保債務に対する付従性がある。そして、保証においては、保証人自身が主たる債務と同じ内容の債務を負担する。これに対して、物上保証においては、他人の債務のために自己の所有物に抵当権という物権を設定するため、物上保証人は抵当権実行によってその財産を失うという不利益を受けることにはなるが、主たる債務者と並んで債務を負担するとは考えられない。一部には、物上保証人も保証人と同じく債務を負担するという構成を主張する学説もあるが、これを採用することは難しいだろう。また、債権者の保証人に対する権利は債権にすぎず、保証人の特定財産について他の債権者を排除して優先的に満足する権利を伴うものではないが、他方では、債権者は保証人の財産のいずれに対しても強制執行をすることができる。しかし、物上保証においては、債権者は、物上保証人の特定財産について抵当権という物権を有し、他の債権者を排除して優先的に弁済を受けることができるが、他の財産に対しては何ら権利を行使することができない。

　したがって、〔設問1〕への解答においては、上記の保証と物上保証との異同が、検索の抗弁、事前求償権、という2つの制度の運用の妨げになるか否かを検討することが肝要となる。

（6）物上保証人と検索の抗弁権

　検索の抗弁権を物上保証人にも認められるか否かを判断した最高裁判例はないが、次のように言うことはできるだろう。

　まず、物上保証においても、債務者と物上保証人との間では、債務は債務者が弁済すべきであり、物上保証人の提供した財産からの満足は原則としてされるべきではない。それゆえ、両者の間では前述の補充性を認めてもよさそうに思われる。

　しかし、問題は債権者との関係である。抵当権は特定の財産から優先的に弁済を受けることができるという性質を有し、債権者はその目的財産からは確実に満足を受けることができるようになっている。他方で、物上保証人はそれ以外の財産について責任を追及されることはない。それにもかかわらず物上保証人がまず債務者の財産に対して執行をせよということができると、債権者にとっては速やかな満足の妨げになる可能性がある。債務者に執行可能な財産があり、これに対して権利行使ができる場合であっても、他の債権者の権利行使を排除することはできず、結果として、十分な満足を受けることができない可能性もある。もちろん、その場合には改めて物上保証人の財産について権利を行使すればよいかもしれないが、たとえば不動産の価額が変動しているときには、債権者にとって都合のいい時期に目的不動産の競売を申し立てることができない、というリスクもある。

　もともと、物上保証人の責任は抵当権を設定した不動産に限られており、それ以外の物上保証人の財産には責任がない点にかんがみれば、このようなリスクを債権者に負わせるのは適切ではないともいえよう。本来、物権は物の上に成立する権利であり、その利益享受はもっぱら権利者の自由意思にゆだねられるべきだともいえるだろう。保証においても、連帯保証の約定によって補充性が排除されることを考慮すれば、明文の規定のない物上保証に補充性を認めることにはかなり疑問がある。

　なお、本問では、CはA所有の甲土地にも抵当権を有しており、この抵当権の実行によって甲土地から優先弁済を受けることはできるが、だからといって、乙建物の抵当権の実行の制限が全くCの利益を害さないという保証はない。というのは、土地と建物は法律上は個別の不動産になるとはいっても、経済的には一体的な利用価値を有しているため、これらをバラバラに売却する場

合の代金額は、一体的に売却する場合の代金額よりも低くなる危険性があるからである。

(7) 物上保証人と事前求償権

(a) 判例の見解

事前求償権が物上保証人にも認められるかについては、最判平成 2 年 12 月 1 日民集 44 巻 9 号 1686 頁が明確な否定説をとった。

その事案は次のようなものである。X は、被担保債権の範囲を A 信用保証協会が Y に対して保証委託取引によって取得する一切の債権とし、極度額を 3600 万円とする根抵当権を自己の 26 筆の土地に設定した。ところが、Y が当該債権の弁済を怠ったため、A は根抵当権の実行による土地の競売を申し立て、裁判所はすべての土地につき競売開始決定を出した。全土地のうち 5 筆については売却がなされ配当も実施されたが、先順位抵当権者の B のみが配当を受けるにとどまった。このため、X は、Y に対して、残りの土地について委託を受けた物上保証人であることを根拠に、事前求償権を主張した。原審は、次のような理由から、物上保証人には事前求償権が認められないとした。民法が受託保証人に事前求償権を認めるのは、保証人は直接債務を負担し、保証債務の履行に要する費用が委任事務処理費用の性質を有するからであるが、受託物上保証人が弁済などの免責行為をしても、これは委任事務とは別個に弁済について正当な利益を有する第三者として任意にしたものであるから、これによって委任事務処理費用が生ずるということにはならない。

最高裁は以下のように述べて、X の上告を棄却した。

> 債務者の委託を受けてその者の債務を担保するため抵当権を設定した者（物上保証人）は、被担保債権の弁済期が到来したとしても、債務者に対してあらかじめ求償権を行使することはできないと解するのが相当である。けだし、抵当権については、民法 372 条の規定によって同法 351 条の規定が準用されるので、物上保証人が右債務を弁済し、又は抵当権の実行により右債務が消滅した場合には、物上保証人は債務者に対して求償権を取得し、その求償の範囲については保証債務に関する規定が準用されることになるが、右規定が債務者に対してあらかじめ求償権を行使することを許

容する根拠となるものではなく、他にこれを許容する根拠となる規定もないからである。

なお、民法372条の規定によって抵当権について準用される同法351条の規定は、物上保証人の出捐により被担保債権が消滅した場合の物上保証人と債務者との法律関係が保証人の弁済により主債務が消滅した場合の保証人と主債務者との法律関係に類似することを示すものであるということができる。ところで、保証の委託とは、主債務者が債務の履行をしない場合に、受託者において右債務の履行をする責に任ずることを内容とする契約を受託者と債権者との間において締結することについて主債務者が受託者に委任することであるから、受託者が右委任に従った保証をしたときには、受託者は自ら保証債務を負担することになり、保証債務の弁済は右委任に係る事務処理により生ずる負担であるということができる。これに対して、物上保証の委託は、物権設定行為の委任にすぎず、債務負担行為の委任ではないから、受託者が右委任に従って抵当権を設定したとしても、受託者は抵当不動産の価額の限度で責任を負担するものにすぎず、抵当不動産の売却代金による被担保債権の消滅の有無及びその範囲は、抵当不動産の売却代金の配当等によって確定するものであるから、求償権の範囲はもちろんその存在すらあらかじめ確定することはできず、また、抵当不動産の売却代金の配当等による被担保債権の消滅又は受託者のする被担保債権の弁済をもって委任事務の処理と解することもできないのである。したがって、物上保証人の出捐によって債務が消滅した後の求償関係に類似性があるからといって、右に説示した相違点を無視して、委託を受けた保証人の事前求償権に関する民法460条の規定を委託を受けた物上保証人に類推適用することはできないといわざるをえない。

この見解は、保証人の事前求償権を委任における費用前払請求権の一種とは明言していないものの、その性質をおおむね伝統的学説に従って理解したものといえる。すなわち、保証の委託には債務の負担が含まれているからこそ、事前求償権も正当化できるが、債務負担を伴わない物上保証の委託ではそのような正当化はできない、というのが事前求償権を否定する根拠である。その背景には、保証債務の負担の委託には弁済の委託も包含されるが、物上保証の委託をそのように解することはできない、という理解があると思われる。これに加

えて、債務を負担する保証の場合とは異なり、物上保証においては事前に債権者の満足する金額を確定しえないという点も、事前求償権を容認しえない理由とされている。

　もちろん、保証人には一定の救済が認められているにもかかわらず、保証人と同様に他人の債務のために担保を供した物上保証人には何ら保護がないというのは、利益考量として適切ではないという批判がある。しかし、事前求償権の趣旨を伝統的学説と同じく理解する限りでは、やはり保証との構造的異同にかんがみて事前求償権を否定するのが穏当に思われる。

（b）判例に反対する見解

　ただ、学説では、物上保証人も、保証人と同じく他人の債務のために担保を供与しており、担保権の実行、またはこれを免れるための弁済によって債権者を満足させれば、債務者に対して求償権を有することにかんがみて、事前求償権も物上保証人に認めるべきとする見解が少なくない。そのため、事前求償権の制度を伝統的学説のように理解しない説もある。

　その例としては、事前求償権の性質を委任における費用前払請求権とは捉えず、弁済をしても債務者から償還してもらえないリスクを保証人が回避するために認められた保全的権利と捉える見解がある。この見解は、保証の委託によっては債務の弁済は委託されていないという前提をとりつつ、事前求償権の趣旨を説明しようとする。

　しかし、このような将来の危険を理由にして、あらかじめ主たる債務の全額に相当する金銭の支払請求権を認めるという説明には無理があるだろう。というのは、債務者自身も弁済の義務を負っている以上、将来の抽象的な危険のみを根拠に、弁済もしない保証人に全額の支払請求権を認めることには合理性がないからである。まして、物上保証人にはなおさらそのような支払請求権を認める合理性に乏しい。というのは、物上保証人はそもそも弁済の義務を負わず、たとえ担保権の実行によって債権者を満足させたとしても、それが必ず債権全額の満足になるわけではないからである。

　そこで、債務者の信用のために担保を提供した保証人も、債務の弁済期が到来した以降にはもはやその担保提供も解消することができるはずであるから、事前求償権も、保証人が債権者に対し保証の負担から解放するように請求しうる権利として位置づけるべきとする見解がある。つまり、この見解は、保証人

が債務者に対して保証債務の負担からの解放を請求しうる権利を有し、その内容として、弁済によって債務の負担から逃れるべく、それに要する金額の支払いを債務者に対して請求しうることになるとしたのが、事前求償権の制度だと説明する。この考え方によれば、債務を負担しない物上保証人も、保証と同じく抵当権という担保を提供している以上、債務者に対しては抵当権の拘束から解放するように請求することができるだろうし、その内容として、弁済に要する金額の支払いを求めることもできることとなるだろう。

（c）私見

しかし、事前求償権の制度を保証の拘束から解放するように請求する権利として位置づけることには大きな問題がある。なぜなら、ここで認められる権利が担保の拘束から解放するように請求する権利であるならば、その内容は、主たる債務者に対して保証の責任から免れるために必要な行為をせよというものであり、それが直ちに一定の金額の支払請求になるわけではないからである。すなわち、債務者自らが速やかに弁済をすれば、保証人の責任も消滅するのであるから、解放請求の内容は、むしろ債務者に弁済等の免責行為をせよというものになるのではないか。このことを措いて、責任からの解放のために保証人自らが弁済をするということには、明らかに論理的な飛躍がある。しかも、この説のように事前求償権を責任からの解放、すなわち免責の請求権として位置づけてしまうと、民法が、事前求償権の行使を受けた債務者は保証人を免責させて償還の義務を免れることができると規定していること（461条）と辻褄が合わなくなる。というのは、この規定は、事前求償権が免責を求める請求権とは異なることを前提にしつつ、免責があれば事前求償の債務も免れることを示しているからである。仮に事前求償権の目的が免責そのものであるというのであれば、このような規定は不要なはずである。

したがって、被担保債権の弁済期が到来したときに、物上保証人にも債務者との関係で何らかの権利を認めるのが究極的には適切ではあろうが、現行法の事前求償権を容認することは極めて疑問である。この問題はむしろ立法論の次元にあるといえよう。

2.〔設問2〕について

(1) 贈与契約の効力

【事実】8では、抵当権の被担保債務が弁済されたことにより、甲土地および乙建物にそれぞれあった抵当権は消滅する。そのうえで、【事実】9では、Aはその所有する甲土地をBに贈与する契約を書面によって締結した。

贈与契約は財産権を無償で移転する契約であり、これは当事者による合意があれば有効に成立する（549条）。もっとも、書面によらない贈与契約は、履行がされない限り、各当事者が解除しうることになっている（550条）。これは、口頭による贈与の意思表示は安易にされることが多く、これだけで契約の拘束を確定的にしてしまうと、贈与者にとって不測の事態になることを考慮し、書面によって慎重かつ明確に意思表示をした場合に限り、その拘束力を確定的にしたものといえる。平成29年改正前民法では、当事者は書面によらない贈与契約を撤回しうると規定されていたが、その趣旨は契約を失効させる点にあるので、改正民法では解除と改められた。

本問では、AB間の贈与契約は書面によってされているので、その拘束力は確定的になる。平成23年度の問題の解説で説明したように、物権変動に必要な意思表示は、その原因となる売買等の意思表示で足りるから、贈与の意思表示が確定的に有効となれば、所有権の移転も当事者間では確定的に有効となる。

(2) 相続の効力と相続人の範囲

さらに、【事実】9では、Aが死亡したので、これによって相続が開始することになる（882条）。仮にAに財産があったとすれば、相続によってその財産はすべて相続人に包括的に承継されるところであった。そこで、本問では相続人は誰なのかが問題となる。

まず、その子EがAの相続人になることは明らかである（887条1項）。Aの配偶者も相続人になるが（890条）、すでに離婚している元配偶者は相続人にならない。問題は、Bの地位である。

AB間では婚姻の届出がされていないため、Bは法律上配偶者にはならない。しかし、事実上の夫婦として共同生活を営んでいるため、両者は内縁関係にあるといえる。内縁関係が成立するためには、共同生活の事実のほかに事実上夫

婦となる意思も必要かが問題とされているが、本問では内縁関係は認めてもよさそうである。もっとも、内縁関係にいかなる法律効果を認めるべきかは問題であり、婚姻の法律効果のうち、共同生活のために定められたものは内縁関係にも類推適用しうると解されているが、法律上の身分関係を基礎とするもの、すなわち相続人としての地位はこれには認められないと解されている。

　そうなると、本問では、EがAを単独で相続することになり、その権利・義務を包括的に承継する（896条）。ところが、【事実】9にあるとおり、Aには一切、財産も債務もないため、Eに承継されるべきものは何もない。Aが死の直前に所有していた甲土地の所有権も、すでにBに移転している以上、Eは何の権利も承継することにならない。

　ちなみに、甲土地についてAからBへの所有権移転登記はされていないが、平成23年度の問題の解説で説明したように、登記は物権変動の当事者以外の「第三者」との関係で要求されるにとどまる。確かに、EはAB間の贈与契約の当事者ではないが、相続によってAの地位を包括的に承継しているため、Eも当事者に準じた扱いを受ける。それゆえ、Bは、Aとの贈与契約によって所有権を取得し、かつ、契約上の義務の履行としてAに対し甲土地の所有権移転登記手続を請求することができたはずであるから、Aの地位をそのまま承継したEに対しても同じ主張をすることができよう。

(3) 遺留分の制度

　しかし、被相続人は遺言等によって自己の財産を自由に処分しうるとしても、これには制約がある。すなわち、兄弟姉妹以外の相続人には、被相続人の有した財産のうち自己の権利として最低限留保されるべき割合が認められており、これが遺留分である（旧1028条1項・新1042条1項参照）。遺留分制度には、もともと被相続人はこれらを扶養すべき地位にもあったという点から、その死後の生活費等を保障するという趣旨がある。遺留分の割合は、誰が相続人になるのかによって区別されており、本問のように子Eが単独の相続人となる場合には2分の1となる。

　ただ、遺留分の対象となる財産は、単に被相続人が死亡した時点で有した財産を意味するわけではない。仮にそのように解すると、Aが死亡前にBに甲土地を贈与していた本問では、A死亡の時点では何ら財産が存在しないこと

となり、Eには遺留分が認められないこととなりかねないが、これでは遺留分制度の趣旨が簡単に潜脱されることとなろう。それゆえ、民法は、遺留分の対象となる財産の価額を、被相続人が相続開始時に有した財産にその贈与した財産を加えたものから債務の全額を控除した価額としている（旧1029条1項・新1043条1項）。もっとも、生前に贈与した財産のすべてが遺留分の対象になるとすると、受贈者の地位が著しく不安定になる。それゆえ、遺留分の対象となる贈与は相続開始前の1年間にしたものに限られる（旧1030条1項・新1044条1項）。

　そうすると、本問でのAのBに対する贈与はA死亡の1年以内になされているので、甲土地は遺留分の対象となる。その結果、Eは、甲土地の価額の2分の1の権利を侵害されていることになる。

(4) 遺留分侵害の場合の効果

(a) 基本的前提

　そこで、このような遺留分の侵害があった場合の効果が問われることになる。まず、遺留分を侵害する遺言や贈与があったからといって、その範囲で当然に遺贈・贈与の効力が認められなくなるわけではない。もともと、相続人には相続を承認するか、放棄するかの自由があるから、遺留分を侵害されてもこれに異を唱えなければ、被相続人の処分は依然として有効とすべきである。そこで、民法は、遺留分を侵害された権利者がその権利の回復を求めるときに、これに応じた救済を認めることにしている。

(b) 平成30年法改正前

　平成30年改正前（予備試験当時）の民法では、遺留分を侵害された相続人の有する権利は遺留分減殺請求権と称され、判例は、遺留分権利者が受遺者・受贈者に対してこの減殺の意思表示をすると、遺贈・贈与が遺留分の割合で効力を失うとしていた（最判昭和41年7月14日民集20巻6号1183頁）。すなわち、この権利は形成権とされる。それゆえ、特定の不動産の贈与について遺留分減殺請求権が行使されると、受贈者の所有権取得は遺留分の割合で否定され、相続人は遺留分の割合で所有権を有することになる（最判昭和51年8月30日民集30巻7号768頁）。つまり、双方が同じ不動産を共有することになる。これを本問に当てはめれば、EがBに対して遺留分減殺請求の意思表示をすると、EBが

それぞれ持分割合2分の1で甲土地を共有することになる。

　ところが、これについては例外的取扱いも認められていた。すなわち、受贈者・受遺者が、減殺を受けるべき限度において贈与・遺贈の目的の価額を遺留分権利者に弁償すれば、現物の返還は免れる（旧1041条1項）。これは、遺留分制度の趣旨が主に相続人の生活費の保障にある点から、現物の価額相当の金銭の支払いがされれば、その目的を達成できるという理由による。そこで、判例は、遺留分減殺請求権が行使された場合の対象不動産の法律関係を次のように説明していた。すなわち、遺留分権利者が減殺の意思表示をすると、一応対象財産について共有関係が成立するが、それはまだ確定しない。そして、遺留分権利者の現物返還請求に対し、相手方は、価額の賠償ないしはその提供した場合に現物返還義務を免れ、価額の賠償によって目的物の所有権がはじめから相手方に帰属していたことになる（最判昭和54年7月10日民集33巻5号562頁、最判平成4年11月16日家月45巻10号25頁）。

　それゆえ、本問でも、Eの遺留分減殺請求に対して、Bが価額賠償をすれば、甲土地はBの単独所有となる。しかし、価額賠償をしなければ、甲土地はEBによって共有されることになる。

（c）平成30年法改正後

　しかし、平成30年の相続法改正によって、現物回復と価額賠償との関係が逆転した。すなわち、遺留分の制度趣旨が主に相続人の生活保障にあるとすると、遺留分を侵害された相続人には、その効果として侵害された価額の金銭支払請求権を認めれば足り、相手方が現物を返還する必要はない。むしろ、金銭賠償こそが端的に生活費の確保につながるのであり、現物の返還はこれに相応しないところもある。また、被相続人の事業を遺贈等によって特定の相続人に承継させようとする場合には、遺留分減殺による現物返還はその妨げになることがある。そこで、改正法では、遺留分を侵害された相続人の権利は遺留分侵害額請求権と称され、遺留分権利者がその権利を行使する意思表示をすると、相手方に対して侵害額に相当する金銭の支払請求権を取得することとなった（1046条1項）。つまり、旧法では、現物返還が原則であり、相手方がこれに代わって弁償をしたときにだけ、遺留分権利者は金銭を獲得することができたが、新法では、相手方の意思にかかわりなく、常に遺留分権利者は金銭の支払いを請求しうるようになったわけである。

そうなると、本問の後段の趣旨は、旧法において遺留分減殺請求権が行使された場合の法律関係を詳しく論じさせる点にあったといえるが、法改正によってこのことを問う意味はほとんどなくなったといえよう。

Ⅱ. 応用編

1.〔設問 1〕について

(1) 小問 (1) について

設問へのアプローチとしては、B の主張の法的根拠を明らかにしなければならない。すでに説明したように、保証人には検索の抗弁権が認められているので、他人 A のために抵当権を設定した物上保証人 B もこれと同じ抗弁権を有する、すなわち、453 条の類推適用が認められる、というのが B の主張の法的根拠である。

そこで、453 条の類推適用の可否を検討することになるが、ここでは、453 条の趣旨を説明し、それが物上保証にも当てはまるかを検討すればよい。すなわち、債権者との関係では主たる債務者も保証人も同じ内容の債務を負うが、保証債務は主たる債務の担保を目的とし、主たる債務者と保証人との間では前者が第一に弁済すべき地位にある、というのがこの規定の趣旨といえる。問題は、それが物上保証にも等しく当てはまるかである。そこで、検討すべきファクターは以下の点であろう。

まず、物上保証も保証と同じく債務を担保する点を目的としている。したがって、債務者と物上保証人との間では、まず債務者が弁済すべき地位にあるといえよう。しかし、保証においては、債務者、保証人は同じ内容の債務を負うのに対し、物上保証人は、自分が所有する不動産に抵当権という物権を設定するにとどまり、債務を負うわけではない。保証において、債権者が満足するには保証人の意思による弁済が必要であり、保証人がそれをしないならば、債権者は強制執行の手続をとることになる。そして、強制執行においては、その対象は保証人の全財産に及ぶ可能性がある。これに対して、抵当権者は本来、自己の意思によって抵当権を実行して目的不動産から満足しうるが、逆に物上保証人が責任を負うのは抵当権の目的物に限られる。すなわち、保証人の責任が

広範になる可能性があるのに対し、物上保証においてはその危険性はない。

そこで、答案では、これらのファクターを比較考量して、自分の結論を提示すればよい。確かに、物上保証人Ｂにも検索の抗弁権を認める解釈もありうる。しかし、抵当権という物権の行使は、本来、権利者の自由意思にゆだねられていること、他方で、その権利行使によって物上保証人が受ける不利益には限定があることにかんがみれば、物上保証人Ｂには検索の抗弁権は認められないという立場には合理性があるだろう。

(2) 小問（2）について

まず、ＢのＡに対する求償権の法的根拠を明示しなければならない。すなわち、前半で問題としているあらかじめの求償権とは、委託を受けた保証人に認められている事前求償権であり（460条2号）、Ｂの主張の法的根拠は、これが委託を受けた物上保証人にも認められる、すなわち、460条は物上保証人にも類推適用される、というものである。本問では、Ａの債務の担保のためにその委託を受けてＢは自己が所有する乙建物に抵当権を設定しており、また、その被担保債権の弁済期が到来しているので、460条の類推適用が認められれば、ＢのＡに対する求償権は認められよう。

そこで、460条の類推適用の可否を論ずることになるが、ここでもまず、460条の規定の趣旨を明らかにして、それが物上保証にも当てはまるかを検討することになる。

伝統的学説や判例に従うならば、委託を受けた保証人の事前求償権の性質は、委任における受任者の費用前払請求権（649条）に相当することになる。すなわち、保証の委託を受けた者は、債権者に対し自ら債務を負うことになるので、債務の弁済が委任事務の処理に当たる。ただ、保証人の事前求償権の行使のために弁済期の到来等が要件とされているのは、保証はあくまで主たる債務の担保を目的とし、まずは主たる債務者が弁済すべき地位にあるので、保証契約が締結されても直ちに事前求償を認めることができないものの、債務の弁済期が到来すれば、もはや保証人も弁済を余儀なくされるので、この段階では求償権の行使が許されることになる、と説明すべきだろう。

そして、このことが物上保証にも当てはまるかを検討することになる。確かに、物上保証も他人の債務の担保を目的としている。しかし、小問（1）でも

述べたように、保証とは異なり、物上保証とは、自己の特定の財産に抵当権という物権を設定することであり、一般的見解によれば、物上保証人は保証のような債務を負わない。それゆえ、たとえ物上保証の委託を受けたとしても、債務の弁済の委託までされているわけではないから、伝統的学説による限り、これには460条の規定の趣旨が当てはまらない。つまり、物上保証に460条を類推適用することができない。この結論を補強する要因としては、判例の言うように、保証では保証人が支出すべき金額が確定されているが、物上保証では競売がされない限りそれは確定しえないこともあげられよう。

　以上の立場をとる場合には、後半で問題にしている求償権については、以下のように答えることになるだろう。すなわち、抵当権が実行され乙建物が売却された場合には、民法372条・351条が、保証の規定にしがたい、物上保証人にも求償権を認めている。本件は委託を受けた物上保証であるから、Bは459条1項に基づいてAに対して求償権を行使することができるようになっている。ただ、こうなると、事前の求償と事後の求償との間で結論が逆転することになるが、これは決して矛盾とは言えない。なぜなら、物上保証人は、債務を負わない以上、現実に債権者を満足させない限り、あらかじめ弁済に要する費用を請求することはできないが、債権者を自己の財産によって満足させたならば、その金額が物上保証によって支出した費用に当たり、受任者の費用償還請求権（650条1項）に相当する事後求償権を認めることは可能であるからである。

　もちろん、答案では基礎編で説明した反対説をとることも許されよう。しかし、すでに説明したように、解釈論としてその立場をとることはかなり難しいように思う。

2.〔設問2〕について

(1) 予備試験当時（旧法時）の答案

　この問題では、まず、甲土地の贈与によってAからBへ所有権が移転しているものの、その登記がされていないが、BはAの包括承継人であるEに対しては所有権の取得を登記なくして対抗しうることに触れるべきである。そのうえで、EがBに対して主張しうる権利が何かを特定する必要がある。Aの子EがAの相続との関係で遺留分権利者に当たることは疑いなく、Aが生前

その所有する甲土地をBに贈与している点から、ここではEのBに対する遺留分減殺請求権（旧1031条）が問題となることを指摘すべきである。

つづいて、減殺請求権の要件を検討することになる。まず、A死亡時にはこれには積極的財産も債務もなかった。ところが、Aの相続開始時より1年以内の段階で、Aが唯一の財産である甲土地をBに贈与した点からは、旧1028条1項2号および旧1029条1項に基づき、甲土地の価額の2分の1について、Eの遺留分が侵害されていることになる。ここで、AB間には内縁関係が成立していたが、それは遺留分の計算には何ら影響を及ぼさないことにも言及すべきである。すなわち、内縁の妻は相続人にはならないため、本問ではEだけがAの相続人となり、その遺留分も甲土地の価額の2分の1になる。

そして、この減殺請求権は、権利者がその意思表示をすると、減殺の割合で贈与契約の効力を喪失させる形成権であり、その効果としては目的物に遺留分権利者と受贈者との共有関係が成立する旨を指摘しなければならない。もっとも、遺留分権利者が、減殺請求の意思表示とともに、目的物の返還等を求めても、受贈者は、これに代わって価額の弁償を提供すれば現物の返還を免れ、価額の弁償によって目的物の所有権を保持することができることにも留意しなければならない（旧1041条1項）。

本問に対する結論はこうであろう。EはBに対して甲土地の価額の2分の1の割合で遺留分減殺請求権を行使することができ、その行使の意思表示をすれば、甲土地はEBによってそれぞれの持分が2分の1で共有される。しかし、かかる共有関係はなお不確定であり、Eの現物に対する請求に対してBが価額を弁償すれば、甲土地の単独所有権がBに帰属する。

(2) 新法による法的処理

以上に対し、新法によって本問を処理するならば、AのBへの贈与が2分の1の割合でEの遺留分を侵害していること、そこで、Eにはこの侵害に対する救済が認められていることまでは、旧法と同じになるが、その先の権利行使の効果が変わってくる。すなわち、新法の遺留分侵害額請求権が行使されても（1046条1項）、贈与の効力には影響を及ぼさない。Eには単に甲土地の2分の1の価額の金銭支払請求権が認められるだけである。このことから、本問の「甲土地の所有権について、どのような法律関係が成立すると考えられるか」

という部分は、新法では意味を失っていることがわかるだろう。

3. 出題趣旨について

（1）出題趣旨

　法務省から公表された平成 24 年度予備試験の民法の出題趣旨は、以下のとおりである（http://www.moj.go.jp/content/000104034.pdf）。

> 　本問は、民法の財産法と家族法の基本的な制度について、正確な理解と応用能力とを問うものである。まず、設問 1 は、人的担保である保証に認められる検索の抗弁（民法第 453 条）と事前求償権（民法第 460 条）が、物的担保である物上保証にも認められるかについて、保証と物上保証との異同に着目しつつ保証についての規定の類推適用の可能性を検討すること等を通じて、法的知識の正確性と論理的思考力を試すものである。また、設問 2 は、遺留分減殺請求権に関して、基本的な理解とそれに基づく事案分析能力を試すものである。

（2）コメント

　第 1 回の予備試験に比べると、今回の問題文の事実関係はかなり長くなっている。特に〔設問 2〕については、事実関係に照らして、遺留分減殺請求権の要件が充足されているのか、また、これが行使された場合の効果がどうなるかを問うている点で、より実務家のための試験らしくなったようである。しかし、〔設問 1〕に関しては、事実関係から法的に意味のある事情を読み取るというよりも、もっぱら、保証および物上保証をめぐって、453 条・460 条の射程をどのように捉えるのかという法解釈に重点を置いたものというしかない。ただ、必ずしも細かい知識を持たなくても、保証と物上保証との基本的な構造の違いが分かっていれば、あとは法的推論の能力によって一応の結論に到達しうるものである点で、法的センスを試す問題としては妥当なものであろう。

　ちなみに、〔設問 2〕についても、より実務家を意識した問題にしようとするならば、たとえば、E が B に対して甲土地の引渡しとともにその使用による利益に相当する金額の支払いを請求した、という事案にしたうえで、この E

の請求はいかなる根拠に基づくものであり、これに対しBはいかなる反論（抗弁の主張）をすることができるか、といった形にすることもありえた気がする。つまり、現実にありそうな裁判での応酬を取り込んだ問題形式もありえたと思うが、ただ、解答の制限時間が70分であることを考慮すると、それは無理であったのだろう。

4. 参考答案例

第1〔設問1〕について
一 小問（1）について
1 Bの主張の法的根拠は、民法453条（以下では民法の条文は条数のみで記す）が保証人に検索の抗弁権を認めており、他人Aのために抵当権を設定した物上保証人Bにもこの規定が類推適用される、というものである。
2 確かに、物上保証も保証と同じく他人の債務の担保を目的とする。それゆえ、債務者と物上保証人との間では、まず債務者が責任を負うべき地位にあるといえよう。しかし、両者の間には次の異同もある。保証人は自ら債務を負うのに対し、物上保証人は自分が所有する不動産に抵当権という物権を設定するにとどまり、債務を負うわけではない。したがって、債務の履行請求に対し保証人が応じない場合には、債権者は強制執行の手続をとり、他の債権者と平等の扱いしか受けられないが、保証人の責任の対象はその全財産に及ぶ可能性がある。これに対して、抵当権者は本来、自己の意思によって抵当権を実行して目的不動産から優先的に満足しうる（369条1項）が、物上保証人の責任の対象は抵当権の目的物に限られる。
3 このように、抵当権者は優先的に目的物から満足することができる一方で、物上保証人の責任は限定されるが、保証では、保証人の責任の対象は広範になる恐れがある。したがって、保証においては、まず債務者に財産があればこれに対して執行すべきという抗弁権を保証人に認めるのは合理的であるが、物上保証の場合には、抵当権者が速やかに目的物から優先的に満足するという地位も考慮すべきであり、それによって物上保証人が受ける不利益も限定的であるから、検索の抗弁権を認めることは合理的ではない。
4 結論として、Bの主張は認められないと解する。

二 小問 (2) について

1 BはAに対して事前に求償権を行使しうると主張しており、その根拠は、委託を受けた保証人の有する事前求償権が、同じく委託を受けた物上保証人にも認められる、すなわち、460条は物上保証人にも類推適用される、というものである。確かに、類推適用が認められれば、BはAの委託を受けてAの債務の担保のためその所有する乙建物に抵当権を設定しており、また、その被担保債務の弁済期が到来しているので（460条2号）、かかる求償権は認められよう。それでは、この類推適用は認められるか。

2 460条が保証人に事前の求償権を認めた趣旨は次の点にある。債務者の委託によって保証債務を負担した者は、債権者に対し自ら債務を負うことになるので、債務の弁済が委任事務の処理に当たる。それゆえ、委任における受任者の費用前払請求権（649条）に相当するものとして、保証人には事前求償権が認められている。もっとも、保証人の事前求償権の行使のために弁済期の到来等が要件とされているのは、保証が主たる債務の担保を目的とし、主たる債務者が第一に弁済すべき地位にあるので、保証契約が締結されても直ちに事前求償を認めることができないものの、債務の弁済期が到来すれば、もはや保証人も弁済を余儀なくされるためである。

　しかし、小問 (1) で述べたように、保証人とは異なり、物上保証人は、自己の不動産に抵当権という物権を設定したにすぎず、債務は負わない。したがって、債務者から委託を受けたうえで抵当権を設定しても、弁済が委託されているとはいいがたい。しかも、保証人が弁済すべき金額はあらかじめ確定されているが、物上保証ではあらかじめそのような金額も確定されない。

　したがって、460条の権利を物上保証人Bに認めることはできない。

3 これに対して、抵当権が実行され目的物が売却された場合には、372条・351条が、保証の規定にしたがい、物上保証人にも求償権を認めている。それゆえ、本件は委託を受けた物上保証であるから、Bは459条1項に基づいてAに対して求償権を行使することができる。この求償権は、委任における事務処理費用を支出した場合の費用償還請求権に相当する（650条1項）。しかし、このことは前述の結論とは矛盾しない。というのは、物上保証人は債務を負わない以上、現実に債権者を満足させない限り、あらかじめ弁済に要する費用を請求することはできないが、債権者を自己の財産によって満足させたならば、その金額が物上保証によって支出した費用に当たり、費用償

還請求権の性質を持つ事後求償権を認めることはできるからである。

第2〔設問2〕について

1　本件では、Aの相続人は子Eのみであり、内縁の夫であるBは相続人とはならない。それゆえ、甲土地の贈与がなければ、相続による包括承継によってEは甲土地の所有権を取得しえた（898条本文）。ところが、すでに甲土地の所有権は贈与によってAからBに移転しており（176条）、このことは登記がなくてもAの包括承継人であるEには対抗しうる（177条）。

2　もっとも、EはAの相続における遺留分権利者に当たる（1042条1項）。そこで、甲土地の贈与を受けたBに対しては、遺留分侵害額請求権（1046条1項）を行使しうるか。

　確かに、Eには2分の1の遺留分があり（1042条1項2号）、被相続人Aが死亡の1年以内に唯一の財産である甲土地をBに贈与しているから、これは侵害されている（1044条1項）。しかし、遺留分侵害額請求権の内容は、侵害された遺留分に相当する金銭支払請求権にすぎない。それゆえ、これによっては、甲土地の所有権がBに帰属している点は影響を受けない。

3　結論として、甲土地の所有権はBに帰属する。

以上

Ⅲ. 展開編

1. 保証に関する規定の類推適用について

(1) 民法457条1項の類推適用

　保証に関する規定の物上保証への類推適用をめぐっては、本問でとりあげられた規定以外にも、457条が問題となるだろう。この点については、教科書もあまり詳しく説明していないだろうから、ここで、考え方のポイントを示しておこう。

　まず、457条1項は、主たる債務者との関係での消滅時効の完成猶予・更新（旧法での「中断」に相当する）は、保証人に対しても効力を及ぼすとしている。具体的には、債権者と主たる債務者との間でその債務について完成猶予・更新があると、主たる債務のみならず、保証債務についても完成猶予・更新が生ずる、というのがこの規定の意味である。この規定は保証の付従性に基づく

ものと説明されることがあるが（最判昭和43年10月17日判例時報540号34頁）、この点についてはかなり疑問がある。本来、付従性とは、担保のための権利・義務は、担保されるべき権利・義務なくしては存立しえない、という原理を意味する。それゆえ、この原理は、担保されるべき権利・義務が存続する場合でも担保のための権利・義務が消滅することまでを否定するわけではない。そのため、多数の学説は、457条1項を保証の担保としての実効性を確保するために政策的に定められたものとして説明している（潮見佳男『プラクティス民法債権総論〔第5版補訂〕』（信山社、2020年）640頁、中田裕康『債権総論〔第4版〕』（岩波書店、2020年）586頁）。

　仮に457条1項が付従性に基づくものであるというならば、同じことは被担保債権に付従する抵当権にも妥当するというべきだろう。具体的には、債権者と債務者との間で被担保債権について完成猶予・更新があると、物上保証人との間でも抵当権の消滅時効の完成猶予・更新が認められることになる。ところが、民法396条は、抵当権設定者＝物上保証人は、被担保債権の消滅時効によってしか抵当権の消滅を主張しえないとしている。この規定の趣旨をめぐっては議論があるが、少なくとも物上保証人との関係ではこの規定によって抵当権自体の消滅時効が否定されることには異論がない。そうすると、ここでは、そもそも457条1項の類推適用を論ずる実益がない。

　ちなみに、396条の規定を抵当権の付従性を根拠にしたものと説明する学説も少なくないが、付従性の本来の意味との関係ではそれも疑問である。実は、396条も、457条1項も、それぞれに特有の沿革を有し、単なる付従性を根拠にした規定ではない。396条は、抵当権の実行の前提として被担保債権についての訴えを要求したローマ法の扱いを起源にしたものであり、現行法では、これと同じ考え方をとることはできなくなっている（古積『換価権としての抵当権』（弘文堂、2013年）292頁以下参照）。他方で、457条1項の背後には、債権者との関係では債務者および保証人は一体的に責任を負うといった前近代的な思想を見ることができ、債務者と保証人はそれぞれ独立した人格として主たる債務、保証債務を負う、という現行法の思想に相応しない。その意味で、これらの規定は、立法論としては維持されるべきかが問われるものであり、付従性という一般的な原理によって基礎づけられるものではない。

(2) 457条2項・3項の類推適用

　それでは、457条2項・3項はどうだろうか。

　まず、保証人が主たる債務者の有する抗弁をもって債権者に対抗しうるという規定は、保証の付従性を根拠にするといえる。というのは、主たる債務者の有する抗弁は主たる債務自体に内在する制限であり、債権者の保証人に対するこの制限を無視した権利主張を認めることは、明らかに主たる債務を超えた義務を課すものであり、付従性に反するからである。たとえば、売買契約において買主が負担する代金債務の保証人は、この規定により、買主が有する同時履行の抗弁権（533条）を援用して、売主がその債務の履行の提供をするまで保証債務の履行を拒絶することができる。

　したがって、同様のことは、買主の代金債務の担保のために自己の不動産に抵当権を設定した物上保証人にも認めるべきである。ただし、物上保証人は債務を負担するわけではないから、その効果は履行の拒絶にはならず、売主の抵当権の実行の申立てに対し、執行手続において異議を申し立てることとなる。

　次に、主たる債務者が債権者に対して相殺する権利等を有するときに、保証人はその権利行使によって債務を免れるべき限度において履行を拒絶しうる、という規定も、やはり、保証の付従性を根拠とするものといえよう。まず、上記の売買契約における買主の代金債務の保証において、買主が契約を解除しうる場合には、売主の代金債務の履行請求に対し、買主はこれを解除権の行使によって拒絶することができるのであるから、その保証人に対してかかる抗弁を無視した履行請求をすることができれば、明らかに主たる債務を超える責任を認めることになる。また、主たる債務者が債権者に対して同種の反対債権を有する場合に、それが主たる債務の発生原因とは異なる原因によるものであっても、法が同種の債権の間においては相殺を認めている以上、主たる債務者の相殺権は主たる債務に内在する制限であり、債権者が保証人に対してこれを無視した権利主張をすることは、主たる債務の範囲を超える権利行使になる。

　とすれば、物上保証人が設定した抵当権の被担保債権に対し、債務者が反対債権によって相殺を主張しうる場合には、物上保証人はこれを援用してその範囲で責任を免れると主張しうることになる。もっとも、相殺権自体は債務者に帰属している以上、実際に相殺の意思表示がなされない限り、被担保債権は消滅せず、抵当権も存続することになる。しかし、物上保証人は、抵当権の実行

を申し立てた債権者に対し、執行手続において、相殺によって被担保債権が完全に消滅する場合には、その抵当権の実行は認められない、との異議を、相殺によってもなお被担保債権が残存する場合には、その残存する債権額の範囲でしか抵当権の行使は認められない、との異議を主張することになる。

(3) 相殺の抗弁に関する裁判例

下級審の裁判例には、物上保証人による相殺権の援用を肯定するものがある（大阪高判昭和56年6月23日判例時報1023号65頁）。事案は破産手続に関連する複雑なものであるため、これは省略するが、その理由づけは参考となる。

> 当裁判所は、民法457条2項の類推適用により、物上保証人は、被担保債権を消滅させる限度で、被担保債権の債務者が抵当権者に対して有する債権を自働債権として自から相殺することができるものと解する。けだし、物上保証人は保証人とは異なるから民法457条2項が直接に適用されるものではないが、(1) 物上保証人は当該担保物件の価格の範囲に限られるとはいえ、他人の債務について責任を負い、その責任が他人の債務に付従するという点で保証人と異なるところはないし、(2) 物上保証人も保証人と同様に求償権を有するから（中略）、このような相殺を認めることは同様に求償関係を簡明にするものであるし、(3) 他人の債務について責任を負った物上保証人も保証人と同様に、実際上は債務者の提供した担保と類似した効果を有している債権の対立関係について、相殺による利益を受けさせてこれを保護する必要があり、同条の立法趣旨である保証人保護の要請は、そのまま物上保証人にも妥当するものであるし、(4) 実質的にみても、保証人の場合は債務名義取得ののちに強制執行がなされるのに対し、物上保証人の場合は直ちに競売がなされるのであるから保証人よりも切迫した立場にあり、相殺による保護の要請がむしろ強いものというべきであるし、(5) 物上保証人に同条の類推適用を認めても物上保証の性格に反するものではなく、これによる弊害も考えられないからである。

ただし、この裁判例は、平成29年改正前の457条2項に関するものであり、この規定は新457条3項に基本的に引き継がれているものの、旧法では、保証人自身が債務者に代わって相殺しうるような規定の体裁になっていた。その

ため、この判決も、物上保証人自身が債務者に代わって相殺しうることを前提
にしており、特に（2）の部分はそれを受けたものである。しかし、学説では、
旧457条2項は、保証人に相殺する権限自体を認めるのではなく、むしろ、
主たる債務者が相殺によって履行を拒絶しうる範囲で、保証人も履行を拒絶し
うることを認めたものと解する見解が一般化していた。そして、改正法はその
立場を明確に取り入れているため、改正法では、（2）の部分の説明は無視しな
ければならない。

2. 遺留分侵害額請求権の効果

　旧法では、判例上、遺留分減殺請求権行使の効果として、受贈者への所有権
移転の効果が減殺の範囲で否定されると解されていたため、たとえば受贈者が
目的物を第三者に譲渡した場合の法律関係も問題になっていた。遺留分減殺請
求権の行使前に目的物が第三者に譲渡された場合には、遺留分権利者は受贈者
には価額賠償を請求することになるが（旧1040条1項本文）、第三者が遺留分侵
害の事実について悪意で目的物を譲り受けていれば、遺留分権利者は譲受人に
対して減殺請求をして、目的物を取り戻すこともできた（同但書）。また、遺留
分減殺請求権の行使後に第三者が目的不動産を譲り受けた場合には、遺留分権
利者と第三者との関係は177条によって処理されるというのが判例であった
（最判昭和35年7月19日民集14巻9号1779頁）。しかし、遺留分に基づく請求権の
行使の効果が金銭支払請求権の取得になった改正法では、このような問題は生
じないことになる。
　また、旧法では現物返還と価額弁償との相互関係が問題となっていたが、改
正法はもっぱら金銭支払請求権を認めることにしたので、この点についてもも
はや議論する意味がないかもしれない。ただし、法改正時には、金銭の支払い
ではなく、現物返還をもって責任を免れたい受贈者の地位を考慮しなくてもよ
いのかが議論されていたようである。遺留分を侵害する特定遺贈がされた場合
には、金銭の支払いを嫌う受遺者は、そもそも遺贈を放棄することによってそ
の難を逃れることができよう（986条1項）。しかし、贈与を受けた者はそのよ
うな手段を持たない。贈与を受けた者が目的物の所有権をなお保持する場合に
は、目的物を返還することは容易であるとしても、これに相当する金銭を調達

することは必ずしも容易ではないかもしれない。

　改正法は、この問題への対応策として、裁判所が、受遺者らの請求に応じて、価額償還の債務の全部または一部の支払について相当の期限を許与することができるとした（1047条5項）。しかし、受遺者らが現物の返還によって価額償還の債務を免れる旨の規定はおかれなかった（堂薗幹一郎＝野口宣大『一問一答・新しい相続法〔第2版〕』（商事法務、2020年）131～132頁参照）。

　改正法が現物返還による免責に関する規定を設けなかったということは、その余地を一切否定したということになるかもしれない。しかし、受贈者の利害状況にかんがみると、具体的な事例において現物返還による免責を一切認めないことにも疑問が残るだろう。そのような法解釈が可能なのか否かが将来の課題になるかもしれない。

将来発生する債権の譲渡、免責的債務引受および債権譲渡禁止特約の効力

◀ 問題 ▶

次の文章を読んで，後記の〔設問 1〕及び〔設問 2〕に答えなさい。

【事実】

1. Ａは，太陽光発電パネル（以下「パネル」という。）の部品を製造し販売することを事業とする株式会社である。工場設備の刷新のための資金を必要としていたＡは，平成 25 年 1 月 11 日，Ｂから，利息年 5％，毎月末日に元金 100 万円及び利息を支払うとの条件で，1200 万円の融資を受けると共に，その担保として，パネルの部品の製造及び販売に係る代金債権であって，現在有しているもの及び今後 1 年の間に有することとなるもの一切を，Ｂに譲渡した。Ａ及びＢは，融資金の返済が滞るまでは上記代金債権をＡのみが取り立てることができることのほか，Ａが融資金の返済を一度でも怠れば，ＢがＡに対して通知をすることによりＡの上記代金債権に係る取立権限を喪失させることができることも，併せて合意した。

2. Ａは，平成 25 年 3 月 1 日，Ｃとの間で，パネルの部品を 100 万円で製造して納品する旨の契約を締結した。代金は同年 5 月 14 日払いとした。Ａは，上記部品を製造し，同年 3 月 12 日，Ｃに納品した（以下，この契約に基づくＡのＣに対する代金債権を「甲債権」という。）。Ａは，同月 25 日，Ｄとの間で，甲債権に係る債務をＤが引き受け，これによりＣを当該債務から免責させる旨の合意をした。

3. Ａは，平成 25 年 3 月 5 日，Ｅとの間で，パネルの部品を 150 万円で製造して納品する旨の契約を締結した。代金は同年 5 月 14 日払いとした。Ａは，上記部品を製造し，同年 3 月 26 日，Ｅに納品した（以下，この契約に基づくＡのＥに対する代金債権を「乙債権」という。）。乙債権については，Ｅからの要請を受けて，上記契約を締結した同月 5 日，ＡＥ間で譲渡禁止の特約がされた。Ａは，Ｂに対してこの旨を同月 5 日到達の内容証明郵便で通知した。

4. その直後，Ａは，大口取引先の倒産のあおりを受けて資金繰りに窮するよ

うになり，平成 25 年 4 月末日に予定されていた B への返済が滞った。

5. A の債権者である F は，平成 25 年 5 月 1 日，A を債務者，C を第三債務者として甲債権の差押命令を申し立て，同日，差押命令を得た。そして，その差押命令は同月 2 日に C に送達された。

6. B は，平成 25 年 5 月 7 日，A に対し，同年 1 月 11 日の合意に基づき取立権限を喪失させる旨を同年 5 月 7 日到達の内容証明郵便で通知した。A は，同年 5 月 7 日，D 及び E に対し，甲債権及び乙債権を B に譲渡したので，これらの債権については B に対して弁済されたい旨を，同月 7 日到達の内容証明郵便で通知した。

〔設問 1〕

(1) 【事実】1 の下線を付した契約は有効であるか否か，有効であるとしたならば，B は甲債権をいつの時点で取得するかを検討しなさい。

(2) C は，平成 25 年 5 月 14 日，F から甲債権の支払を求められた。この場合において，C の立場に立ち，その支払を拒絶する論拠を示しなさい。

〔設問 2〕

E は，平成 25 年 5 月 14 日，B から乙債権の支払を求められた。この請求に対し，E は，【事実】3 の譲渡禁止特約をもって対抗することができるか。譲渡禁止特約の意義を踏まえ，かつ，B が乙債権を取得した時期に留意しつつ，理由を付して論じなさい。

Ⅰ. 基礎編

▶基礎的事項のチェック

1. 将来発生する債権も有効に譲渡しうるか、そのための要件は何か？
2. 将来発生する債権の譲渡の対抗要件はどのように具備されるのか？
3. 免責的債務引受とはいかなる法律行為か？
4. 免責的債務引受の効力発生要件はどのように規定されているか？
5. 債権譲渡を禁止する特約にはいかなる効力が認められるか？
6. 将来発生する債権が譲渡された場合において、その後、目的債権につき

譲渡を禁止する特約がされたとき、両者の優劣はどのように決定されるのか？

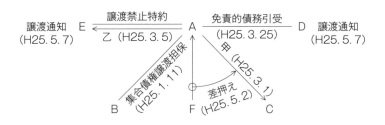

1.〔設問1〕について

(1) 将来債権譲渡の有効性

　所有権を自由に譲渡しうることと同様に、債権の譲渡の自由もその性質に反しないかぎり認められる（466条1項参照）。【事実】1の下線部分の代金債権は金銭債権であり、Aはその債権をBとの合意によって有効にBに移転することができる。

　しかし、Bとの債権譲渡の合意において、その目的とされる債権にはすでにAが有する金銭債権のみならず、将来の第三者との契約によって発生する金銭債権も含まれている。このように将来発生する債権を譲渡する合意をした場合に、その有効性が認められるか否かについてかつては議論があった。一時は、将来発生する債権の譲渡の有効性のためにはその発生の蓋然性が問われたこともある。しかし、債権発生の可能性の高低にかかわりなく、債権譲渡契約で指定された内容の債権が実際に発生すれば、譲渡の有効性を否定する積極的理由はない。そのため、判例は、このような発生の蓋然性を問題とすることなく、将来発生する債権の譲渡も認められるが、ただ、債権譲渡の効力が認められるには目的債権が契約によって特定されているかを問うべきとした（最判平成11年1月29日民集53巻1号151頁）。

　〔設問1〕(1)の前半では、まずこの点に関する解答が求められているといえよう。ただ、平成29年の法改正により、将来債権の譲渡の有効性が明記された（466条の6第1項）。したがって、当時の予備試験では多少とも将来債権譲

渡の有効性の議論に言及すべきだったかもしれないが、現在ではこの条項を引用すれば足りる。むしろ、なお注意すべきは、判例が要求している目的債権の「特定」が本問で充足されているかである。判例は、目的債権の特定を判断する要素として、債権の発生原因、当事者、発生する時期、金額をあげている（前掲最判平成11年1月29日）。しかし、処分行為が有効となるにはその対象が行為ないし契約上識別されうる必要がある点に特定性の意義があるとすれば、債権譲渡契約において譲渡されるべき債権を他の債権から明確に識別しうることになっていれば足りるといえよう。とすると、「パネルの部品の製造及び販売に係る代金債権であって、現在有しているもの及び今後1年の間に有することとなるもの一切」という約定により、譲渡の対象となる債権を明確に識別しうることになるため、債権譲渡の有効性は認められると解すべきだろう。

(2) 集合債権譲渡担保

次に、この債権譲渡契約は、担保目的のためにされているので、債権を客体とした譲渡担保契約である。そのため、譲渡契約によって直ちに譲受人が権利行使をするのではなく、それは被担保債権の不履行があったときに予定されており、それまではむしろ、譲渡人に債権を取り立て、弁済を受領する権限が認められている。それゆえ、譲渡人の取立て等によって目的債権は消滅する一方で、新たに目的債権に該当する債権が発生すればこれも当然に債権譲渡の対象になる。このような債権譲渡担保を「集合債権譲渡担保」という。しかし、譲渡人の取立て権限が認められるからといって、債権譲渡の効果自体が否定されるわけではない。権利者がその債権の取立て・受領権限のみを他人に与えることも可能であり（授権）、本問では、担保のために債権譲渡契約が確定的にされるとともに、債権者となるＢが目的債権の取立て・受領権限をＡに与える合意が付加されているにすぎないからである。このことは、最高裁の判例によって認められている（最判平成13年11月22日民集55巻6号1056頁）。

(3) 将来発生する債権の移転する時期

(a) 問題の所在

【事実】2では、平成25年3月1日に、ＡがＣとの間でパネルの部品を100万円で製造して納品する旨の契約を締結し、これによってＣに対して100万

円の金銭債権、甲債権を取得している。この甲債権は、まさに AB 間の債権譲渡契約によって目的債権とされていることがわかる。それゆえ、債権譲渡契約当事者の AB 間では、B に甲債権が移転することには問題がない。ところが、〔設問 1〕(1) の後半では、甲債権をいつ B が取得することになるのかを検討するように求めている。これはいかなる意図に基づくものか。

　将来債権譲渡が「特定」の要件を充足する限り有効となることには異論がないものの、従来、実際に債権譲渡契約後に発生した債権を譲受人はいつの時点で取得するのか、具体的には、債権の発生時点に取得するのか、あるいは債権譲渡契約時点に取得するのかが議論されていた。その背景には、将来債権譲渡の対抗要件の具備のあり方がある。平成 29 年法改正前から、債権譲渡の対抗要件は、譲渡人が債務者に対して譲渡した旨の通知をすること、あるいは、債務者が譲渡を承諾することとされている。これは、債権譲渡に第一に利害を有する第三者は目的債権の債務者であるため、債務者に対して譲渡があったことを認識させれば、これを起点としてそれ以外の第三者も債権譲渡の事実を認識することができるからである。そして、債務者以外の第三者との関係では、上記の通知・承諾が確定日付のある証書によるものでなければならない理由は、債務者が事実とは異なる不誠実な主張をすることによって他の利害関係人が害されることを防止する点にある。

　そうすると、民法上、将来債権の譲渡においてもこのような通知・承諾をしなければ第三者に対抗しえないことになるが、債権譲渡契約の段階で直ちに譲渡の通知がされた場合において、これを対抗要件として容認しないと、その後、同じ債権について利害を有するに至る第三者に対して優先的地位を確保しえない恐れがある。ところが、仮に将来債権の取得時点をその発生時点と見る場合に、対抗要件としての通知も債権発生時点にはじめて可能になるとすれば、この点に疑問が生ずる。というのは、債権譲渡の対抗要件も、物権変動の対抗要件と同様に、権利変動を公示するものであるならば、かかる公示は権利変動があったときにはじめて具備することができることになりそうだからである。

(b) 債権譲渡契約時に将来債権も取得されるとする見解

　そこで、将来発生する債権も譲渡契約時点に移転されていることになれば、債権譲渡の対抗要件もその時点で具備することに対する障害はなくなる。たとえば、A が以後の 1 年間 B との売買契約で取得する売買代金債権を全部 C に

譲渡するという契約を結んだ場合、この時点ですべての将来の債権がＣに移転することになるから、Ａは直ちにかかる債権譲渡をした旨の通知をＢに対してすれば、対抗要件も具備されることになる。

このように債権が現実に発生していない段階でもその取得を容認する見解は、物の譲渡の場合とは異なり、もともと観念的な法律関係にすぎない債権の譲渡においては、それが現存していない段階でもその移転・取得を観念しうるという発想をとっている。

（c）債権発生時に債権が取得されるとする見解

しかし、はたして将来の債権の取得時点を債権譲渡契約時点に求めなければ、債権譲渡の優先的効力を確保しえないことになるのだろうか。たとえ債権の取得時点がその発生時点になるとしても、すでに債権譲渡合意は確定的になされており、そのような合意をした旨を目的債権の債務者となる者に通知すれば、債務者は将来発生する債権も譲渡の対象となったことを認識することができ、債権譲渡の公示はこれによって達成されたといえる。債権譲渡の公示としての通知は、かかる債務者の認識を基礎にするものだからである。

仮に将来の債権も譲渡契約時に取得するとなると、債権発生前に譲受人は債務者となるべき者に対して権利を行使しうるのかという疑問が生ずるが、実際に債権が発生していない以上、譲受人は何ら権利を主張することができないはずである。この点で、譲渡契約時に債権を取得するという立場は、現実の法律関係に相応しないと思われる。たとえ債権が観念的な法律関係であるとしても、その観念的存在自体が発生していない段階で、その取得を論ずることには意味がないだろう。

（d）旧法下の判例と改正法

この問題について、判例は、将来債権の譲渡においては、譲渡が確定的にされたという理由から、契約時点でした債務者に対する譲渡の通知を対抗要件として容認し、その後発生した債権について利害を有するに至った第三者に対しても、かかる対抗要件の具備をもって債権譲渡の優先的効力を容認している。この判例は、決して将来の債権が譲渡契約時に移転するとは述べておらず、むしろ、このような譲渡契約があると、その後債権が発生すれば当然に譲受人は債権を取得する、と述べている（前掲最判平成13年11月22日民集55巻6号1056頁）。この説明は、むしろ、譲受人は債権をその発生時に取得するという立場

のようにも思える。

　予備試験の当時は、この問題に関する明文の規定はなかったが、平成29年
の法改正により、将来発生する債権が譲渡された場合には、「譲受人は、発生
した債権を当然に取得する」という規定が設けられた（466条の6第2項）。また、
467条1項も、将来発生する債権の譲渡において、譲渡契約の段階での債務者
に対する通知等を対抗要件として認める旨も明記している。これは判例の準則
をそのまま受け入れたといえ、債権の取得時期を明言するものではない。しか
し、明文規定によって、将来債権譲渡の効力およびその対抗要件具備が容認さ
れた以上、債権取得時点に関する議論は純粋に理論的な意味合いしか持たなく
なったように思われる。

（e）本問の法律関係

　いずれにしても、本問では、将来債権譲渡の契約の時点で直ちに対抗要件と
しての通知はされていない。もともと、本問の債権譲渡においては、目的債権
の債務者となるべき者が特定の者とはされていないので、あらかじめ通知をす
ることができない。したがって、たとえ債権譲渡当事者間では契約時に譲受人
が債権を取得するという立場をとるとしても、直ちに債務者Cやその他の第
三者に対してはそのことを主張しえない。

（4）免責的債務引受の意義・要件

　【事実】2においては、AD間で、甲債権に係る債務をDが引き受け、これに
よりCが債務を免れる旨の合意がされている。これは免責的債務引受である。
免責的債務引受とは、従来の債務者がその債務を免れつつ、第三者が債権者に
対して従前と同内容の債務を負うことをいう。予備試験当時、債務引受に関す
る規定はなかったが、債権者と第三者（引受人）との合意によって、免責的債
務引受は有効にすることができると解されていた。免責的債務引受は、債務者
との関係ではその債務を消滅させるというものであり、もともと、債権者は一
方的意思表示によって債務を免除しうる以上（519条）、債務者がこの合意の当
事者になる必要はないからである。ただ、法的な利害関係を有しない第三者に
よる弁済が債務者の意思に反しないことがその要件とされていることとの関係
で（旧474条2項）、免責的債務引受も債務者の意思に反しないことをその要件
とすべきかが議論されていた。

平成29年の民法改正により、債務引受に関する一連の規定が設けられた。免責的債務引受は、「引受人は債務者が債権者に対して負担した債務と同一の内容の債務を負担し、債務者は自己の債務を免れる」ものと規定された（472条1項）。そして、免責的債務引受は債権者と引受人との契約によってすることができるが、その効力は債権者が債務者に対してその契約をした旨を通知した時点に生ずる（同条2項）。

　ただ、債権者と引受人との合意による免責的債務引受においては、債務者の意思に反しないことはその要件とはされなかった。これは次のような理由によるものと思われる。債務者の意思に反しないことを第三者弁済の要件とする意味は、弁済者からの求償によって債務者に害が生ずることを防ぐ点にある。とすれば、免責的債務引受においては引受人の債務者に対する求償権を否定すれば、債務者の意思を考慮せずにこれを容認することができる。他方で、免責的債務引受の効力がかかる契約をした旨の債務者への通知の時点に生ずるとされたのは、おそらく次のような観点からである。すなわち、引受人が債務を負担する合意を債権者との間ですれば、両者の間でかかる債務が成立することには問題がない。しかし、従前の債務者が免責される根拠が、債権者は一方的な意思表示によって債務を免除しうる点にある以上、かかる免責の効果が生ずるためには、債権者による免責の意思が債務者に表示されなければならない。また、免責的債務引受が、債務者の免責とともに引受人が債務を負うという契約である以上、その効力が生ずる時点は債務者の免責の効力が生ずる時点でなければならない。とすると、債務者に対して免責の意思が表示された時点、すなわち免責的債務引受の合意が債務者に通知された時点に、その効力が生ずるとしなければならない。

　このように債権者と引受人との合意による免責的債務引受の効果が債務者への通知の時点に生ずるとすることは、引受けの対象となる債権・債務について利害を有する第三者の取引の安全を保護する意味も有するだろう。

（5）免責的債務引受の第三者に対する効力―本問の法律関係

　本問では、AとDとの免責的債務引受の合意がある。ただ、すでに甲債権を包含する将来債権譲渡の合意がAB間でされているため、はたしてAをなお債権者として扱ってよいかが問われる。しかし、本問では、免責的債務引受

の合意の段階では将来債権譲渡の対抗要件は具備されていない。したがって、第三者であるDとの関係ではなおAが債権者として扱われる。

ところが、【事実】4および5では、Aの資力が悪化したため、その債権者Fが甲債権を差し押さえ、設問ではCに対して支払請求をしてきている。債権の差押えとは、債務者の財産である債権に対する強制執行であり、裁判所による差押命令があると、債権者は自己の債権の満足のために債務者に代わってその債権の取立てを行うことができる。〔設問1〕(2)は、この支払請求に対して、Cが何らかの抗弁を主張しうるかを問うものである。

まず、この差押えに先立って、すでに甲債権も包含した将来の債権を譲渡する合意がAB間でされているが、債権譲渡の対抗要件が具備されていないので、Cは、債権譲渡を理由にして差押えの効力を否定し、Fの支払請求を拒絶することはできない。

そこで、Cは、甲債権についてはすでにDによる免責的債務引受がされているとして、自己はAに対して債務を負わず、それゆえ、Fの支払請求も拒絶する、と主張しうるだろうか。確かに、すでに債権者Aと引受人Dとの間で免責的債務引受の合意はされている。そして、旧法時においては、免責的債務引受の効力が発生する時点を債務者への通知の時点とする規定はなく、AD間の合意でその効力は絶対的に生ずると解する余地もあったかもしれない。しかし、これでは、その合意を知らずに目的債権に利害を有する第三者が現れ、その取引の安全を害する恐れがある。第三者の取引の安全のために、免責的債務引受の対外的効力は債務者への通知を要するものと解すべきであろう。したがって、このような通知がない段階で第三者が本来の債権を差し押さえた場合には、たとえその後で債権者による免責的債務引受の通知がされても、その効力を第三者に対抗することはできないと解すべきである。本来、権利者はその権利を自由に放棄しうるといっても、その上に有効な権利を取得した第三者に対する関係では、もはや権利の放棄を対抗することはできないからである。

改正法では、免責的債務引受の効力発生要件として債務者への通知が必要とされている。それゆえ、これがない段階では差押えの効力が優先する。結論として、Cは、Fの支払請求に対して、免責的債務引受を抗弁として拒絶することができない。

2.〔設問2〕について

(1) 債権譲渡と譲渡禁止特約との関係—平成29年法改正前

(a) 譲渡禁止特約の効力

【事実】6では、AB間の契約内容に従い、Aは譲渡された債権の取立ての権限を喪失し、さらに、Aは、Eに対し、乙債権をBに譲渡したのでBに弁済するように指示する旨を確定日付のある証書によって通知した。乙債権はAB間の譲渡契約で指定された債権に該当するから、この債権がBに移転したことは明らかであり、さらに、AのEへの通知によってその対抗要件も具備されたといえる。それゆえ、〔設問2〕におけるBのEに対する請求は認められるかに思われる。

しかし、乙債権の発生原因となる契約に際して、AB間では乙債権を第三者に譲渡することを禁止する合意がなされている。平成29年改正前の民法では、このような譲渡禁止の特約がされると、これに違反した譲渡は端的に無効になると解するのが判例の立場であった〔大判昭和6年8月7日民集10巻783頁〕旧466条2項本文の解釈)。それは、債権自体が当事者の合意よって発生する以上、その当事者が譲渡を禁止する合意をすれば、債権者は当該債権を移転する権限を失うと解するのが自然であるからである。そうすると、Bの請求に対して、Eは、この禁止特約によって乙債権はBに移転しないことになるから、その請求を拒絶する、という主張をすることとなろう。

もっとも、旧法でも、譲渡禁止の特約の意思表示は善意の第三者には対抗することができないとされていた（旧466条2項但書）。これは、債権も自由に譲渡しうることが原則である以上、特約を知らない第三者が債権譲渡契約を結んでも債権を得られないことになれば、取引の安全が害されるからである。すなわち、これは、債権者にはその譲渡権限があると信頼した第三者を保護する措置である。第三者の保護要件としては、善意のみならず無過失も必要になるかは問題であるが、判例は重過失の第三者は悪意者に準じて保護されないとの立場をとっていた（最判昭和48年7月19日民集27巻7号823頁）。ちなみに、第三者が保護されるためには、自らが善意であることを主張・立証しなければならないかが問題となるが、判例は、債権も自由に譲渡しうるのが原則とされていることとの関係で、むしろ、譲渡の効力を否定しようとする債務者が第三者の悪

意等を主張・立証しなければならないと解していた（大判明治38年2月28日民録
11輯278頁）。

（b）将来債権譲渡の場合の問題

　善意者の保護の趣旨が上記のとおりである以上、善意の要件は債権譲渡契約
時点で判断される。しかし、本問では、もともと乙債権が発生していない段階
で債権譲渡契約が締結されており、むしろ、譲渡禁止特約自体が譲渡契約の時
点より後になる。とすれば、譲渡契約の時点で譲受人が禁止特約の存在を認識
することはありえない。しかし、この場合に、譲受人が善意であるという理由
から譲渡禁止特約の効力を主張しえないとすると、そもそも乙債権が発生する
ためにはAE間の契約が不可欠であり、その当事者が同時に契約によって譲
渡を禁止しているにもかかわらず、これに先立って将来債権譲渡契約がなされ
てしまうと、常に譲渡禁止特約は無意味となってしまうだろう。したがって、
将来債権の譲渡においては、譲渡禁止特約の効力を譲受人の主観的態様によっ
て制限するという措置は合理的ではない。つまり、将来債権の譲渡に関して旧
466条2項但書は機能しない。むしろ、旧466条2項但書は、すでに債権が発
生しつつその譲渡を禁止する特約がある状況において、これを譲り受ける第三
者が現れた場合を想定した規定といえ、その射程は、将来債権譲渡契約がなさ
れた後に債権を発生させる契約と譲渡禁止特約がされた場合には及ばないと見
るべきだろう。

　したがって、将来債権譲渡と譲渡禁止特約との優劣に関しては、次のような
観点が重要となる。すなわち、ここでは、同じ債権に関して、一方では譲渡が
され、もう一方では債務者がその処分権を留保する、という2つの処分行為が
競合している点に着目すべきだろう。処分行為が競合する場合には、基本的に
は先に効力が生じた処分が他に優先することになる。**〔設問2〕**が「譲渡禁止
特約の意義を踏まえ、かつ、Bが乙債権を取得した時期に留意しつつ」という
のは、以上の比較考量を意識させる点にあると思われる。ここで、将来債権譲
渡における債権の取得時期が問題となる。仮に債権譲渡契約時点に目的債権を
譲受人が取得しているとするならば、その後なされた譲渡禁止特約はこれに劣
後することとなるだろう。これに対して、債権が発生した時点に譲受人がこれ
を取得するとなると、債権発生原因の契約において譲渡禁止特約もされている
のであれば、かかる禁止の効力は譲受人にも及ぶことになるかもしれない。

しかし、前述のように、たとえ債権の取得時点がその発生時になるとしても、債権譲渡があった旨の通知等があればその時点ですでに公示はされているのであり、かかる公示の後に目的債権に利害を有した第三者に債権譲渡の優先的効力を主張しうることになるのではないか。逆に債権の取得時期が債権譲渡契約時になるとしても、対抗要件としての通知・承諾がされていなければ、その後現れた第三者に譲渡の優先的効力を主張することはできず、第三者が現れた後に対抗要件を具備しても、遡及的に優先的効力が認められるわけではない。すなわち、この問題においては、債権の取得時期をどうみるかという形式論理によって優劣が処理されるべきではなく、将来債権譲渡があったことの公示を先に具備したか否かが重要であろう。

本問では、AE 間の譲渡禁止特約があった時点では AB 間の債権譲渡の対抗要件は具備されておらず、むしろ、その後で乙債権が A から B に譲渡された旨の通知が E に対してされたにすぎない。それゆえ、ここでは、E は、譲渡禁止特約の効力を B に対して主張することができ、B は乙債権の権利者ではないとして、その支払いを拒絶することができよう。

(2) 債権譲渡と譲渡禁止特約との関係—平成 29 年法改正後

(a) 譲渡禁止特約の効力

以上に対し、平成 29 年の法改正によって、従来の判例の立場とは異なり、譲渡禁止の特約に違反して債権が譲渡された場合でも、債権移転の効力は否定されず（466 条 2 項）、ただ、特約をした債務者は、この特約を知り、または重大な過失によって知らなかった譲受人に対しては、その履行を拒絶することができ、かつ、従前の債権者＝譲渡人への弁済等をもって譲受人に対抗しうることとされた（同条 3 項）。もっとも、債務者が従前の債権者に履行をしない場合において、譲受人が債務者に対して相当の期間を定めて譲渡人への履行を催告したにもかかわらず、その期間内に履行がないときには、債務者の譲受人に対する履行拒絶は認められなくなる（同条 4 項）。

この改正には次のような理由がある。すなわち、譲渡禁止特約をする債務者の利益は、自己の関知しない債権譲渡によって弁済すべき相手方が変動するという不安定さからの解放にあるといえるが、そうであれば、債権譲渡の効力を完全に否定する必要はなく、むしろ、債務者には従前の債権者に弁済すれば免

責される地位を確保すれば足りる。したがって、譲渡禁止特約をした債務者には、譲受人に対して履行を拒絶する権限を認めればよい。もっとも、このことも債権を自由に譲渡しうるという原則を制限することになるので、取引の安全の見地から、かかる履行拒絶権が認められるには、譲受人＝第三者が特約について悪意または重過失でなければならない。なお、譲受人の主観的態様は債務者にとって明らかではないので、その如何にかかわらず、特約に反して譲渡がされた場合には、債務者には供託によって免責される権利も認められた（466条の2第1項）。

ただし、銀行取引等における預貯金債権については、従来、取引の約款として債権譲渡を禁止する合意が一般的にされており、このような慣行化した取引をも制限することは望ましくないという観点から、譲渡禁止特約について悪意または重過失の第三者には、譲渡自体の無効を主張できることにした（466条の5第1項）。もっとも、預貯金債権の場合でも、これに対する強制執行に対しては譲渡禁止特約の効力を主張しえないとするのが判例であったので、これは改正法でも維持されている（同条2項）。

（b）将来発生する債権の譲渡との関係

さらに、平成29年の法改正によって、譲渡禁止特約の効力と将来債権譲渡との関係が明文で規定されるに至った。前述のように、ここでは譲受人の善意・悪意という要素は機能しない。そこで、改正法は、この場合には467条の定める対抗要件が具備された時点までに譲渡禁止の特約がされた場合には、譲受人はこの特約を知っていたものとみなすこととした。すなわち、対抗要件具備が禁止特約に後れる場合には、債務者は譲受人に対して特約をもって履行を拒絶することができる。おそらく、この改正は（1）（b）で説明したことを考慮したものといえよう。

したがって、〔設問2〕は改正法では次のように扱われることとなる。まず、乙債権は預貯金債権ではないため、譲渡禁止特約をした債務者Eは、これについて悪意または重過失の譲受人にこれをもって対抗し、支払いを拒絶することができる。そして、AE間の譲渡禁止特約の時点では、AB間の債権譲渡の対抗要件は具備されていなかったため、Eは特約をもってBに対し支払いを拒絶することができる。

1. 今回の問題の特殊性

　基礎編の解説でも指摘したように、今年度の出題は、旧法下において議論されていた理論的問題に焦点を当てており、もはや改正法においては、この問題の解答を作成する意味はほとんどなくなっている。

　すなわち、〔設問1〕の(1)については、一応、将来債権譲渡の有効要件である「特定」が充足されるかを検討しなければならないが、債権取得の時点を殊更に論じさせる意義はほとんどない。もちろん、改正法でもこの点を明示する規定はなく、債権の取得時期については2つの見解が考えられるが、いずれにしても、将来債権譲渡の対抗要件も事前に具備することができると解される以上、このことに焦点を当てる意味に乏しい。

　また、〔設問1〕の(2)についても、免責的債務引受の要件および効力発生時点を明確に規定した改正法においては、まだその効力が発生していない段階で目的債権の差押えがあれば、差押えの効力が優先することは明白である。

　さらに、〔設問2〕についても、将来債権譲渡と譲渡禁止特約が競合した場合には、債権譲渡の対抗要件具備の時点が特約の時点より先であれば、特約の効力は対抗できないことも規定されたのであり、ここでも、債権の取得時点を論ずる実際上の意味は考えられない。

　それゆえ、今回に関しては、いつものような解答へのアプローチを示すことは省略し、また、参考答案も作成しないことにした。

2. 出題趣旨について

(1) 出題趣旨

　法務省から公表された平成25年度予備試験の民法の出題趣旨は、以下のとおりである（http://www.moj.go.jp/content/000116083.pdf）。

　　設問1のうち、小問1は、将来債権譲渡が原則として有効であることを
　踏まえ、担保目的でされた将来債権の譲渡契約の結果、債権譲受人が将来

債権をいつの時点で取得したのかについて、動産譲渡担保・不動産譲渡担保と異なる債権譲渡担保の特性を意識しながら理論的に説明をすることができる能力を試すものである。小問 2 は、担保目的での将来債権譲渡がされた後に債権者・引受人間でされた免責的債務引受の効力及び対抗力に留意しつつ、譲渡債権について差押債権者が有する地位を、事実に即して論じさせるものである。また、設問 2 は、将来債権譲渡を目的とする契約が締結された後に譲渡債権に付された譲渡禁止特約をもって債権譲受人に対抗することができるか否かを、譲渡禁止特約に関する民法第 466 条第 2 項の理解を踏まえ、債権譲受人の地位及び債務者の地位に結び付けられた利益を考慮に入れつつ理論的に説明することができる能力を試すものである。

(2) コメント

　率直に言えば、今回の問題には個人的にはかなり疑問がある。確かに、事実関係はそれなりに長いものではある。しかし、問題の焦点は、将来債権譲渡の効力、免責的債務引受の対外的効力、さらに将来債権譲渡と譲渡禁止特約との関係について、理論的にどのような立場をとるかに当てられている。その意味で、生の事実関係において法律上問題となる条項等を特定し、その事実関係ではその法律要件が充足されるのか、という実務的な能力よりも、研究者の能力に近いところが問われている。もちろん、そのような能力も法曹として要求されることは疑いない。しかし、特に疑問であるのは、将来債権譲渡の移転ないし取得の時点を問う部分である。**基礎編**で述べたように、少なくとも筆者は、このような形式的な論理操作によって他の処分行為との優劣が決定されるべきものではないと考えている。たとえ債権発生時にそれが移転されるという立場をとるにしても、事前に対抗要件の効力を容認することは十分可能であり、問題の中で債権の取得時点に重点を置くことにどれだけの意味があるのだろうか。

3. 参考答案

　上記の理由から、今回については掲載しない。

1. 譲渡禁止特約に反した譲渡と差押えとの優劣

　今回の論点の中では、法改正によって大きな影響を受けたのが債権譲渡禁止特約の効力である。すなわち、改正法では、債権譲渡の効力は譲渡禁止特約によって端的に否定されることにはならない。その結果、従前の実務の立場を修正せざるをえない部分がある。それは、譲渡禁止特約が付された債権が譲渡され、その対抗要件が具備された後に、同じ債権が差し押さえられた場合である。

　まず、このケースでも、譲受人が特約について悪意または重過失でない限り、債権譲渡が差押えに優先することは従来と変わらない。譲受人が悪意または重過失である場合には、旧法でも、譲渡禁止特約は差押債権者に対抗しえないと解されていたので、債権譲渡の効力が否定されれば、差押債権者は債務者に対して目的債権について支払いを請求しうることになっていた。これに対し、改正法では、債権譲渡の効力は否定されないものの、債務者は譲受人に対して支払いを拒絶して、本来の債権者に弁済することができる。その結果、差押債権者は本来の債権者に代わってその地位を主張しうる以上、やはり差押債権者が債務者に対して支払請求をすることができる。

　問題は、譲渡禁止特約をした債務者が事後的に債権の譲渡を承諾した場合である。この場合でも、差押えの効力が生ずる前に承諾がされていれば、従来の判例は、譲渡は契約時に遡って有効になり、債権譲渡が差押えに優先するとしていた（最判昭和 52 年 3 月 17 日民集 31 巻 2 号 308 頁）。したがって、債務者は譲受人に対して弁済をしなければならない。ところが、差押えの効力が生じた後に債務者が譲渡に対して承諾をした場合には、判例はこれとは逆の結論をとっていた。以下では、その判例を見てみる。

2. 最判平成 9 年 6 月 5 日民集 51 巻 5 号 2053 頁

（1）事実の概要

　A は、B に対して売掛代金債権（以下では「本件債権」という）を有していたところ、これには譲渡禁止特約が付されており、X は、昭和 62 年 12 月 9 日当

時、本件債権に譲渡禁止特約が付されていたことを知っていたか、特約の存在を知らないことにつき重大な過失があった。Aは、同月10日、Bに対し、本件債権をXに譲渡した旨の通知をした。

Y（国）の機関は、同月11日、税金を滞納したAに対する滞納処分として、本件債権を差し押さえた。また、株式会社Cの申立てにより、同月21日、本件債権に対する仮差押えの執行がされた。さらに、Aに対する貸金債権を有するXの申立てにより、昭和63年1月11日、Aを債務者として本件債権に対する差押えがされた。

Bは、同月29日、本件債権につき、真の債権者を確知することができず、かつ、滞納処分による差押えと強制執行による差押え等が競合したことを理由として、供託をした。Bは、その際、AからXへの本件債権の譲渡を承諾した。

Xは、Aとの間で、Aへの貸金債権の担保のために本件債権を譲り受ける予約をしたうえで、昭和62年12月9日、予約完結権を行使してAから本件債権の譲渡を受けた、と主張していた。そして、Yに対して、Bの供託金の還付請求権はXに帰属する旨の確認を請求したが、Yは、反訴として、供託金還付請求権はYに帰属する旨の確認を請求した。

原審は、たとえAX間で本件債権の譲渡があっても、これは譲渡禁止特約に反するために無効となり、また、Bの承諾によって債権譲渡が遡って有効になるとしても、その対抗要件が遡って効力を有するものではないとして、Xの請求を棄却し、Yの請求を認容した。

（2）最高裁の判断

最高裁は、次のように述べて、Xの上告を棄却した。

> 譲渡禁止の特約のある指名債権について、譲受人が右特約の存在を知り、又は重大な過失により右特約の存在を知らないでこれを譲り受けた場合でも、その後、債務者が右債権の譲渡について承諾を与えたときは、右債権譲渡は譲渡の時にさかのぼって有効となるが、民法116条の法意に照らし、第三者の権利を害することはできないと解するのが相当である（最高裁昭和47年（オ）第111号同48年7月19日第一小法廷判決・民集27巻

7号823頁、最高裁昭和48年（オ）第823号同52年3月17日第一小法廷判決・民集31巻2号308頁参照）。

(3) 若干の検討

この判例は、一応、譲渡禁止特約の付された債権が譲渡され対抗要件としての通知がされた場合において、特約によって譲渡が無効になるときは、目的債権について有効な差押えがされた後に債務者が譲渡を承諾しても、差押えが債権譲渡に優先するとした。ところが、改正法では、たとえ一般の金銭債権について譲渡禁止特約が付されても、債権譲渡は無効とはならず、ただ、債務者は悪意または重過失の譲受人に対し支払拒絶の抗弁を主張しうるにすぎない。それゆえ、もはや、譲渡禁止特約に反した債権譲渡は116条が想定する無権限者の処分に相当する、という考え方をとることはできない。むしろ、譲渡禁止特約があっても、債権譲渡と差押えとの優劣は、それぞれの対抗要件の具備の前後によって決定されることになり、譲渡の通知が先行する場合には、債権譲渡が差押えに優先する。その結果、債務者が譲渡を事後的に承諾して、支払拒絶の抗弁権を放棄すれば、譲受人が目的債権の弁済を受領することができる。

その意味では、今回の法改正は判例の結論を覆すようなものとも思われる。

3. 改正法の実務への影響

しかし、判例の事案を詳しく検討すると、改正法の下では単純に結論が逆転したかといえば、そうは言いきれず、むしろ、改正法の下でも、本件の差押債権者Yが譲受人Xに優先するという結論がとられるべき事案であったように見える。

すなわち、そもそも本件では、Xが本件債権をAから譲り受けたという事実は確定的に認定されておらず、Xが主張する債権譲渡予約の完結に基づく債権譲渡は、相手方のAが経済的にほぼ破綻している状況下で行われたものであった。はたして、かかる譲渡の通知がされた日から相次いで、同じ債権が多数の債権者によって差し押さえられるという事態が発生している。それゆえ、この債権譲渡には、債務者Aの経済的破綻に直面したXが他の債権者を出し抜いて駆け込み的にした取引である疑いがあり、その譲渡の有効性自体に疑問

が生ずる（民法90条違反が問題となる余地がある）。そして、仮に譲渡自体が有効と判断されるとしても、おそらく、他の債権者は、詐害行為取消権により（424条1項。改正法では、特に424条の3の運用が問われる事案である）債権譲渡の取消しを主張しうる可能性も相当にあるだろう。

　それゆえ、この判例の理由づけが、健全な資力状態にある者がその債権を譲渡した場合にもそのまま及ぶものであったかにはかなり疑問がある。むしろ、たとえ一般的には債権譲渡を優先させるべきとしても、このような事案であるからこそ判例は差押えを優先させたともいえよう。旧法下でも、学説においては、債権譲渡の自由の原則との関係で、たとえ譲渡禁止特約があっても、債権譲渡自体は有効であり、ただ債務者は、特約について悪意の譲受人に対してはその効力を主張して支払いを拒絶しうる、と解する見解も有力であった。しかし、そのような立場をとるとしても、おそらく本件では、差押えを優先させるのが無難であったろう。その意味で、改正法では、本判決の採用した定式はもはや通用しなくなるが、それによる実務への影響はそれほど大きくはないのではないか。

請負人の担保責任、修補に代わる損害賠償の内容

◀ **問 題** ▶

次の文章を読んで，後記の〔**設問 1**〕及び〔**設問 2**〕に答えなさい。

【事実】

1. A は，自宅近くにある B 所有の建物（以下「B 邸」という。）の外壁（れんが風タイル張り仕上げ）がとても気に入り，自己が所有する別荘（以下「A 邸」という。）を改修する際は，B 邸のような外壁にしたいと思っていた。

2. A は，A 邸の外壁が傷んできたのを機に，外壁の改修をすることとし，工務店を営む C にその工事を依頼することにした。A は，発注前に C と打合せをした際に，C に B 邸を実際に見せて，A 邸の外壁を B 邸と同じ仕様にしてほしい旨を伝えた。

3. C は，B 邸を建築した業者である D 社から，B 邸の外壁に用いられているタイルが E 社製造の商品名「シャトー」であることを聞いた。C は E 社に問い合わせ，「シャトー」が出荷可能であることを確認した。

4. C は，A に対し，A の希望に沿った改修工事が可能である旨を伝えた。そこで，A と C は，工事完成を 1 か月後とする A 邸の改修工事の請負契約を締結した。A は，契約締結当日，C に対し，請負代金の全額を支払った。

5. 工事の開始時に現場に立ち会った A は，A 邸の敷地内に積み上げられた E 社製のタイル「シャトー」の色が B 邸のものとは若干違うと思った。しかし，A は，C から，光の具合で色も違って見えるし，長年の使用により多少変色するとの説明を受け，また，E 社に問い合わせて確認したから間違いないと言われたので，A はそれ以上何も言わなかった。

6. C は，【事実】5 に記した A 邸の敷地内に積み上げられた E 社製のタイル「シャトー」を使用して，A 邸の外壁の改修を終えた。ところが，A は，出来上がった外壁が B 邸のものと異なる感じを拭えなかったので，直接 E 社に問い合わせた。そして，E 社から A に対し，タイル「シャトー」の原料の一部につき従前使用していたものが入手しにくくなり，最近になって他の原料に変えた結果，表面の手触りや光沢が若干異なるようになり，そのため

色も少し違って見えるが，耐火性，防水性等の性能は同一であるとの説明があった。また，Aは，B邸で使用したタイルと完全に同じものは，特注品として注文を受けてから2週間あれば製作することができる旨をE社から伝えられた。

7. そこで，Aは，Cに対し，E社から特注品であるタイルの納入を受けた上でA邸の改修工事をやり直すよう求めることにし，特注品であるタイルの製作及び改修工事のために必要な期間を考慮して，3か月以内にその工事を完成させるよう請求した。

〔設問1〕

【事実】7に記したAの請求について，予想されるCからの反論を踏まえつつ検討しなさい。

【事実（続き）】

8. 【事実】7に記したAの請求があった後3か月が経過したが，Cは工事に全く着手しなかった。そこで，嫌気がさしたAは，A邸を2500万円でFに売却し，引き渡すとともに，その代金の全額を受領した。

9. なお，A邸の外壁に現在張られているタイルは，性能上は問題がなく，B邸に使用されているものと同じものが用いられていないからといって，A邸の売却価格には全く影響していない。

〔設問2〕

Aは，A邸をFに売却した後，Cに対し，外壁の改修工事の不備を理由とする損害の賠償を求めている。この請求が認められるかを，反対の考え方にも留意しながら論じなさい。

なお，〔設問1〕に関して，AのCに対する請求が認められることを前提とする。

Ⅰ. 基礎編

▶**基礎的事項のチェック**

1. 請負契約とはどのような契約か？

2. 旧法における請負人の担保責任とはいかなるものであったか？
3. 上記の責任の要件はどのように定められていたか？
4. その中の損害賠償責任の「損害」とは何か？
5. 平成 29 年改正後の民法では上記の規定はどのように変わったか？
6. 改正後の規定はどのように解釈すべきか？

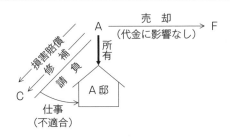

1.〔設問 1〕について

(1) 請負契約の性質

　【事実】1〜4 において、最終的に、AC 間においては、A の別荘の外壁の改修を C が請け負うという契約が成立している。請負契約においては、請負人は約定した仕事を完成する義務を負い、注文者はこれに対して報酬を支払う義務を負う（632 条）。報酬は仕事の結果に対して支払うものであるため、請負の原則形態としては、注文者は仕事が完成するまでは報酬を支払わなくてもよいことになっているが（633 条但書）、当事者の合意の下で報酬を先払いすることもありうる。

(2) 請負人の担保責任─平成 29 年法改正前
(a) A の請求の法的根拠

　本問では、先に注文者 A が報酬を支払っているので、請負人の仕事完成義務だけが残る。仮に請負人が仕事に着手しないならば、当然、注文者は、債務の履行の請求として、仕事に着手するように請求することができる。ただ、本問では、請負人 C は改修工事を一応完了した。ところが、改修に使用したタイルが契約に際して A が希望していたものと品名では同じであるものの、その原料が異なっていたため、A は改修のやり直しを求めている。この請求は、

いかなる根拠に基づくものか。

　平成 29 年法改正前の 634 条は、請負人の担保責任という表題の下に、第 1 項において、「仕事の目的物に瑕疵があるときは、注文者は、請負人に対し、相当の期間を定めて、その瑕疵の修補を請求することができる。ただし、瑕疵が重要でない場合において、その修補に過分の費用を要するときは、この限りでない。」と規定し、さらに、第 2 項本文においては、「注文者は、瑕疵の修補に代えて、又はその修補とともに、損害賠償の請求をすることができる。」と規定していた。この規定の射程は、一般的に次のように説明されていた。まず、そもそも請負人が全く債務を履行していないときには、注文者は、請負人に対して依然として債務の履行を請求することができるし（最終的には旧 414 条の強制履行の手続をとることになる）、さらに、債務不履行による損害賠償請求権（旧 415 条）を主張することができる。したがって、旧 634 条は、請負人が仕事を一応完成させたが、その仕事に瑕疵（不完全な部分）があったという債務不履行（いわゆる不完全履行）の場合に、特別に適用されるものである。すなわち、この場合の注文者の救済は、一般の債務不履行に関する規定ではなく、この条文によって図られる。つまり、この規定は一般の債務不履行の準則に対する特則である。それゆえ、本件での A の請求も、この担保責任に基づく修補請求として位置づけることができる。したがって、〔設問 1〕では、この修補請求の要件が充足されているのかを検討しなければならない。

（b）要件の検討

（ア）仕事の一応の完成ないし引渡し

　まず、本問で、請負人 C が仕事を一応は完成させた点には問題がないだろう。ただし、次の点には注意しなければならない。請負にも、純粋に仕事の完成だけが求められる場合と、建物建築請負契約のように、完成物の占有が第一に請負人に属するために、目的物の引渡しも請負人の義務となる場合もある。そして、後者の場合には、担保責任の規定は注文者が完成物の引渡しを受けた後に適用されると解さなければならない。そのことは、旧法が、担保責任の存続期間の起算点を、仕事の目的物の引渡しが必要となる場合には「目的物を引き渡した時」、これが不要である場合には「仕事の終了した時」としていた点からも明らかである（旧 637 条参照）。というのは、注文者は、仕事の目的物が自己の支配下にあってこそその瑕疵の有無を認識することができるため、目的

物の引渡しが必要となる請負の場合には、引渡しの時点にはじめて請負人の担保責任を追及することができるからである。

　本問の請負の内容は、Aが所有・占有する建物の外壁の改修であり、請負人の作業中にも目的物の占有はなおAに属することになる。それゆえ、本問では、Cによる仕事の終了、すなわち一応の完成により、担保責任の規定が適用されることになる。

（イ）瑕疵の存在

　次に、瑕疵の意義に関しては、平成29年法改正前にあった売買の瑕疵担保責任の規定（旧570条）との異同に注意しなければならない。売買の瑕疵担保責任については、これを特定物の売買を前提にした債務不履行責任とは異なる法定の責任と位置づける見解が伝統的通説であった。すなわち、一般の債務不履行責任以外に瑕疵担保責任の規定が置かれたのは、特定物の売買においては、たとえ隠れた瑕疵があっても、その特定物を引き渡すことが売主の義務である以上、債務不履行責任は問題とならないが、当事者間の公平を欠くことになるため、これを是正するためである、という見解が有力であった。それゆえ、ここでいう瑕疵を契約当事者が前提とした品質が欠けている状態と理解しなければならない必然性もなかった。むしろ、その特定物が一般の取引通念に照らして備えるべき品質に欠けている状態と理解する見解も有力であった。

　しかし、この考え方は請負人の担保責任には適合しない。というのは、請負人が負う債務は、当事者が契約で定めた仕事内容を完成する点にあり、たとえ取引通念上備えるべき性質があったとしても、当事者が約定した品質が伴っていなければ、ここでいう瑕疵は肯定されるべきだからである。つまり、この責任は、当事者の負う債務の本旨に従った履行がされていないことによるものであり、本来的に債務不履行責任なのである。

　そうすると、本問でも瑕疵があるか否かは、AC間の請負契約において、Cはいかなる内容の外壁の改修をすべきものと合意されたのかを確定し、それが実現されているか否かによって決定される。【事実】1および2において、AはB宅のような外壁にしたいと考え、契約締結前にB宅と同じ仕様にしてほしい、と述べており、このことを契約締結時点において特に排除する言動もなかった以上、B宅で使用されたタイルと同じ種類のタイルをもって改修をするのがCの債務であったといえよう。そして、Cが使用したタイルがB宅のタイ

ルの名称と同じであったとしても、その原料が異なっているならば、Cは債務の本旨に従った履行をしていなかったことになる。それゆえ、ここでは瑕疵があると認定してよい。

（ウ）相当の期間

最後に、Aは、Cに対し、3か月内にやり直しをするように請求しているので、この3か月間が「相当の期間」といえるかが問題となる。これは修補に必要な期間が確保されていれば肯定されよう。もともと、AC間の契約では改修を1か月間ですることが予定されていたのであり、やり直しの改修も同程度の期間があれば足りると思われる。また、新たなタイルの調達に要する時間は2週間である。したがって、Cには他の仕事がありうることを考慮しても、3か月は十分に相当な期間に当たるといえそうである。

（c）Cの抗弁

以上に対して、Cは、瑕疵が重要でなく、かつ修補に過分の費用を要することを主張して、Aの請求を拒絶することが考えられる。瑕疵の重要性は、契約の目的、目的物の性質その他の客観的事情によって判定されるとするのが通説であった。したがって、Aが何を目的として改修工事を委託したのかによって重要性は左右される。確かに、外壁の改修の基本的目的は建物の保存であり、【事実】6にあるように、Cの使用したタイルに防水性、耐火性の点では問題はないとされているから、この目的は達成されているといえる。しかし、同時に、AはB邸のような外壁にしたくて改修をCに委託しており、外壁の仕様をB邸のようにすることも目的の1つであるといえる。それゆえ、建物の保存がされていることをもって、端的に本問の瑕疵が重要でないと言い切れるかは微妙であろう。次に、費用が過分になるか否かは、修補に要する費用と修補によって得られる利益を比較考量することによって判断される。本問のように、Cがいったん貼り付けたタイルを張り替えるとなれば、それに要する費用は本来予定された費用の倍になる可能性がある。というのは、いったん貼り付けたタイルをはがしてしまえば、その財産的価値はほとんどなくなる恐れもあるからである。他方で、タイルがそのままであっても建物の効用に問題がないことを考慮すると、修補によって得られる利益はほとんどAの主観的な満足に等しい。したがって、やり直しは過分の費用を要すると見るのが穏当に思われる。しかし、瑕疵が重要であると判断される限り、結局、CはAの修補請

求に応じなければならない。

（3） 平成 29 年法改正後の請負人の責任

（a） 請負人の責任の概要

ところが、平成 29 年の法改正によって請負人の担保責任の規定は削除され、売買契約における売主の責任に関する規定（562 条〜564 条）が請負契約に準用されることになった（559 条）。そして、改正法の規定では売主は次のような責任を負わされることになった。すなわち、特定物売買、不特定物売買にかかわりなく、売主が買主に引き渡した目的物が、種類、品質または数量に関して契約の内容に適合しないときには、買主は、売主に対し、目的物の修補、代替物の引渡しまたは不足分の引渡しによる履行の追完を請求することができる（562 条 1 項本文）。これは、特定物の売買においてはその引渡しをすれば債務は履行されたとするかつての考え方（特定物のドグマ）を否定し、特定物売買であれ、不特定物売買であれ、売主は、買主に対し契約で定められた性質の物を引き渡す債務を負うという考え方に基づく。そして、買主が相当の期間を定めて追完を請求したにもかかわらず、売主がこれに応じなければ、買主には不適合部分に相応した代金減額の請求権が認められる（563 条 1 項）。他方で、契約の不適合は債務不履行に当たる以上、買主は、債務不履行を理由とした損害賠償請求や解除権の行使をすることもできる（564 条）

このように、売買において、目的物の引渡前における債務不履行は一般の債務不履行に関する規定によって処理され、目的物が引き渡された後の契約不適合には、562 条以下の規定が適用されることになる。したがって、売買の規定が請負に準用される以上、請負の場合でも、目的物の引渡しが必要である仕事の場合には、引渡前には一般の債務不履行の規定が適用され、引渡以降に 562 条以下が準用されることになるだろう。しかし、目的物の引渡しを要しない請負の場合には、旧法での解釈と同じように、仕事を一応完成させた後に 562 条以下の規定が準用されると解すべきであろう。

（b） 責任の内容と要件

それでは、請負人の責任は改正法ではどうなるだろうか。まず、仕事の品質・種類が契約に適合しない場合に、注文者が追完を請求しうることは明らかであるが、売買とは異なり、請負人の債務が仕事の完成である以上、追完の具

体的内容は基本的には修補になると解するのが穏当である。このことは旧法で認められたことと異ならない。これに対し、改正法の追完ないし修補請求については「相当の期間」を定めることは要求されていない。後述のように、かかる追完請求が請負人の負う本来的義務の履行の請求に相当するならば、すでにその不履行がある以上、「相当の期間」を追完請求の要件とすることはおかしいからである。むしろ、「相当の期間」が意味を持つのは、かかる追完請求があっても請負人がこれに応じない場合に、最終的に履行に代わって報酬代金の減額請求や契約の解除を認めるべきか否かの局面においてである。すなわち、代金減額や解除は、相当の期間が経過しても請負人が追完に応じなければ、注文者には本来的な履行に代わる救済を認めるのが適切と考えられるからである。はたして、改正法は、「相当の期間」を定めて追完の催告をしたにもかかわらず、この期間が徒過したときに、代金減額や解除を認めることにしている（563 条 1 項・564 条・541 条本文参照）。

　さらに、562 条には、「瑕疵が重要でない場合において、修補に過分の費用を要するとき」に修補請求を否定した旧 634 条 1 項但書に相当する規定は設けられていない。これは、従来の規定の要件によって請負人の責任を制限することに疑問が呈されたからである。すなわち、この規定によれば、「瑕疵が重要でない」ことと「過分の費用を要する」ことという 2 つの要件を充足して、はじめて請負人は責任を免れるが、これでは、いかに過分の費用を要する場合であっても、瑕疵が重要だと判定されれば、請負人は修補をせざるをえなくなり、過酷な責任を請負人に負わせる恐れがある。おそらく、修補が過分な費用を要する場合には修補請求を否定するのが穏当であるが、そのことは、改正法では特別の規定がなくても認められることになった（筒井健夫＝村松秀樹『一問一答民法（債権関係）改正』（商事法務、2018 年）340 頁、341 頁（注 1）参照）。というのは、改正法では、「債務の履行が契約その他の債務の発生原因及び取引上の社会通念に照らして不能であるときは、債権者は、その債務の履行を請求することができない」と定められており（412 条の 2 第 1 項参照）、修補も債務の履行の一つである以上、過分の費用を要する場合は履行不能と判定して、請負人を免責すればよいからである。そうなると、本問の事案は改正法においては履行不能と判定され、旧法に比べて、C は修補義務を免れる可能性が高くなるであろう。

2.〔設問2〕について

(1) 修補に代わる損害賠償―平成29年法改正前

(a) 損害賠償責任の概要

【事実】8において、AはCが修補をしないことを受けてA邸をFに売却したが、〔設問2〕は、改修の不備を理由にしたAのCに対する損害賠償請求の可否を問題にしている。Aの損害賠償請求は、平成29年法改正前の634条2項の「修補に代わる損害賠償」に相当するといえる。

　すなわち、この規定によって、請負の目的物に瑕疵がある場合には、注文者は、修補を請求するか、直ちに修補に代わる損害賠償を請求するかを自由に選択しうるとされていた（最判昭和52年2月28日裁判集民事120号201頁）。本問では、AはまずCに修補を請求したが、Cがこれに応じなかった以上、修補請求に拘束されるいわれはなく、これに代わる損害賠償を請求することも当然に許される。また、修補請求と同様に、ここでの損害賠償請求については請負人の帰責事由は問題とされていなかった。つまり、これは無過失責任であった。

(b) 賠償すべき「損害」

　問題は、修補に代わる損害賠償請求における「損害」とはいかなるものなのかである。損害賠償責任は損害が発生してはじめて成立するものであり、このことを請負人の担保責任に限って修正することはできないからである。従来の判例は、ここでの「損害」が具体的に何を指すのかを明示していないものの、修補費用に相当する金額の賠償を損害賠償の内容として容認していた（最判昭和36年7月7日民集15巻7号1800頁、最判昭和51年3月4日民集30巻2号48頁等）。したがって、本問でも、Aは、その欲したタイルによる再度の改修の費用に相当する金額を損害として、その賠償を請求することができそうである。

　しかし、修補費用相当額の損害賠償請求が認められた背景には、注文者は請負人に対して修補を請求しうる以上、これに代わる損害賠償請求の内容として、請負人に修補費用を負担させても特に問題はない、という考え方があるように思われる。たとえば、建物建築の請負契約において、目的建物の瑕疵がその建替えなくしては除去しえないような場合に、最高裁は、旧634条2項前段の規定によって、注文者による建替費用相当額の損害賠償請求を容認したが、この判例は、その責任を「契約の履行責任に応じた損害賠償責任を負担させるも

の」として正当化している（最判平成14年9月24日判例時報1801号77頁）。〔設問2〕が〔設問1〕のAの請求が認められることを前提にしている点も、このことに配慮しているからであろう。ところが、【事実】8では、Aは、目的建物をすでにFに売却しており、損害賠償請求をした時点においては、もはやCに対して修補請求をする利益を失っている。このような場合には、修補費用相当額の損害賠償請求を正当化することはできないのではないか。

　そこで、この場合の修補に代わる損害賠償における「損害」を、瑕疵のない仕事がされた場合に注文者が得るはずだった財産との差額と位置づける考え方もありえよう。一般的には、債務不履行における損害とは、不履行がなければ債権者が保持したであろう財産の価額と債権者が現実に有している財産の価額との差額と解されているからである。ところが、【事実】9では、Cの使用したタイルを保持した場合でも、A邸の性能には問題がなく、B邸に使用したタイルを用いた場合と比較しても、A邸の売却価格に影響がないとされている。となると、やはり本件では財産的損害はないと言わざるをえない。〔設問2〕はまさにこの点をどう考えるかを問うものであろう。

　ただし、Cが修補義務を履行しなかったことにより、Aにはその希望した外壁が得られなかったという精神的苦痛が生じているとはいえるだろう。それゆえ、精神的損害の賠償としての慰謝料請求を認める余地は残る。債務不履行に基づく損害賠償でも、慰謝料請求を認めるのが一般的見解だからである。そして、かかる苦痛がこの不履行によって通常生ずべきものと判定される限り（416条1項）、それに応じた賠償請求は認められよう。

(2) 修補に代わる損害賠償—平成29年法改正後

（a）改正法の規定の解釈

（ア）改正法の概要

　前述のように、平成29年の法改正により、請負人の担保責任を規定する634条は削除され、売買における売主の責任に関する規定が請負にも準用されることになった。それゆえ、上記の問題は、改正法ではいかに処理されるかが問われる。

　請負人によって一応は完成された仕事が契約に適合しない場合、注文者は、請負人に対して修補を請求することができるが、一般の債務不履行と同じよう

に損害賠償も請求することができることになっている（559条・564条）。債務不履行による損害賠償請求に関する415条は、第1項で、債権者は債務の不履行によって生じた損害の賠償を請求しうる旨を一般的に規定し、第2項では、履行に代わる損害賠償請求が認められるのは、①履行が不能となったとき、②債務者が履行を拒絶する意思を明確に表示したとき、③債権者が契約を解除し、あるいは解除しうるようになったとき、のいずれかとしている（415条2項参照）。

　そこで問われるのは、旧法634条2項が定めていた修補に代わる損害賠償は、改正法では、415条1項あるいは2項のいずれによって処理されるのか、という点である。

（イ）2つの見解とその問題点

　平成29年法改正の立案担当者の解説では、旧法で認められた修補に代わる損害賠償に対する改正法の受け皿となる規定は、415条2項ではなく、1項だと説明されている。しかも、そのことは文言から明らかであるという（筒井＝村松・前掲書341頁（注2）参照）。

　しかし、修補に代わる損害賠償を415条1項によって処理することにはかなり違和感がある。文言という観点からは、修補に代わる損害賠償は、まさに履行に代わる損害賠償ではないかと考えられるからである。すなわち、修補が本来的履行の追完である以上、これも履行の一つであることは否定しえない。それゆえ、修補に代わる損害賠償は、415条2項によって処理されるべきことになるのではないか。あるいは、立案担当者は、旧法では、仕事に瑕疵があれば注文者は直ちに修補に代わる損害賠償を請求しうるとされていたので、それが改正法415条2項に相応しないというのかもしれない。しかし、展開編で触れるように、そもそも旧法が修補に代わる損害賠償請求を直ちに容認していたことが問題であり、改正法の解釈においてこれにとらわれるべきではないだろう。

　次に、追完を本来的な債務の履行の一態様と位置づけることなく、562条の追完請求権を不完全履行という債務不履行の効果として捉えたうえで、追完ないし修補に代わる損害賠償は、415条2項の適用ではなく、その類推適用によって認められるという見解がある（潮見佳男『民法（債権関係）改正法の概要』（金融財政事情研究会、2017年）70頁、同『新債権総論I』（信山社、2017年）483頁参照）。

　確かに、民法改正前の伝統的通説とされる我妻説は、旧634条の救済のす

べてを債務不履行（この場合は、不完全履行）の効果として捉えていた（我妻栄『債権各論中巻二』（岩波書店、1962年）635頁参照）。しかし、その第1項は、債務者の給付が不完全である場合には、なお債務の本旨に従った履行がされず、債務自体は存続していることを前提に、かかる場合の債務の履行方法としては、すでになされた不完全な給付を完全にする行為、すなわち修補を適切と判断したものということができる。民法起草者の梅謙次郎も、仕事に瑕疵がある場合にはなおそれはいまだ履行されておらず、それゆえに注文者は修補を請求しうると考えていた（梅謙次郎『民法要義巻之三債権編〔訂正増補三十三版〕』（有斐閣、1912年）707頁）。

（ウ）私見

したがって、改正民法の解釈としても、追完請求権を債務不履行の単なる一効果とみることには疑問がある。確かに、追完の催告に応じない場合や追完が不能となった場合に認められる代金減額請求権（563条）は、債務不履行の効果とみるべきである。しかし、追完請求が問題となる場合においても、契約不適合による解除、損害賠償については、民法は一般の債務不履行の規定の適用を妨げないとしている点は（564条）、追完請求も本来的な債務の履行請求の一態様に過ぎないことを示しているのではないか。さらに、追完請求権が損害賠償請求権と同様に債務不履行の効果であるというのなら、損害賠償請求権とは異なり、追完請求権発生の要件として債務者の帰責事由が必要とされない理由も説明しなければならない。むしろ、追完は本来的債務の履行に過ぎないからこそ、帰責事由の有無にかかわらず、追完請求は当然に認められることになるのではないか。

それゆえ、追完ないし修補の請求は本来的な債務の履行請求の一態様というべきである。このことは、かねてより奥田博士が強調していた点である（奥田昌道『債権総論〔増補版〕』（悠々社、1992年）160〜161頁参照）。かかる視点からは、逆に、旧634条2項が損害賠償請求の要件として帰責事由を問題としなかった点は、債務不履行の一般原理に照らして、理論上適切ではない扱いであったといえよう。後述のように、改正法ではむしろ帰責事由が問題とされるようになったが、このことは適切な措置であったといえる。

以上のように、修補に代わる損害賠償の受け皿となる改正法の規定については諸説があるが、このような問題が生じた原因は、もともと、旧法634条2

項に関する判例の運用や一般的学説の理解が、この規定の本来有していた趣旨に合致していなかった点にも関連している。それゆえ、この問題を究明するためには、旧法634条2項の立法理由にも遡った立ち入った検討が必要であり、その点の解説は展開編で扱うことにしたい。

（b）本問の処理

（ア）適用条項

筆者の立場によるならば、本問は415条2項によって処理される。そこで、上記①～③のいずれかが充足されれば、履行すなわち修補に代わる損害賠償を請求することができることとなろう。このさい、本問では、①が問題になる可能性は十分にある。というのは、本問での修補は過分の費用を要し、修補すなわち履行が不能であると判定される可能性が高いからである。前述のように、外壁の補修による建物の効用の維持はCの工事によって十分に達せられており、別のタイルによる補修はAの主観的な趣向によるものであり、これを実現することによって得るAの利益は、やり直しを強制されることによるCの不利益に比べて極めて小さい。

しかし、本問では、Aの修補請求が容認されるという前提になっているのでこの点は措かざるをえない。そこで、あくまで問題文の前提の下では、Aが相当の期間を定めて履行すなわち修補を請求しているにもかかわらず、Cはその期間内に履行をしなかったのであるから、541条によりAには解除権が発生するとして、③が充足されると説明するしかない。この解除権は不履行が軽微である場合に排除されるが（541条但書）、前述のように、タイルの種類はAにとって重要であるため、この不履行を軽微とは断定しえない。

もっとも、本問の事案で、Aが契約全体を解除しうるものとし、その効果としてCに原状回復義務（545条1項本文）を負わせることは、やはりCに過酷な責任を負わせる点で疑問である。しかも、すでにAが請負の目的建物を第三者に譲渡している状況においては、結論として契約の解除権は消滅すると解すべきだろう（548条本文参照）。契約解除の可能性は修補義務の履行を不能と判定する場合でも問題となるので、これについては展開編で詳しく説明することにしたい。

（イ）損害の問題

次に、415条1項を根拠とするにせよ、415条2項を根拠とするにせよ、損

害賠償請求を認めるためには、「損害」の発生が不可欠である。というのは、415条2項もこのことを前提にした規定であるからである。しかし、やはり本問では財産的な損害の発生を認めるのは困難である。まず、Aが建物を他に売却してしまい、履行ないし修補に対する利益を失っている本問では、修補費用相当額の損害があるとはいいがたい。他方で、この場合の「損害」を契約に適合した仕事の価額と契約に適合しない仕事の価額との差額と捉えるとしても、本問ではそのような損害もない。

結局、残るのはAの精神的苦痛による慰謝料請求である。その根拠規定としては415条2項を引用すべきだろう。この精神的苦痛は、修補が確定的にされなくなったことによるものだからである。それゆえ、かかる精神的苦痛が不履行によって通常生ずべきものと判定される限りにおいて、その賠償請求が容認されることになる（416条1項）。

（ウ）免責事由の可能性

最後に、仮に履行ないし修補をしないことによる損害が発生している場合であっても、債務者は、その不履行が自己の責めに帰すことのできない事由によることを主張・立証したならば、免責される。この点は、旧法において請負人には明確に無過失責任が課されていたことと異なる。確かに、修補請求は契約で成立した債務の履行請求に相当する以上、これについては請負人の帰責事由の有無を問題にすべきではないが、改正法における損害賠償責任は、一般の債務不履行のルールに従い、「債務の不履行が契約その他の債務の発生原因及び取引上の社会通念に照らして債務者の責めに帰することができない事由によるものであるときは」、否定されるからである（415条1項但書参照）。

この免責事由の条項は、改正時に激しく議論されたものであり、その詳細は平成28年度の問題の解説で説明することにする。本問では、当初CがAの欲したタイルとは異なるタイルを使用した点は、名称が同じであることに起因していたことから、あるいはこの点を免責事由の要素として斟酌することができるかもしれない。しかし、Aから現物を示されたにもかかわらず、これとの同一性を確認しなかった点は、マイナス材料となるだろう。

3. 問題のモチーフとなったと思われる判例

(1) 最判昭和58年1月20日判例時報1076号56頁

（a）事案

 Xは、Yとの間で曳船を建造してもらう請負契約を結び、Yが船を完成させたのでその引渡しを受けたが、その船をその用途である大型船離接岸作業のため運航させたところ、片舷推進器全速前進、他舷推進器全速後退による急旋回をさせた場合に、搭載された計器、器具類に損傷を生ずるほどの振動と、乗組員相互の会話や離接岸作業のための無線電話連絡に支障を生ずるほどの騒音が発生した。そこで、XはYに対し、振動や騒音を防止するための修補を請求し、Yは3回にわたり、船体各部の補強や船尾部バラストタンクの増設などの主として防振のための修補工事をした。ところが、かかる修補工事によっても船の振動を抑えることができなかったので、Xは、Yに対し、旧634条2項に基づく修補に代わる損害賠償などを請求した。このさい、Xは、損害賠償の内容として、修補に要する費用や、瑕疵の存在によって生じた船の売却価額の下落額を「損害」と主張していた。

（b）原審の判断

 原審（大阪高判昭和53年10月26日）は、この振動に関してYの仕事には瑕疵があると認定しつつ、Xのいう上記の2つの損害に関する賠償請求権は否定した。このうち、売却価額の下落については次のように述べていた。

　　Xは、本船をその引渡を受けた昭和37年8月10日から7年8か月余を経た昭和45年4月に性能は現有のままとの約定のもとに代金6000万円で曳船業者であるA株式会社に売渡した（同社は他に転売する目的で買受けたもの。）こと、ところで右売買にあたって、本船の性能をみるための試運転が右買主の立会のもとになされたが、そこでは操舵のみによる旋回は別として、片舷推進器前進、他舷推進器後退による急旋回の運転は、右買主またはその転得予定者が本船をそのような運転状態で使用することを予定せず、またはそのような運転状態における性能をさほど重視していなかったためとみられるが、全くなされなかったこと、そしてまた現に右売買では、本船の前記瑕疵は全く問題とされないままその締結に至っており、

右瑕疵を理由にその代金を引き下げるようなことは特になされなかったことがそれぞれ認められ、なお前記本人尋問の結果のうち、本船に前記瑕疵がなければ、右売買代金をはるかに上まわる金額で売却することが可能であったという旨の供述部分は、右に認定したところに照らしてにわかに採用し難く、ほかにも右代金が右瑕疵の故に本船と同程度の船舶のそれに比して低廉となったことを認めるに足る証拠はなく…。

また、修補に要する費用の損害賠償については、次のように述べた。

さらにXは、本船をすでに他に売渡しておりもはや自らの負担で改造工事をなすことは考えられず、したがってX主張の右改造工事に要する費用やその工期中の滞船料は、Xに現実に生じた不利益ではなく、いわば幻の出費および収入減というべく、…。

しかし、他方で、原審は、修補に代わる損害賠償として、次のような内容は認めた。

Xは、本船の前記瑕疵のため、これを運航していた7年8か月余の間、大型船離接岸作業において前記のごとき支障や不便を蒙ってきたことからすれば、その運航、稼働による収益が、Xの努力もあって結果的には他船と比較して劣ることがなく、またその処分価額が右瑕疵の故に低廉となったとはいえないからといって、本件瑕疵の修補に代る損害を否定すべきではなく、むしろ右のような不利益を財産的に評価してその損害性を肯定するのを相当と解すべきである。

（c）最高裁の判断

Xの上告に対して、最高裁は、原審の結論を維持しこれを棄却したが、このさい、修補費用相当額の損害賠償については次のように述べている。

本件曳船の原判示瑕疵は比較的軽微であるのに対して、右瑕疵の修補には著しく過分の費用を要するものということができるから、民法634条1項但書の法意に照らし、Xは本件曳船の右瑕疵の修補に代えて所論改造工事費及び滞船料に相当する金員を損害賠償として請求することはできない

(2) 若干の分析

　原審で示された判断は、まさに〔設問2〕において、Aが建物を売却したときにその価額に何ら影響がなかったことに対応するものであろう。また、すでに目的物を他に売却している点で、注文者にとってもはや修補の意味がないことを指摘する部分も、〔設問2〕の問題意識に通じている。他方で、瑕疵があったために注文者の収益等に影響がなかったとしても、なお操縦等の不都合を財産上の損害と認定して、損害賠償請求を容認した点も、本問の問題意識に合致している。しかし、この事案において問題となった操縦の不自由は、まさに船の性能が約定された内容より劣っていることを示しており、本来であれば、その評価額を下落させる要因ともなる。ただ、この事案では、船を買い受けた第三者にとってはこれがたまたま問題とはされず、売却価額が下落しなかっただけにすぎない。とすれば、ここでは、一般の損害賠償において論じられる、本来あるべき目的物の価額との差額は、理論上は十分に認められるのではないか。それゆえにこそ、原審は、財産的損害の発生を認定したともいえよう。

　ところが、予備試験の問題のケースでは、外壁の性能が想定されたものより劣っているわけではなく、もっぱらその色が注文者の要望に合致しなかったにすぎない。これによって注文者の受ける不利益とは、財産的なものというより、やはり精神的なものというべきであろう。それゆえ、損害賠償を認めるとすれば、慰謝料請求という形にとどめるべきだろう。

　以上に対し、修補費用相当額の損害賠償について、最高裁は、本件は、旧634条1項但書が適用される局面であることを指摘し、そもそも修補請求が認められない以上、修補費用相当額の損害賠償請求も認められないとしたものといえる。それゆえ、最高裁の判断を前提にすれば、修補に対する利益を失っている点は結論に対して直接の影響を及ぼさないことになる。おそらく、〔設問2〕は、判例のように修補請求権が否定される場合でなくても、すでに目的物を他に売却して修補に対する利益を失っているときには、やはり修補費用相当額の賠償を容認することが疑問となることに、受験生が気づくことができるかを試そうとしたのだろう。

1. はじめに

　基礎編で触れたように、今回の問題についても、解答すべき内容は、平成
29年改正前民法によるか、改正民法によるかで、異なってくる。しかし、今
や改正前の解答内容に言及しても意味はないので、ここではもっぱら、改正民
法を基準にした答案内容を説明したい。

2.〔設問 1〕について

(1) Aの請求の法的根拠、要件の検討

　答案ではまず、【事実】7におけるAの請求の法的根拠、要件を明らかにし
なければならない。すなわち、Aの請求は559条が準用する562条1項の請
負人の追完義務、修補義務の履行請求であり、その要件は、①AC間で建物
の外壁の改修という仕事の請負契約が成立し、②Cが仕事を一応完成させた
が、③その品質が契約の内容に適合しないこと、である。①については、【事
実】4で問題なく要件充足が認められる。②については、562条1項は目的物
が引き渡されたことを前提にしているが、引渡しを要しない請負の場合には、
これに代わって仕事の終了がこの条項の適用要件となることを指摘し、【事実】
6において一応Cが工事を完了したことから、要件充足が認められるとすれ
ばよい。問題は③である。AC間では、【事実】2〜4の経緯から、外壁のタイ
ルをB邸と同じ仕様にすることが合意されたといえるが、結局、【事実】6では
Cがこれとは異なるタイルを使用したことが判明しているので、その仕事が契
約の内容に適合しないことを指摘すればよい。

(2) Cの反論

　これに対するCの反論は、Cの修補義務の履行もその本来的債務の履行に
当たる以上、その履行が「契約その他の債務の発生原因及び取引上の社会通念
に照らして不能である」ため、これを拒絶するというものとなる。そこで、こ
の点を検討するに、特に本問において重要となる判断基準は「取引上の社会通

念」となる。すなわち、契約ではＡの指定した仕様によって改修をすることを合意し、そのこと自体は十分に可能であるかもしれないが、一応仕事を完成させた後に、これを再びやり直さざるをえないとすると、Ｃはおそらく当初の予定より倍程度の費用を負担することになると思われる。また、使用したタイルが「シャトー」という名称であった点からは、Ｃの仕事の契約不適合には重大な過失があったとは言えない点も考慮すべきである。他方で、Ａは、Ｃの使用したタイルによってもその建物の効用を保持することができ、タイルがＢ邸の仕様と同じでないことによる不利益は、きわめてその主観的な趣向によるものである。それゆえ、修補はＣに過酷な不利益を負わせるため、Ｃの修補義務の履行は「取引上の社会通念」に照らして不能になるというのが穏当である。

3.〔設問2〕について

(1) Ａの請求の法的根拠、要件

Ａの損害賠償請求は、Ｃが修補をしなかったことによる損害の賠償を求めるものであり、これは564条ないし415条を根拠とするものといえる。問題は、この修補に代わる損害賠償を基礎づける条項が415条1項になるか、あるいは同条2項になるかである。筆者の立場を前提にするならば、415条2項は、履行に代わる損害賠償請求の要件を定めるものであり、修補も履行の一態様である以上、Ａは、同条1項の要件のみならず、同条2項の要件が充足されて、はじめて修補に代わる損害賠償を請求することができる、と説明することとなろう。

(2) 要件の検討
(a) 415条1項・2項の要件

損害賠償請求の根拠を415条2項に求める場合でも、この規定は同条1項を前提としたものであるから、まず、①債務の不履行、②損害の発生、③不履行と損害の発生との事実的因果関係、が必要となる。このうち、①については、債務の一内容である修補義務を履行していないことから問題はない旨を指摘することとなる。

次に、415条2項は、修補ないし履行に代わる損害賠償について、1号から3号のいずれかの場合に損害が顕在化するという見地に立つ規定といえる。それゆえ、②③を具体的に判断する前に、本問が1号から3号のいずれに該当するかを検討すべきであり、特に問題とすべきは3号となる。仮にCの修補義務の履行が不能になるというのであれば、1号の適用が問題となるが、本問ではこれを措くことになる。

　Aの契約解除権が発生するには、Aが相当の期間を定めて履行、すなわち修補の催告をしたにもかかわらず、Cがその期間内に修補をしなかったことが必要である（564条・541条本文）。Aは、3か月間という期間を定めてCに修補を求めたが、この期間は、Cに本来認められた期間が1カ月であり、また、新たなタイルを調達するのに要する期間が2週間にすぎないことを考慮すると、十分に仕事のやり直しに足りる期間といえ、相当なものといえよう。これに対して、Cは、その不履行が「契約及び取引上の社会通念に照らして軽微である」として、Aには解除権が認められないというかもしれない。しかし、外壁の改修の目的が建物の効用の維持にあり、本問ではその点は十分に達成されるとしても、Aが特にタイルを「シャトー」とすることを重視した本件では、これは軽微とはいいがたいことを指摘すべきだろう。

(b)「損害」の問題

　ただし、415条2項の要件が充足されたからといって、必ずしも、前述の②③の要件が当然に充足されることにはならない。特に、本問ではこれらが充たされるのかが問題となる。まず、修補費用相当額を「損害」といえるのかが問われるが、そもそもAがCに対して履行不能のために修補を請求できないとするならば、これを損害とすることは疑問であるが、この点も本問では措くことになる。しかし、【事実】8では、Aが建物をFに譲渡しており、修補に対する利益を失っているので、やはり修補費用相当額をその損害と捉えることは難しいことを指摘しなければならない。そこで、本来あるべき改修がされた建物の評価額との差額を損害と捉えようとしても、本問では、【事実】9により、建物の売却価格がタイルの違いによって全く影響を受けていない以上、そのような損害も存在しないと言わざるをえない。

　したがって、AがCに対して、財産的損害があるとしてその賠償を請求することは極めて疑問であることを論じなければならない。ただし、Cが不履行

をした事実は消えず、それによって A が悔しい気持ちになったことは否定しえないだろう。そこで、この精神的苦痛が C の債務不履行によって生じた損害であるとして、その賠償請求が認められる余地があることにも言及すべきだろう。すなわち、かかる精神的苦痛に相応する金額は、C の不履行によって通常生ずべき損害と判定されるだろうから（416 条 1 項）、A は C に対して慰謝料請求権を主張しうると説明することとなろう。なお、C が 415 条 1 項但書の免責事由を主張するかもしれないので、その点についても簡単な判断をしておくのがよい。

4. 出題趣旨について

（1）出題趣旨

　法務省から公表された平成 26 年度予備試験の民法の出題趣旨は、以下のとおりである（http://www.moj.go.jp/content/001128604.pdf）。

　　　　設問 1 は、A の C に対する請求が民法第 634 条第 1 項本文に基づく修補請求権によるものであることを明らかにした上で、この請求に対する C からの主要な反論が、①A による修補請求が相当の期間を定めたものか、②「B 邸と同じ仕様」になっていないことが仕事の目的物の瑕疵に当たるか、③A による修補請求が同項ただし書により退けられるのではないかという点に依拠することを踏まえ、それぞれについて民法第 634 条第 1 項の規範の意味を理論面で正確かつ細密に示しつつ、本問事案に現われた具体的事実に即して A の主張の当否を検討することを求めるものである。

　　　　設問 2 は、A の C に対する請求が民法第 634 条第 2 項前段に基づく損害賠償請求権によるものであることを明らかにした上で、①A が既に A 邸を F に譲渡していること、②その譲渡に際して、A 邸には市場価値の下落がなかったことを踏まえ、本問事案における同項前段の損害賠償請求が瑕疵の修補に代わるものであることの意味を理論的に検討しつつ、本問事案に現われた具体的事実に即して A の主張の当否を検討することを求めるものである。

(2) コメント

　出題趣旨の内容は基礎編で説明したことの要点を示しており、これについては特に疑問の余地はないであろう。この回の予備試験になって、当該事実関係で当事者が主張している権利・義務の根拠となる規定を特定し、その要件が充足されているのか、特にその事案において問題となる要件は何か、を的確に判断することができるかを問う出題内容になり、いわば司法試験のミニ版の問題になったように感じている。やはり、旧司法試験から新司法試験への過渡期において、この間、予備試験の内容もどうあるべきかが検討され、4年目にして司法試験により相応する問題が出題されたのだろう。

5. 参考答案例

　第1〔設問1〕について
1　Aの請求は、民法559条（以下では、民法の条文は条数のみで記す）が準用する562条1項の請負人の追完の義務、とりわけ修補義務の履行請求に当たる。まず、【事実】4により、AC間で、Cが建物の外壁の改修という仕事をする請負契約が成立していることには問題がない。
2　そこで、562条1項の要件が問われる。同条は、引き渡された目的物の品質が契約に適合しないことを要求しているが、本件での仕事には特に目的物の引渡しは必要ではない。それゆえ、ここでは、①請負人の仕事が終了したが、②その品質が契約に適合していないこと、がその要件となる。【事実】6によれば、①については本件では問題がない。それでは、②はどうか。
　【事実】2～4によれば、外壁のタイルをB邸と同じ仕様にすることがAC間で合意された。ところが、Cは、一応、同じ名称のタイルを使用したものの、【事実】6によれば、B邸のタイルとは異なる原料のタイルを使用している。したがって、Cの仕事は契約で合意した仕事の内容に適合しない。よって、②の要件も充たされる。
3　もっとも、Cは、本件の修補義務の履行もその本来的債務の履行に当たる以上、その履行が「契約その他の債務の発生原因及び取引上の社会通念に照らして不能である」ため、これを拒絶しうる、と反論するかもしれない（412条の2第1項）。
　確かに、契約の内容通りに、Cが一度貼り付けたタイルを貼り換えること

も不可能ではない。しかし、そのためにはCは当初の予定より膨大な費用を負担することになるだろう。Cがタイルの種類を間違えたことも、その名称が同じであった点を原因にしており、契約不履行について重大な過失があったわけではない。他方で、Aは、タイルを替えなくても建物の効用を保持することができ、タイルが異なることによる不利益はその主観的な趣向に反するという程度である。したがって、両者の利益の比較考量から、Cの修補義務の履行は「取引上の社会通念」に照らして不能と判定すべきである。

4　結論として、AのCに対する請求は認められない。

第2〔設問2〕について

1　Aの損害賠償請求は、Cの修補に代わる損害賠償請求であり、これはCの債務不履行に基づくものである以上、415条を根拠とするものといえる（564条参照）。

　そして、この損害賠償請求は、修補すなわち債務の履行に代わる損害賠償請求と解すべきであり、415条1項の要件のほか、同条2項の定める要件が充足されなければならない。というのは、請負人は契約で定めた債務を履行すべき地位にあり、修補も履行の一態様に当たるからである。

2　まず、415条1項本文の要件、すなわち、①債務の不履行、②損害の発生、③両者の間の因果関係が問われる。①については、〔設問1〕で説明した債務をCが負うにもかかわらず、Aの履行請求にCが応じていない以上、充たされる。次に、②③は、415条2項の要件に関連する。415条2項は、賠償の対象となる損害が本来の履行を期待できない場合にはじめて現実化するという観点から、1号から3号のいずれかに該当する場合に履行に代わる損害賠償を容認したものである。それゆえ、これらが充たされなければ、同条1項の②③の要件を検討する必要はない。

　本問は、Aが修補を請求しえたことを前提にしているので、415条2項3号の契約解除権の発生があるか否かが問われよう。ここでは、541条本文による解除権の発生が問題となる（564条参照）。すなわち、Aが相当の期間を定めて履行、すなわち修補の催告をしたにもかかわらず、Cがその期間内に修補をしなかったことが解除権発生の要件となる。

　Aは、3か月間内に修補をするようにCに催告した。この期間は、本来の仕事に要する期間が1カ月であり、新たなタイルを調達するための期間が2週間にすぎないことを考慮すると、十分に仕事のやり直しに足りる期間とい

え、相当なものといえよう。

3　これに対して、Cは、その不履行が「契約及び取引上の社会通念に照らして軽微である」から、解除権が認められないと反論するかもしれない（541条但書）。しかし、Cの改修で建物の効用は維持されるが、契約でタイルをB邸の仕様とすることを重視していた点からは、この不履行は軽微とはいえない。

4　かくして、履行に代わる損害賠償の一般的要件は充たされるが、415条1項本文は、債務の不履行によって現実に損害が発生することを損賠賠償の要件としている。

　ところが、本件で、修補に要する費用相当額を損害と捉えようとしても、【事実】8では、Aはすでに請負の目的建物をFに譲渡しており、修補に対する法的利益を失っている。それゆえ、修補費用を損害と捉えることはできない。他方で、本来あるべき改修建物の評価額と契約に適合しない改修建物の評価額との差額を損害と捉えようとしても、【事実】9によれば、Fへの売却価格がタイルの違いによって全く影響を受けていない以上、そのような損害も存在しない。

5　したがって、本件では、Aには財産的損害は発生しておらず、その損害賠償請求は認められない。ただし、Cの債務不履行によってAが悔しいと感じたことは否定しえず、両者の間には因果関係がある。それゆえ、かかる精神的苦痛に相応する金額は、Cの不履行によって通常生ずべき損害ともいえる（416条1項）。そこで、AはCに対して慰謝料請求権を主張することはできよう。なお、Cは、使用したタイルが本来の「シャトー」であるかを十分確認しなかった点で、取引通念上尽くすべき注意を怠っているので、415条1項但書の免責事由は認められない。

6　結論として、Aは、Cに対し、慰謝料請求権しか主張しえない。

以上

Ⅲ. 展開編

1. はじめに―旧634条2項に関する従来の議論の問題―

　すでに述べたように、旧634条2項の修補に代わる損害賠償の内容として

は、当然のごとく、修補費用相当額の賠償請求が認められる、というのが実務上の扱いであった。おそらく、この見解は、請負人は本来的に修補の義務を負っている以上、これを実現するのに必要な費用を負わされても格別の問題ではない、というのかもしれない。しかし、損害賠償制度は、あくまで発生した損害を賠償する制度である。注文者は、請負人に修補を請求できるから、修補に要する費用を現実に支出していない以上、この段階で修補費用が注文者の損害になるとはいいがたい。むしろ、修補とは本来の債務の履行であり、修補ないし履行に代わる損害賠償とは、履行があった場合に得られた財産の評価額との差額というべきではないのか。かかる差額と修補費用相当額とは理論的には一致するわけではない。そのことは現に本問の事実関係が示している。

実は、もともと、民法典制定時の段階では、旧634条2項の修補に代わる損害賠償の内容としては、決して修補費用相当額の賠償は想定されていなかったのであり、その立場は、実務に多大な影響を及ぼしている我妻博士の体系書にも承継されていた。ところが、近時の裁判例においては、当事者が修補費用相当額の賠償を求めることが多く、そのことを裁判所は特に問題とすることなく容認するようになり、いつの間にかその結論が当然のように捉えられるようになった。しかし、これは、本来、誤った法解釈であったといわざるをえない。このことにメスを入れることなく、「修補に代わる損害賠償」が改正民法のどの規定によって基礎づけられるのかを論ずることもできない。

そこで、以下ではまず、民法起草者が「修補に代わる損害賠償」をどのように捉えていたのかを明らかにし、また、そのことが我妻説においても基本的に維持されていたことを説明したい

2. 民法起草者の見解と我妻説

(1) 法典調査会における起草者の説明

民法起草者の考え方は、基本的には法典調査会における説明によって示されている。そこでは、旧634条2項についていかなる説明がなされていたのか。

法典調査会において、起草者の穂積陳重は、旧634条に関して、瑕疵ある仕事がなされたとき、注文者は、まず請負人に対して修補を請求することができるが、請負人がこれを拒んだならば、債務履行の総則によって自ら修補をし

てその費用の支払いを請求することができると説明していた（法務大臣官房司法法制調査部『法典調査会民法議事速記録第4巻』（商事法務研究会、1984年）545頁〜546頁参照）。

　ここで問題になっている、自ら修補した後の費用の支払請求とは、強制履行における代執行後の費用償還請求を想定しているものといえる（廣中俊雄編著『民法修正案（前三編）の理由書』（有斐閣、1987年）612頁参照）。それゆえ、この請求権の性質は損害賠償請求権とは異なる。

　しかし、同時に、穂積は、瑕疵が軽微でありかつ修補のために過分の費用を要する場合には、修補請求に代わって損害賠償請求を容認することが、理屈からのものではないが、便利であるとして、さらに、注文者は、修補を欲しない場合にも、修補に代えて損害賠償を請求することができるとしていた（前掲民法議事速記録第4巻545〜546頁）。つまり、注文者は、修補請求をしなくても、直ちに修補に代わる損害賠償を請求することができる。

　ここで気づくのは、修補に代わる損害賠償請求の内容としては、修補費用相当額の賠償が想定されていない点である。むしろ、この損害賠償請求が修補を欲しない注文者にも認められる救済である点からは、その内容を修補費用相当額の賠償と理解することは矛盾となるであろう。なぜなら、修補費用は修補すなわち履行を実現するための費用であるからである。さらに、穂積が、瑕疵ある仕事がされた場合には、修補をするのが本筋であるとしているにもかかわらず、その費用が過分になる場合には、修補に代わる損害賠償を認めるのが便利であるとしている点からも、ここでの損害賠償の内容は修補費用相当額の賠償になるはずがない。むしろ、修補費用の賠償より負担の軽いもの、すなわち、瑕疵のない仕事の評価額との差額の賠償でなければならない。

（2）梅謙次郎の注釈書

　以上のように、旧634条2項で想定されていた損害賠償の内容は、瑕疵ある仕事の評価額と瑕疵なき仕事の評価額との差額の賠償である。実際に、民法起草者でもあった梅謙次郎は、その注釈書においてこのことを明確に説明していた。

　すなわち、注文者の救済は、請負人に単に修補の義務を負わせるだけでは十分ではない。とりわけ旧634条1項但書によって修補を要しない場合に、請

負人が何ら義務を負わないとすればはなはだ不当であるため、同条2項によって請負人に損害賠償責任を負わせることにした。なお、請負人が修補をしなければならない場合でも、もし注文者がこれを欲しないで損害賠償の請求を欲したならば、あえて修補を強いることはできない。たとえば、節のない板をもって天井を張ることを注文した場合において、請負人が節のある板を用いたときは、注文者は節のない板をもって天井を張り替えさせることができるが、もし注文者が張替えを要求せず、単にこれによって生ずる損害、すなわち節のない板による天井の価額と節のある板による天井の価額との差額を請求するときは、請負人はその支払いを拒むことができない（梅謙次郎『民法要義巻之三債権編〔訂正増補三十三版〕』（有斐閣、大正元年）708～709頁）。

つまり、「修補に代わる損害賠償」とは、主として、修補に過分の費用を要するために修補請求が否定される場合にこそ機能するものであり、その内容は、紛れもなく、瑕疵のない仕事の評価額と瑕疵のある仕事の評価額との差額の賠償請求であったのである。

(3) 我妻説など

以上の考え方が我妻博士の『民法講義』にも承継されていたことは、次の説明から明白である。「瑕疵の修補に代えて損害賠償を請求するとは、修補を請求することと選択的に行うことができる趣旨である。従って、修補が不能であるか、または瑕疵が重要でなくその修補に過分の費用を要する場合（634条1項但書の場合）だけでなく、瑕疵修補が可能な場合にも、修補を請求せずに直ちに修補に代わる損害の賠償を請求することができると解すべきである」（我妻・前掲書638頁）。この説明も、修補に過分の費用を要する場合にこそ修補に代わる損害賠償請求が大きな意味を持つことを示す点で、梅謙次郎の説明と共通している。そして、その場合に適切な損害賠償とは、瑕疵ある仕事の評価額と瑕疵のない仕事の評価額との差額になることは論を待たないだろう。

その後も、下級審の裁判例等では、このような見解を示すものはあったのである（神戸地判昭和63年5月30日判例時報1297号109頁。なお、後藤勇『請負に関する実務上の諸問題』（判例タイムズ社、1994年）71頁も、修補が不能である場合にはこのような差額の賠償を損害賠償の内容と見ているが、同書66頁が修補請求が可能である場合には修補費用相当額の賠償を認める点は問題である）。

3. その後の実務上の運用の問題

　ところが、多くの紛争では、瑕疵ある仕事の目的物を受領した注文者が、他の業者等に修補を委託することを前提にして、その費用相当額の支払いを修補に代わる損害賠償として請求するようになり、事実上、下級審の裁判例はそれを容認し、上告審においてもその結論自体は維持されるようになった（前掲最判昭和 36 年 7 月 7 日民集 15 巻 7 号 1800 頁および前掲最判昭和 51 年 3 月 4 日民集 30 巻 2 号 48 頁のほか、最判平成 9 年 2 月 14 日民集 51 巻 2 号 337 頁）。それは、すでに見た建替費用相当額の損害賠償請求を容認した最高裁判例にも現れている。本来、旧 634 条 2 項の趣旨は、瑕疵のない仕事の評価額との差額を賠償させる点にあったにもかかわらず、なぜこのような運用が定着してしまったのだろうか。

　修補費用相当額の賠償請求を正当化する 1 つの根拠としては、瑕疵ある仕事の評価額と瑕疵のない仕事の評価額との差額の算定の基準として、修補費用を斟酌することができるという点があるだろう。すなわち、今日のように、建物建築請負のケースでも、その建物の仕様が定型化され、市場における評価額も定まってくると、たとえばその仕様の建物が備えるべき機能に欠けている場合には、その機能が欠けた状態でこれを金銭評価するならば、おそらくは、その欠陥を修復するために必要な費用を本来あるべき市場価額から控除した金額となるであろう。このような場合には、瑕疵のない仕事の評価額との差額は、事実上、修補費用相当額と一致することになる。現に、これに近い論法をとった下級審裁判例もある。すなわち、大阪高判昭和 58 年 10 月 27 日判例時報 1112 号 67 頁は、「請負の目的物の瑕疵の修補に代る損害賠償においては、右瑕疵がなければ存しうる利益についてこれを損害として賠償を求めうるものである」としつつ、「目的物たる建物が建て替えるほかないような場合には、その建て替え費用が瑕疵のない目的物の価格相当額に当る」と判断している。

　しかしながら、世にある請負のすべてにおいて上記のような評価額の算定方法をとりうるわけではない。問題となる仕事の内容に個性があればあるほど、その瑕疵を修補するための費用の金額が、瑕疵のない仕事の評価額との差額と一致しない可能性が高い。まさしく、本問でとりあげたタイルの肌触りや色は注文者固有の主観的な好みであり、本人の望まないものであっても、市場における評価額が下落するわけではない。しかし、そのような場合でも瑕疵を修補

するにはかなりの費用を要するのである。

　また、瑕疵ある仕事がなされた場合において注文者が請負人を訴えざるをえ
ないケースでは、すでに請負人が誠実な契約の履行に応じていない事案がほと
んどなのであろう（建替費用相当額の損害賠償を容認した、前掲最判平成 14 年 9 月 24 日
判例時報 1801 号 77 頁も、まさにそのような事案であった）。そうすると、あくまで修
補を求める注文者は、第三者に修補を委託することとして、請負人に対する責
任の追及としてはこれに要する費用の支払いを求めたい、という現状もあった
のであろう。しかしながら、損害賠償請求権が「損害」が発生した場合にはじ
めて成立する権利である点からは、いまだ修補のために費用を支出していない
段階では、「損害」を認定することは決してできない。

　それゆえ、筆者は、従来の実務が容認した修補費用相当額の損害賠償請求は、
瑕疵のない仕事の評価額との差額の算定の方法の 1 つとして正当化しうるにと
どまり、修補費用相当額自体が旧 634 条 2 項の修補に代わる損害賠償におけ
る「損害」に該当するわけではないと解する。最高裁の判例も、修補費用相当
額が修補に代わる損害賠償における「損害」に該当する、とは言い切っていな
かった。

4. 改正法における「修補に代わる損害賠償」の根拠規定

　以上のように旧 634 条 2 項の規定を解釈すべきであったとするならば、修
補に代わる損害賠償の受け皿となる改正民法の規定は、明らかに 415 条 2 項
となる。すなわち、修補に代わる損害賠償が、瑕疵のない仕事の評価額と瑕疵
のある仕事の評価額との差額の賠償を目的とするのであれば、これは本来ある
べき目的物の部分的な塡補賠償に相当するからである。それゆえ、415 条 2 項
の掲げる 3 つの要件のいずれかが充足されない限り、注文者はこの賠償請求を
することはできない。すなわち、旧法のように瑕疵のある仕事の目的物が引き
渡されれば直ちに請求しうるということにはならない。

　改正法の立案担当者が「修補に代わる損害賠償」の受け皿を 415 条 1 項と
しているのは、前述のように、旧 634 条 2 項が直ちに「修補に代わる損害賠
償」請求を容認していたため、それが 415 条 2 項の要件に合わないからと思
われる。この立場は、旧法下における実務上の扱いについて特段の異論がない

点に関してはそれを維持する、という民法改正の基本的スタンスを考慮したものかもしれない。しかし、そもそも、旧法の「修補に代わる損害賠償」が瑕疵のない仕事の評価額との差額の賠償であったならば、それに相応する改正法の規定は明らかに 415 条 2 項となる。しかも、後述のように、注文者に即時の損害賠償請求権を認める旧 634 条 2 項の規律自体が、理論的には適切なものとはいえず、むしろ、かかる即時の損害賠償請求を否定することこそが、あるべき契約責任ではないか。

5. 即時の損害賠償を否定することの合理性

注文者に直ちに損害賠償請求を容認していた旧 634 条 2 項の規定が削除されたことに対しては、批判的検討を加える学説がある（原田剛「『修補に代わる損害賠償』論序説」法学新報 126 巻 1・2 号 43 頁以下参照）。確かに、415 条 2 項は、旧 634 条 2 項で予定していた即時の損害賠償の受け皿とはなりえない。そして、改正段階には、このように即時の賠償請求を積極的に否定しようとする議論がなされた形跡も特にうかがわれない。それゆえ、改正によって大きな変動を伴うことが無意識的にされてしまったとしたら、確かにそれ自体は問題であろう。

しかし、改正民法は、債務不履行があったとしても、なお本来的履行という救済を第一としている。たとえば、売買においては、契約に適合しない給付があったからといって、直ちに買主に塡補賠償請求権を付与することはせず、さらに、履行不能、明確な履行拒絶の意思表示、あるいは解除権の発生があった段階で、はじめて塡補賠償請求を容認しているのである（564 条・415 条 2 項）。代金減額請求も、催告に応じない場合などにはじめて容認されることになっている（563 条）。

この改正法の考え方に照らせば、請負に関しても直ちに塡補賠償を容認する規定を設けなかったのは、適切な措置であったのではないか。というのは、請負人が瑕疵のある仕事をしたからといって、その修補の機会を与えずに、直ちにこれに代わる損害賠償請求権を注文者に認めることには疑問があるからである。特に、瑕疵のない目的物との差額よりも修補費用額が低くなりそうな場合には、請負人には速やかに修補をして塡補賠償を回避し、本来の報酬代金をそのまま保持する利益もある。もともと、請負人はその技能によって仕事を効率

的に完成させつつ、報酬代金との差額によって利益を得んとして契約を結ぶはずであるが、かかる利益が、履行期限を徒過し、あるいは仕事に瑕疵があっただけで直ちに奪われるのは適切ではないだろう。

　したがって、仕事の目的物が契約に適合しない場合でも、注文者はまず請負人に対しその追完を請求することとし、これが相当の期間内にされなかった時点に、はじめて解除権または履行ないし修補に代わる損害賠償を認める改正法は、契約当事者双方の利害の調整としては適切である。はたして、旧法下における判例も、注文者に瑕疵ある目的物が引き渡された場合に、特別の事情もなく直ちに修補に代わる損害賠償請求を認めていたのだろうか。たとえば、建築請負契約において建替費用相当額の損害賠償を容認した判例も、注文者が工事の途中で発見した瑕疵を修補するように何度も請求したにもかかわらず、請負人がこれに誠実に応じなかったという事案であった（前掲最判平成14年9月24日判例時報1801号77頁）。一部には、瑕疵ある仕事をした請負人に追完請求をしても意味がないという主張もあるようだが、それはあくまで可能性であって、相当な期間を定めた追完請求というプロセスを否定する理由にはならないはずである。追完請求をしても意味がない場合とは、請負人が修補を拒絶する意思を明確に表示している場合等であるから、改正法の条項で十分に対処することができるだろう。

　要するに、筆者は、旧634条2項の規定自体に問題があったと考える。確かに、契約違反のときには第一次に損賠賠償の救済を容認する英米法（コモン・ロー）の思想によれば、このような措置も不思議ではない。しかし、日本法では、契約がされればそれに対応した債務が成立し、履行期限が徒過しても、なお本来的債務が存続することが原則である。もちろん、請負人が一応仕事を完成させた場合に、些細な瑕疵があるときでも注文者がその修補を請求できるとすると、修補によって高まる仕事の財産的価値に比べて修補費用が高額になることは、請負人にとって酷になるかもしれない。穂積陳重も、このことを根拠に、本来理論上は認めがたい即時の損害賠償を認めていた。しかし、そのような場合には、特に改正法では、412条の2第1項の運用により、修補ないし履行を不能と判定することによって、請負人は過酷な責任を免れることができるのである。したがって、一般的には、注文者に直ちに修補に代わる損害賠償請求権を認める合理的根拠はない。

6. 修補費用相当額の損害賠償の受け皿

　以上の解釈によれば、瑕疵ある仕事がなされた場合に、瑕疵のない仕事の評価額との差額の算定において修補費用相当額を斟酌することができるとしても、注文者は、請負人に対して、端的に修補費用相当額が「損害」に当たるとしてその賠償を請求することはできなくなるのか。確かに、修補がされていない段階ではそのように解すべきである。しかし、注文者が現実に自ら修補をし、あるいは第三者に修補を委託してその費用を支払った場合には、現実に支出した費用を債務不履行による「損害」としてその賠償を請求しうるというべきである。裁判例の多くも、このような場合に修補費用額の損害賠償を容認していたようであり（東京地判昭和44年3月8日判例時報564号56頁、大阪地判昭和44年9月24日判例時報587号60頁、東京高判昭和52年11月30日判例時報879号83頁参照）、そのこと自体は基本的に正当だったのだろう。

　すなわち、注文者があくまで修補を求めているにもかかわらず請負人がこれに応じないために、注文者自らが修補せざるをえなくなったとすれば、その費用支出という損害には請負人の債務の不履行との事実的因果関係が認められる。そして、この損害は、仮に注文者自身による修補が特別の事情に当たるとしても、その事情は当事者が予見すべき事情と判断される限り、債務者が賠償すべき損害の範囲に属することになる（416条2項）。つまり、注文者による修補費用の支出があれば、それを債務不履行によって生じた損害と捉え（415条1項）、その賠償請求を容認するという考え方である（むしろ、後述の415条2項の要件が充足される限り、この損害は416条1項の通常損害と見てよいだろう。これについては、平成28年度の基礎編を参照されたい）。大審院の時代には、種類物売買において、買主が売主に対して引渡しを催告しても履行がないので、売買を解除して別のところから同種の物品を購入した結果、買主はその購入代金と本来の売買代金との差額を損害として賠償請求したという事案に関し、その代金として支払った金額を債務不履行によって生じた損害と位置づけ、416条の要件が充たされる限り、本来の代金との差額の賠償も容認しうるとした判例がある（大判大正7年11月14日民録24輯2169頁）。この論理は、まさに上記の考え方と一致する。確かに、大審院の事案では、契約解除によってもはや売主の履行義務は消滅しているけれども、契約解除権が発生している段階において、解除権を行使せずに

債権者自らが履行に代わる行為をした場合でも、同様の扱いを認めないとする合理的根拠はない。

ただし、注文者自身が修補をしたことによる損害賠償請求は、415条2項の2号または3号のいずれかが充足されなければ、容認すべきではない。瑕疵ある仕事がなされても、まず注文者は請負人による修補を求めるのが筋であり、それが機能しない場合にはじめて自らの修補が正当化されるからである。その意味で、この損害賠償も、修補ないし履行に代わる損害賠償の1つというべきである。これに対して、修補の履行が不能と判定される場合には（415条2項1号のケース）、注文者による修補自体も正当化されないため、修補費用を損害としてその賠償を請求することはできない。

7. 本問でAが代金減額、解除を主張した場合

最後に、改正法においては、本問の事実関係では表には現れなかった難しい問題が生ずることを指摘しておきたい。

前述のように、修補、すなわち改修のやり直しはCに過酷な結果となるため、改正法では、Aの修補請求に対し、Cは履行不能を理由にこれを拒絶しうると解するのが穏当である。それゆえ、〔設問2〕のように、Aの修補請求を容認する前提をとること自体、改正法にそぐわないこととなろう。

この場合にまず問題となるのが、Aによる代金減額請求の可否である。559条が準用する563条2項1号により、注文者Aには代金減額請求権が一応は認められよう。しかし、本問のように、修補をしない状態での仕事の評価額が修補した場合の仕事の評価額と変わらない場合には、この代金減額請求は否定されるべきである。

さらに問題となるのが、特にAが建物をFに売却していない場合における契約解除の可能性である。すなわち、Cの修補の履行が不能となるのであれば、仮にこれを債務の全部の履行が不能である場合、あるいは、一部の履行が不能になるにすぎないとしても、契約目的が達せられない場合と解すると、Aは542条1項1号または3号によって、請負契約全体を解除しうることになりかねない。しかし、そうなると、結局、Cは545条1項本文の原状回復義務を負い、貼り付けたタイルを剥がして元どおりにしつつ、報酬代金を返還しなけ

ればならないのか、という問題が生ずる。これでは、修補義務の履行を不能と見てCを免責した意味がなくなってしまうだろう。そこで、このような不当な結論を避けるための法的構成としては、大きく2つが考えられよう。

1つは、この場合の不能は一部の不能であり、かつ、残存部分をもってなお契約の目的を達しうるものと見て、契約の一部解除のみを容認するというものである（542条2項1号）。すなわち、Aは、請負において建物の保存という目的と美観の変更という目的を有しており、保存という目的はなお達成しうる点を重視して、美観の部分についてだけ解除を認める立場である。その結果、Cは原状回復義務を負わなくてよいとするのである。問題は、一部解除の効果である。一部解除により、Cは修補義務を負わないことは明らかであるが、それに対して、Aは報酬代金の一部の返還を請求しうるのかが問われるが、おそらく、タイルの肌触りといった部分の財産的価値はないに等しいといえるので、そのような請求は認められないだろう。

もう1つの構成は、Aによる契約全体の解除の可能性を認めつつ、新設された請負契約の部分的完成の擬制に関する634条を適用するというものである。この規定は、以前から、注文者による解除の主張がされた場合でも、すでにされた仕事の一部が可分性を有し、注文者の利益となる限りにおいて、その部分の解除権の行使を制限し、これに対する報酬請求権を請負人に認めていた判例法理（最判昭和56年2月17日判例時報96号61頁）を承継したものである。本問の請負人Cの改修も、建物の効用を維持するという意味では注文者Aの利益となることは明らかであるから、これに対する報酬支払請求権はそのまま維持されることになる。そして、タイルの色調という部分には財産的価値がない以上、その金額もやはり当初の報酬額と同じにするのが無難であろう。

共有持分権に基づく物権的請求権、不可分債務の法律関係

◀ 問題 ▶

次の文章を読んで，後記の〔設問1〕及び〔設問2〕に答えなさい。

【事実】

1. Aは，A所有の甲建物において手作りの伝統工芸品を製作し，これを販売業者に納入する事業を営んできたが，高齢により思うように仕事ができなくなったため，引退することにした。Aは，かねてより，長年事業を支えてきた弟子のBを後継者にしたいと考えていた。そこで，Aは，平成26年4月20日，Bとの間で，甲建物をBに贈与する旨の契約（以下「本件贈与契約」という。）を書面をもって締結し，本件贈与契約に基づき甲建物をBに引き渡した。本件贈与契約では，甲建物の所有権移転登記手続は，同年7月18日に行うこととされていたが，Aは，同年6月25日に疾病により死亡した。Aには，亡妻との間に，子C，D及びEがいるが，他に相続人はいない。なお，Aは，遺言をしておらず，また，Aには，甲建物のほかにも，自宅建物等の不動産や預金債権等の財産があったため，甲建物の贈与によっても，C，D及びEの遺留分は侵害されていない。また，Aの死亡後も，Bは，甲建物において伝統工芸品の製作を継続していた。

2. C及びDは，兄弟でレストランを経営していたが，その資金繰りに窮していたことから，平成26年10月12日，Fとの間で，甲建物をFに代金2000万円で売り渡す旨の契約（以下「本件売買契約」という。）を締結した。本件売買契約では，甲建物の所有権移転登記手続は，同月20日に代金の支払と引換えに行うこととされていた。本件売買契約を締結する際，C及びDは，Fに対し，C，D及びEの間では甲建物をC及びDが取得することで協議が成立していると説明し，その旨を確認するE名義の書面を提示するなどしたが，実際には，Eはそのような話は全く聞いておらず，この書面もC及びDが偽造したものであった。

3. C及びDは，平成26年10月20日，Fに対し，Eが遠方に居住していて登記の申請に必要な書類が揃わなかったこと等を説明した上で謝罪し，とり

111

あえずC及びDの法定相続分に相当する3分の2の持分について所有権移転登記をすることで許してもらいたいと懇願した。これに対し，Fは，約束が違うとして一旦はこれを拒絶したが，C及びDから，取引先に対する支払期限が迫っており，その支払を遅滞すると仕入れができなくなってレストランの経営が困難になるので，せめて代金の一部のみでも支払ってもらいたいと重ねて懇願されたことから，甲建物の3分の2の持分についてFへの移転の登記をした上で，代金のうち1000万円を支払うこととし，その残額については，残りの3分の1の持分と引換えに行うことに合意した。そこで，同月末までに，C及びDは，甲建物について相続を原因として，C，D及びEが各自3分の1の持分を有する旨の登記をした上で，この合意に従い，C及びDの各持分について，それぞれFへの移転の登記をした。

4. Fは，平成26年12月12日，甲建物を占有しているBに対し，甲建物の明渡しを求めた。Fは，Bとの交渉を進めるうちに，本件贈与契約が締結されたことや，【事実】2の協議がされていなかったことを知るに至った。

　　Fは，その後も，話し合いによりBとの紛争を解決することを望み，Bに対し，数回にわたり，明渡猶予期間や立退料の支払等の条件を提示したが，Bは，甲建物において現在も伝統工芸品の製作を行っており，甲建物からの退去を前提とする交渉には応じられないとして，Fの提案をいずれも拒絶した。

5. Eは，その後本件贈与契約の存在を知るに至り，平成27年2月12日，甲建物の3分の1の持分について，EからBへの移転の登記をした。

6. Fは，Bが【事実】4のFの提案をいずれも拒絶したことから，平成27年3月6日，Bに対し，甲建物の明渡しを求める訴えを提起した。

〔設問1〕
　FのBに対する【事実】6の請求が認められるかどうかを検討しなさい。

〔設問2〕
　Bは，Eに対し，甲建物の全部については所有権移転登記がされていないことによって受けた損害について賠償を求めることができるかどうかを検討しなさい。なお，本件贈与契約の解除について検討する必要はない。

▶**基礎的事項のチェック**

1. 贈与契約が成立するための要件は何か？
2. 共同相続において各相続人は遺産に対していかなる権利を有するのか？
3. 物権変動の対抗要件はどのような場面で必要となるのか？
4. 持分権に基づく物権的請求権はどのようなものか？
5. 債務が共同相続の対象となった場合には、その債務は各相続人にどのように承継されるのか？
6. 不可分債務において債務者相互の関係はどうなるのか？

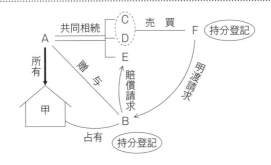

1. 不動産の贈与契約の効力

　【事実】1 において、A は B に甲建物を贈与する契約を結んだ。贈与契約は、当事者の一方がある財産を無償で相手方に与える意思表示をし、相手方がこれを受諾することによって成立する (549 条)。すなわち、これは当事者の合意だけによって有効となる諾成契約であり、かかる契約が成立すれば、贈与者は受贈者に対して目的物の所有権の移転する義務を負う。ただし、書面によらない贈与においては、贈与者は履行が終わらない限り、贈与契約を解除することができる (550 条参照)。これは、贈与が無償契約であるために、贈与者が軽率な意思表示によって不測の損害を被らないように、履行があってはじめてその効力を確定的にしたものといえる。しかし、本問では、AB 間の贈与契約は書面をもって締結されているので、A は贈与契約を解除することができない。書面による意思表示であれば、慎重かつ明確になされるといえるからである。

したがって、本問で、A は B に対して甲建物の所有権を移転する義務を確定的に負う。もっとも、不動産の所有権移転のためには意思表示があれば足りるとされているので（176条）、特定物の贈与契約が結ばれたのであれば、特段の事情がないかぎり、契約締結時に目的物の所有権は贈与者から受贈者に移転するといえる。しかし、不動産の所有権移転を第三者に対抗するためには登記が必要となるため（177条）、贈与者は所有権移転義務の内容としてその登記手続をする義務も負うというべきである。本問では、登記がなお未了である点が問題となる。

2. 贈与者の共同相続人の地位

次に、本問では、A が登記手続をする義務を履行しないまま死亡し、CDE がこれを相続したが、相続人のような包括承継人は贈与者の地位をそのまま承継するため、これらは 177 条にいう「第三者」に当たらない。むしろ、相続人は被相続人の契約上の債務も承継するため（896条本文）、CDE らは、B に対し所有権移転登記手続に応じなければならない。ただ、このように相続人が複数となる共同相続においては、被相続人の債務がどのように承継されるのかが問題となる。

本問のように、1 つの不動産の所有権移転ないしその登記手続をする義務は、その性質上、分割することができない。このような債務が共同相続の対象となった場合は、一般に、多数当事者の債権・債務による規定（427条以下）、とりわけ不可分債務の規定（430条）によって法律関係が処理されるべきものと考えられている。分割債務や不可分債務に関する規定は、基本的には、債権・債務を発生させる原因において当事者がもともと多数である場合（たとえば、売買契約の一方当事者が多数である場合）を想定したものであるが、その趣旨は、もともと債務者が一人であったところ、共同相続によってこれが多数となった場合にも当てはまるからである。

不可分債務には基本的に連帯債務に関する規定が準用されるため（430条）、本問では、B は、CDE それぞれに対し、債務の全部の履行を請求することができる（436条参照）。この点は、予備試験当時の改正前民法から変わっていない（旧430条・旧432条参照）。

なお、【事実】1 においては、遺留分の問題について言及があるが、平成30年改正後の相続法では、たとえ相続人の遺留分を侵害する生前贈与であっても、遺留分権利者にはその所有権移転自体を否定する権利までは認められていない。これは、すでに平成24年度の予備試験の解説において触れたところである。

3. 共同相続人の一部による譲渡の効力

　【事実】2 では、3名の共同相続人のうち、CD が E に無断で甲建物を F に売り渡す契約を結んだため、その効力が問題となる。

　まず、AB 間においては甲建物の所有権は A から B に移転し、B は、これを A の包括承継人である CDE には登記なくして対抗することができるが、「第三者」、すなわち登記の欠缺を主張しうる正当な利益を有する者にはこれを対抗することができない。それゆえ、仮に A の地位を承継した CDE がそろって甲建物を F に譲渡する合意をし、かつ、F への所有権移転登記がされてしまえば、もはや B は F に甲建物の所有権を主張することができず、むしろ、F は B に対して自分が所有者だと主張することができる。

　ただし、本問では、共同相続人のうち E は甲建物の譲渡の合意をしていない。F が B への所有権移転について177条の「第三者」に該当するといっても、その効果は、あくまで A から B に所有権が移転していないというものにとどまる。その結果、F は甲建物の所有権は CDE に承継されたと主張することができるが、もっぱら CD のみが甲建物の所有者であると主張しうるわけではない。すなわち、A が遺言なくして死亡したことにより、F との関係では、CDE は甲建物をその相続分の割合、すなわち3分の1の割合で共有することになる（898条・900条4号参照）。

　共同相続における共有の性質については議論があるが、一般に、ここでの共有も通常の共有と変わらず（最判昭和30年5月31日民集9巻6号793頁）、各相続人には相続分に応じた独立した持分が帰属し、持分権者がこれを第三者に譲渡すれば、持分権は有効に移転すると考えらえている。そのことは、遺産分割の遡及効を制限する909条但書からも裏づけられる。なぜなら、この規定は、遺産分割前に共同相続人の一人がその持分権を譲渡すれば、譲受人は有効にその持分権を取得するため、その後の遺産分割によってその地位を覆すことはで

きないことを示しているからである。したがって、CD はその持分を有効に F
に譲渡することができる。

ところが、CD は、F に対し、甲建物の所有権は CD が取得することになっ
たと欺いて、これを F に譲渡する契約を結んでいる。確かに、CD と F との
契約時点においては、E は、A から共同相続によって甲建物の 3 分の 1 の共
有持分権を取得した旨の登記はしていない。それゆえ、共同相続人が、このよ
うに持分について未登記の場合でも、相続人以外の者に対してその持分権の取
得を主張しうるかが、一応は問題になる。しかし、判例は、CD は E の持分に
ついては無権利であり、F もその部分の権利を取得しえず、E は登記なくして
自己の持分権を F に対抗しうると考えている（最判昭和 38 年 2 月 22 日民集 17 巻 1
号 235 頁）。つまり、E の持分については無権利である F は、E の登記の不存
在を主張しうる正当な利益を有しない、換言すれば、177 条の「第三者」に該
当しない。このことは、平成 30 年相続法改正による 899 条の 2 の規定からも
明確となった。同条は、共同相続人が法定相続分を超える権利を取得する場合
には、その部分については対抗要件を具備しないと「第三者」に対抗しえない
としているため、その反対解釈により、法定相続分の持分権の取得は登記なく
して対抗しうることになるからである。

ただ、本問では、【事実】4 で、E の持分権取得についても登記がされている
ので、上記のような論点に言及する必要はほとんどないであろう。

4. 一部無権利の場合の譲渡の効力

そうすると、F は甲建物の単独所有権を取得しえないことになるが、CD ら
はその持分権は有効に譲渡しうる状況にあった。この場合、F は、売買契約の
効力により CD らの持分権を取得することになると解すべきである。確かに、
売買契約においては単独所有権の取得が意図されているが、仮にそれが不可能
であるならば、なおその一部である共有持分権は譲り受けるというのが契約当
事者の合理的意思であるからである。さらに、【事実】3 では、CD は、相続を
原因として A からそれぞれ 3 分の 1 の共有持分を取得した旨の登記をし、さ
らに、F へその持分権が移転した旨の登記をしたのであるから、F は、甲建物
の 3 分の 2 の共有持分権の取得を「第三者」にも対抗しうる。それゆえ、本

問では、FはBに対し、3分の2の持分権の取得を確定的に主張することができる。

　他方で、Bは、甲建物の3分の2の持分権はもはや取得しえないが、なお、残りの3分の1の持分権は有効に取得すると解すべきである。確かに、BはAとの贈与契約においては甲建物の単独所有権の取得を意図しているが、それが不可能である場合には、なお共有持分権は取得したいというのがその合理的意思であるからである。そして、【事実】5によれば、Eは、自己が有すべき共有持分権について、Bへの移転登記を完了した。これにより、Bは、甲建物の3分の1の持分権の取得を「第三者」に対抗しうることになる。つまり、Fに対して自己に3分の1の持分権があると主張しうる。

　その結果、本問では、Bが3分の1の持分で、Fが3分の2の持分で甲建物を共有するに至る。

5.〔設問1〕について

(1) 共有持分権に基づく物権的請求権の内容

　以上のような法律関係において、〔設問1〕は、FのBに対する甲建物の明渡請求の可否を問うている。FB間には契約関係がないので、この場合の請求の根拠は物権的請求権、とりわけ所有権に基づく返還請求権になるのは明らかである。その要件は、①目的物の所有、②相手方による目的物の占有、であることは言うまでもなく、Bによって甲建物が占有されている本問では、②は明らかに認められる。ただ、Fは甲建物の単独所有権は有さず、3分の2の共有持分権を有するにすぎない。

　そこで問題となるのは、このような共有持分権に基づいて目的物全体の返還請求権を行使しうるか、という点である。大審院の判例は、共有者の一人が目的物の占有者に対して返還請求権を行使しうるとし、ただ、共有物全体に対する請求を認める根拠を、不可分債権の規定の類推適用（大判大正10年3月18日民録27輯547頁）、あるいは252条但書の保存行為（大判大正10年6月13日民録27輯1155頁）に求めていた。最高裁の判例も、共有者の一人による不実の単独所有登記の抹消登記手続請求の訴えを、持分権に基づく妨害排除請求であり、かつ保存行為に当たるとして容認している（最判昭和31年5月10日民集10巻5号

487 頁)。

　これに対して、比較的近時の判例は、共有者の一人が他の共有者の持分について された不実登記の抹消登記手続を不実登記の名義人に対して請求した事案において、持分権が目的物全体に及ぶという観点からこれを容認しており、不可分債権の規定の類推適用や保存行為を問題としていない（最判平成 15 年 7 月 11 日民集 57 巻 7 号 787 頁）。ここでの請求権は、持分権に基づく返還請求権ではなく、不実登記による持分権の侵害を排除するという妨害排除請求権に当たる。しかし、この判例の論理は、おそらく持分権に基づく目的物の返還請求にも及ぶといえよう。したがって、本問でも、F は、自己の共有持分権が甲建物全体に及ぶものとして、これに基づく返還請求権を目的物の占有者に対して主張しうることとなろう。

(2) 持分権に基づく抗弁

　ところが、本問では、甲建物の占有者 B も、甲建物に 3 分の 1 の共有持分権を有している。共有持分権も所有権の一亜種であるから、これも目的物の占有権原に当たりそうである。そこで、B は自己の共有持分権を援用することにより、F の明渡請求を拒絶しうるかが問題となる。このとき、B の持分割合は過半数に満たず、逆に F の共有持分は過半数の割合になっている点が特に問題である。

　仮に、共有目的物の占有を共有者のうちの誰に委ねるかという問題が、共有物の管理に関する事項であるというならば（252 条本文）、過半数の持分を有する F が明渡請求をすることは、多数決により甲建物の占有は F に認めることが有効に決定されたことを意味し、もはや B の占有権原は認められないという帰結になるかもしれない。しかし、判例は、過半数の持分を有する共有者らによる他の共有者に対する明渡請求権を否定する立場をとった（最判昭和 41 年 5 月 19 日民集 20 巻 5 号 947 頁）。なぜなら、「少数持分権者は自己の持分によって、共有物を使用収益する権限を有し、これに基づいて共有物を占有するものと認められるからである」。つまり、過半数に満たない持分権も、明渡請求に対する占有権原の抗弁となるとしている。ただし、この判例は、共有者らによる他の共有者に対する返還請求は当然には認められないとするにとどまり、「多数持分権者が少数持分権者に対して共有物の明渡を求めることができるためには、

その明渡を求める理由を主張し立証しなければならない」とも述べていた。

(3) 明渡請求を基礎づける理由

　そこで、判例は共有者の多数決によって目的物の占有を特定の共有者に委ねることを否定するものではない、という考え方もありうる。つまり、このような事項も民法 252 条本文に定める「管理」に当たり、判例のいう「明渡を求める理由」に当たるのが、共有者らの協議を経たうえでの多数決による占有者の決定であるというのである。

　しかし、このような理解には疑問がある。この見解は、適正な協議があれば多数決が有効となるとするようだが、252 条本文は、多数決による意思決定の手続については何ら規定しておらず、そもそもいかなる協議が適正といえるのかも明確ではない。それゆえ、持分権の多数を有する者が管理方法を定めれば、基本的にはその意思決定が有効になる。したがって、もし共有者のうち誰に占有を委ねるのかという問題が管理事項に当たるのであれば、持分権の多数を有する者が占有すべき共有者を定めれば、指定された者はこれに基づいて占有者に引渡請求をすることができる。つまり、多数の持分権を有する者が少数持分権者に対して明渡請求をした判例の事案では、その請求によって占有を多数の持分権者らに委ねるという意思決定が示されている以上、特段の事情がない限り、この請求を認めなければならない。これでは、判例では例外とされていることが原則になってしまう。

　したがって、判例は、各共有者の有する占有権原の処遇は単なる共有物の管理には当たらないとするものではないか。むしろ、特定の共有者だけに占有・使用を委ねることは、他の共有者の持分権の大きな制限となるという観点からは、全員の同意を要する事項と位置づけているように思われる。それゆえ、本問の場合には、BF 間で甲建物の占有を F に認めるという合意があれば、F の B に対する請求は認容されるが、そのような合意は存在しない。もっとも、たとえば目的物を占有者する共有者にとってその使用の必要性が低く、他方で、他の共有者とってはこれを使用する必要性が極めて高い場合には、後者の返還請求に対して持分権を援用してこれを拒絶するというのは、権利の濫用（1条3項）に当たる場合もありえよう。しかし、本問ではそのような事情が認められない。確かに、B は甲建物を無償で A から譲り受けたにすぎないが、【事実】1

では、Ａの甲建物における事業を長年支え、その事業を継続するために甲建物の所有権を譲り受けたのであり、Ｂがこれを使用する必要性は極めて高い。他方で、Ｆは、甲建物を有償で譲り受け、Ｂに対し、立ち退きに関しての猶予期間や立退料の提供等を申し出てはいるが、このことがＢの建物の使用を覆すほどに保護に値するとは言い切れない。

(4) 共有者間の利益調整

　もちろん、上記の判例も共有者の一人が目的物を単独で占有する権原を認めるわけではなく、共有者の一人が目的物を単独で占有・使用することを完全に適法とするわけではない。共有者はそれぞれ持分の割合で目的物を使用する権利を有している以上、そのうちの一人の単独占有は他の共有者の権利の侵害となる。それゆえ、このことによって他の共有者が損害を受けている場合には、不法行為の要件が充足される限り、他の共有者は損害賠償請求権を行使することができる。また、少なくとも、単独で占有する共有者の利得とともに他の共有者に損失があるといえるから、不当利得返還請求権は成立するだろう（最判平成12年4月7日判例時報1713号50頁は、この旨を説いている）。しかし、共有者相互間では、すべての共有者は目的物を単独で占有する権原までは有さないために、他の共有者の占有を排除して自己に占有を移転する、という物権的返還請求権を相互に行使することができないのである。

(5) 共有法の改正について

　近時の所有者不明土地問題に端を発し、共有不動産の円滑な利用を目的として、共有法についての改正法案が国会に上程され可決された。その改正法案の基礎となった法制審議会の議論では、共有者の多数決によって特定の共有者だけに目的物の占有・利用を認めることもでき、すでに共有物を占有する共有者がいてもその同意は原則として不要であるとの考え方が示されていた。しかし、筆者は、この立場は上記の判例を事実上修正するものと考えており、個人的にはかなり疑問を持っている。この問題については、展開編で詳しく説明することにしたい。

　おそらく、改正法によれば、本問のＦのＢに対する請求は、有効な多数決に基づくものとして認められることとなろう。

6. 〔設問 2〕について

　次に、本来、A は甲建物の所有権全体を B に移転する義務を負い、その共同相続人 CDE もその義務を承継し、各自それぞれが所有権移転義務を負っているにもかかわらず、CD が F に対して持分権移転登記を完了したことにより、その履行は取引上の社会通念に照らし不能となったといえよう（412 条の 2 第 1 項）。そこで、B は債務者の一人である E に対して損害賠償責任を追求しうるかを問うのが〔設問 2〕といえる。

　すでに説明したように、不可分債務において各債務者は債務全部の履行義務を負う。それゆえ、債務不履行による損害賠償責任の要件が充足されれば、各債務者は損害全体について賠償責任を負うこととなる。問題となる要件は、①債務の不履行、②損害の発生、③両者の間の因果関係、であり（415 条 1 項本文）、とりわけ、履行に代わる損害賠償責任については、④ 415 条 2 項の掲げたいずれかの要件を充たす必要がある。

　まず、CD が F に対し持分権の移転登記をしたことにより、E が B に対して負う甲建物の所有権移転の義務の履行は不能になったので、①が充足される。その結果、B は甲建物の価額相当額の損害を受けたことになり、②も充足される。ただし、B も 3 分の 1 の持分権を取得しているので、現実に受ける損害額は、3 分の 1 の持分の評価額を甲建物全体の評価額から控除した金額となる。また、履行不能がなければかかる損害が発生しなかったのは明らかであり、③の要件、事実的な因果関係も充足される。そして、ここでの損害賠償は、甲建物の所有権移転という履行に代わる損害賠償であるが、このケースは履行不能であり、415 条 2 項 1 号に該当する。さらに、履行不能時における甲建物全体の評価額から 3 分の 1 の持分権の評価額を控除した金額は、かかる履行不能によって通常生ずべき損害に当たるため、債権者 B は、E に対してその金額全部の賠償を請求することとなろう（416 条 1 項）。

　これに対し、E は、債務の不履行が「契約その他の債務の発生原因及び取引上の社会通念に照らして」債務者、すなわち E の責めに帰することができない事由によるものであるとして、損害賠償責任を負わないという抗弁を主張するであろう（415 条 1 項但書）。そして、この抗弁は、本問においては正当といえそうである。というのは、共同相続によって所有権の移転という不可分の債

務を承継した E にとって、自己のなしうることはその持分相当について所有権移転を実現することにとどまり、他の共同相続人の持分までこれを当然に実現できるとは限らず、また、本問で所有権移転が不能となってしまったのは、他の債務者 CD の二重譲渡によるものであり、これは、CD の債務不履行責任についてその帰責事由とはなるが、これとは別の債務者である E の帰責事由とはなりえないからである。前述のように、不可分債務には基本的に連帯債務の規定が準用され、一定の事由を除いて、各債務者に生じた事由は他の債務者には及ばないとされている（430・441 条参照）。つまり、帰責事由の存在という事情が CD にあっても、これは E の帰責事由を基礎づけるものではない。

Ⅱ. 応用編

1.〔設問 1〕について

　まず、F の B に対する明渡請求の法的根拠を明らかにし、その要件が充足されるかを検討していかなければならない。本来、F は、甲建物の所有権を取得したとして、所有権に基づく物権的返還請求権の行使として、B に対しその明渡しを求めたかったであろう。その要件は、①F の甲建物の所有、②B の乙建物の占有、であり、②は明らかに充足される。しかし、①について、F は、所有権取得の原因として、甲建物を所有していた A を CDE が共同相続し、さらに、CDE 間においてその所有権は CD に属するという合意があり、そして、その CD から F が甲建物を買い受けた、すなわち所有権を譲り受ける合意があったといいたいが（176 条）、このうち、CDE 間の合意は存在しないのであるから、①の要件は充足されないことになる。また、E の持分権取得については登記も経由されているので、E の持分権取得を F に対抗しえないなどという問題も生じない。

　それゆえ、F は、甲建物の共有持分権に基づいて物権的返還請求権を行使しうると主張することとなる。ここで、持分権が所有権と同様の権能を有するかが問われるが、この権利が目的物全体に及ぶものと解し、所有権の一亜種といえるのであれば、①に相当する要件が充足され、物権的返還請求権は認められることになる。本件では、F は、CD との売買によって、CD が甲建物につい

て有する３分の２の共有持分権を取得したといえよう。売買契約の当事者の合理的意思にかんがみ、ここではそのような持分権の移転の合意があったと認定することができるからである（176条）。

　これに対し、Bは、第一に、自分もAから甲建物の所有権を贈与によって譲り受けた者であり、177条の「第三者」にあたるから、持分権の移転を対抗しえない、と主張するかもしれないが、すでに３分の２の持分権の移転登記がなされている本問では、この主張は通らない。そこで、第二に、Bは、自らも甲建物に３分の１の共有持分権を有し、甲建物の占有権原を有するから、Fの返還請求権の行使は認められない、という抗弁を主張することになる。この点については、判例の立場に従うのが穏当であろう。そこで、若干の理由を添えて、たとえ過半数の持分を有する共有者も、他の共有者に対して明渡しを請求することができないという立場を表明し、原則としてこの占有権原の抗弁が肯定されると説明することとなる。本問では、Aとの間の贈与契約によりEがAから承継すべき３分の１の持分権はBに移転され、かつ、対抗要件としての登記も具備しているので、原則としてこの抗弁が認められる方向になる。

　もっとも、上記の原則を覆す事情があるか否かも事例に即して検討しておくべきである。すなわち、過半数の持分権者の単独占有を容認すべき特別の事情がある場合には、例外的にこれを認めるべきとして、そのような事情がないかを記す必要がある。しかし、筆者の見解を前提にすると、基礎編で指摘したような理由からは、そのような事情は認めがたいとすることになる。ただ、改正法によれば結論が逆転する可能性が高い。

2.〔設問2〕について

　ここでも、まず、BのEに対する損害賠償請求の法的根拠を指摘し、その要件が充足されるのかを検討することになる。すなわち、BはAとの間で甲建物の贈与契約を結んでおり、Aは甲建物の所有権をBに移転する債務を負っていたのだから、これを相続したEはその債務不履行による損害賠償責任を負う、というのが根拠である。

　そこで、①債務の不履行、②損害の発生、③両者の間の因果関係、等の要件を検討することになる。まず、①については、本問では、Aの債務をCDEが

共同で相続している点が問題となるが、1個の物の所有権を移転するという不可分の債務を共同で相続した者の地位は、多数当事者の債権・債務の規定、すなわち、430条によって処理されることを明らかにし、それゆえに、E自身が、所有権全部を移転する債務を負うことを指摘すべきである。そして、CDによるFへの持分権の譲渡およびその移転登記により、かかる債務は履行不能（412条の2第1項）になったため、①の要件は充足されるというべきである。また、②③の要件についても基礎編で説明したような論述をしつつ、本問では履行に代わる損害賠償が問題となるが、415条2項1号の要件が充足されること、また、賠償の範囲についても416条1項の要件が充足されることを説明すればよい。

　これに対し、Eは、抗弁として、415条1項但書の免責事由を主張し、それはおそらく認められることを説明することになる。その際に、不可分債務においては、損害賠償責任の成否の要素となる免責事由の存否は、各債務者についてそれぞれ独立して判定されることをはっきりと指摘すべきだろう。

3. 出題趣旨について

（1）出題趣旨

　法務省から公表された平成27年度予備試験の民法の出題趣旨は、以下のとおりである（http://www.moj.go.jp/content/001165558.pdf）。

　設問1は、甲建物に関する権利関係を明らかにした上で、甲建物の過半数の持分を有する者が他の共有持分権者に対して明渡しを求めることができる場合があるかどうかを問うものであり、これにより、事案に即した分析能力や論理的思考力を試すものである。また、設問2は、本件贈与契約において贈与者が負う債務の法的性質や、共同相続人にその債務がどのように承継されるかを明らかにした上で、甲建物全部の所有権移転登記手続がされなかったことについて、共同相続人の一人にその損害の全部の賠償を求めることができるかどうかを問うものであり、これにより、法的知識の正確性や論理的思考力を試すものである。

---

(2) コメント

　平成 26 年度に続いて、今回の出題も、当該事実関係で問題となる権利の法的根拠、その要件を的確に判断して、その要件が充足されるのかを丁寧に検討していけば一応の結論に到達しうるものとなっており、司法試験の傾向に沿ったものと評価することができよう。〔設問 1〕は、基礎編で言及した判例を意識した出題といえるが、この判例の詳細については展開編で説明することにしたい。

　なお、令和 3 年 4 月に成立した改正法によれば、〔設問 1〕の F の請求は認められやすくなるが、この改正法はまだ施行されていないので、参考答案例は現行法を前提にしたものにする。

4. 参考答案例

第 1 〔設問 1〕について

1　F は、所有権に基づく物権的返還請求権の行使として、B に対し甲建物の明渡しを求めるかもしれない。その要件は、①F が甲建物の所有権を有し、②B が乙建物を占有していること、である。本件で②は明らかに充足される。

　問題は①である。【事実】1 によれば、A の死亡により、子である法定相続人 CDE が A を共同で相続しており（民法 887 条 1 項。以下では民法の条文は条数のみで記す）、A の遺言はないため、各相続分は 3 分の 1 であるから（900 条 4 号本文）、CDE は、各 3 分の 1 の持分で甲建物を共有することになる（898 条）。それゆえ、仮に CDE 間でその所有権は CD に属するという合意があるならば、【事実】2 において CD から甲建物を買い受けた、すなわち所有権を譲り受ける合意をした F は、甲建物の所有権を取得する（176 条）。しかし、CDE 間の合意は存在しない。したがって、F は甲建物の所有権を取得しえず、かつ、E は持分権取得について登記を経由しているため、F がその持分権を取得しうる余地はない。

2　このため、F は、甲建物の共有持分権に基づく物権的返還請求権を根拠に、B に対して甲建物の明渡しを請求することになる。共有持分権も所有権と同じ性質を有し、その効力は目的物全体に及ぶ以上（249 条）、これには目的物全体の占有権原があるからである。

　【事実】2 の F と CD との売買は、甲建物の単独所有権を譲渡するという内

容ではあるが、売買契約の当事者の合理的意思の内容は、単独所有権が移転しえなくともその持分権は移転するというものであろう。したがって、この売買によりCDが有する持分権をFに譲渡する合意がされたと解釈することができ、Fはこれにより甲建物の3分の2の共有持分権を取得したといえる（176条）。

　したがって、Fの持分権およびBの占有が認められるため、物権的返還請求権の要件は充たされる。

3　これに対し、Bは、Aから甲建物の所有権を贈与によって譲り受けたから、自身が177条の「第三者」にあたるというかもしれないが、【事実】3では、CDからFへの3分の2の持分権の移転登記がなされているために、この主張は認められない。

　そこで、Bは、甲建物に3分の1の共有持分権を有する、すなわち、甲建物の占有権原を有するから、Fの返還請求権の行使は認められないと反論するだろう。確かに、共有持分権は目的物全体に及ぶ権利であり、持分権を有する者に対しては、その占有を排除する返還請求権を行使することはできない。このことは、多数の持分権者が少数の持分権者に対し返還請求をする場合にも異ならない。したがって、多数持分権者の占有を正当化する特段の事情がなければ、その返還請求は認められない。

　【事実】1では、AB間で甲建物の贈与契約がなされており、単独所有権を移転しえない場合には、この契約によって持分権移転の合意がされていると解釈しうるから、EがAから承継した3分の1の持分の範囲では、AからBには甲建物の持分権が移転したといえる（176条）。また、これについての対抗要件としての登記も具備しているので（177条）、原則としてBの抗弁は認められる。

　また、この原則を覆す特別の事情は認められない。各持分権者の占有権原の制限は持分権の制限にもなるため、基本的には共有者間の合意を要すると解すべきであるが、本件ではそれは成立していない。また、BがこれまでAの事実上の後継者として甲建物を使用してきたという事情からは、その利益を超える利益がFにあるとはいえない。

4　結論として、FのBに対する請求は認められない。

第2〔設問2〕について

1　BのEに対する損害賠償請求の法的根拠は、Bが、AB間の贈与契約によ

る所有権移転の債務を相続によって承継したEに対し、その不履行による損害賠償請求権を行使する、というものである（415条1項本文）。また、ここでの損害賠償請求は、甲建物の所有権移転が不可能となった点で、履行に代わる損害賠償を求めるものといえ、415条2項の要件を充足しなければならない。

2　それでは、①債務の不履行、②損害の発生、③両者間の因果関係、という各要件は充足されるか。

　まず、①については、Aの債務をCDEが共同で相続している点が問題となるが、1個の物の所有権を移転するという不可分の債務を共同で相続した場合、各相続人の債務内容は430条によって処理される。それゆえ、Eは、甲建物の所有権全部を移転する債務を負う。ところが、Fへの持分権の譲渡およびその移転登記により、かかる債務の履行は取引上の社会通念に照らして不能になった（412条の2第1項）。それゆえ、①は充足され、同時に、この不履行は415条2項1号にあたる。

　その結果、BにはFへの持分権移転登記がされた時点における甲建物の時価相当額の損害が発生したといえよう。したがって、②③の要件も充足され、これは履行不能によって通常生ずべき損害といえる（416条1項）。ただし、Bは3分の1の持分権は取得しているので、その価額分は損害賠償額から控除される。

3　これに対し、Eは、債務不履行が取引上の社会通念に照らしてEの責めに帰すことのできない事由によるものであると主張するだろう（415条1項但書）。確かに、Eは所有権移転のためになすべきことを尽くしており、履行不能はもっぱら他の債務者CDの行為によって惹起された。不可分債務における免責事由は各債務者について判定される以上（430条・441条）、この主張は認められる。

4　結論として、BのEに対する請求は認められない。

以上

Ⅲ. 展開編

1. はじめに

　近時、巷をにぎわせた所有者不明土地問題に関連して、土地の有効活用のために、不動産登記法や民法の共有に関する規定について改正の議論がされるようになった。2019年12月には、法制審議会（民法・不動産登記法部会）がその中間試案を提示した（『民法・不動産登記法（所有者不明土地関係）等の改正に関する中間試案』（令和元年12月3日）http://www.moj.go.jp/content/001312343.pdf）。その後、パブリックコメントの照会を経てさらに議論が進められ、2021年2月には改正要綱案が確定し（『民法・不動産登記法（所有者不明土地関係）の改正等に関する要綱案』（令和3年2月2日）http://www.moj.go.jp/content/001340751.pdf）、3月には改正法案が国会に上程された（令和3年3月5日。http://www.moj.go.jp/MINJI/minji07_00179.html）。そして、4月には法案が可決された。

　今回の改正の中で、本問に関係するのは共有物の管理に関する252条の改正である。現行法上、共有物の変更には共有者全員の同意が必要であるのに対し（251条）、管理については多数決によることができるとされている（252条本文）。ところが、実際には両者の限界が曖昧であるために、しばしば共有物を活用しようとする際に、大方の共有者の同意があっても、一部の共有者が反対するとそれができなくなるという桎梏に陥る。とりわけ、共有者の中で所在の知れない者がある場合には、全員の同意を得ることは不可能に近く、これを除いた意思決定による土地の管理などが望まれた。

　その結果、共有者の多数決によって目的物を第三者に賃貸することができることなどが明確に定められたが、これが従来の判例の立場から当然に導かれるものかは疑わしい。また、この規定の創設によって新たな法律問題が生ずる可能性がある。以下ではまず、改正法の該当部分を抜粋し、これによってどのようなことが多数決によって認められ、それによってどのような問題が生ずるのかを説明したい。

2. 改正法の内容

(1) 改正条文

（共有物の管理）

第二百五十二条　共有物の管理に関する事項（次条第一項に規定する共有
　物の管理者の選任及び解任を含み、共有物に前条第一項に規定する変更
　を加えるものを除く。次項において同じ。）は、各共有者の持分の価格に
　従い、その過半数で決する。共有物を使用する共有者があるときも、同
　様とする。

2　裁判所は、次の各号に掲げるときは、当該各号に規定する他の共有者以
　外の共有者の請求により、当該他の共有者以外の共有者の持分の価格に
　従い、その過半数で共有物の管理に関する事項を決することができる旨
　の裁判をすることができる。

　　一　共有者が他の共有者を知ることができず、又はその所在を知ること
　　　ができないとき。

　　二　共有者が他の共有者に対し相当の期間を定めて共有物の管理に関す
　　　る事項を決することについて賛否を明らかにすべき旨を催告した場合
　　　において、当該他の共有者がその期間内に賛否を明らかにしないとき。

3　前二項の規定による決定が、共有者間の決定に基づいて共有物を使用す
　る共有者に特別の影響を及ぼすべきときは、その承諾を得なければなら
　ない。

4　共有者は、前三項の規定により、共有物に、次の各号に掲げる賃借権そ
　の他の使用及び収益を目的とする権利（以下この項において「賃借権等」
　という。）であって、当該各号に定める期間を超えないものを設定するこ
　とができる。

　　一　樹木の栽植又は伐採を目的とする山林の賃借権等　十年

　　二　前号に掲げる賃借権等以外の土地の賃借権等　五年

　　三　建物の賃借権等　三年

　　四　動産の賃借権等　六箇月

5　各共有者は、前各項の規定にかかわらず、保存行為をすることができる。

（共有物の管理者）

第二百五十二条の二　共有物の管理者は、共有物の管理に関する行為をすることができる。ただし、共有者の全員の同意を得なければ、共有物に変更（その形状又は効用の著しい変更を伴わないものを除く。次項において同じ。）を加えることができない。

2　共有物の管理者が共有者を知ることができず、又はその所在を知ることができないときは、裁判所は、共有物の管理者の請求により、当該共有者以外の共有者の同意を得て共有物に変更を加えることができる旨の裁判をすることができる。

3　共有物の管理者は、共有者が共有物の管理に関する事項を決した場合には、これに従ってその職務を行わなければならない。

4　前項の規定に違反して行った共有物の管理者の行為は、共有者に対してその効力を生じない。ただし、共有者は、これをもって善意の第三者に対抗することができない。

（2）改正法上認められる事項

　まず、改正法は、共有者のうちの一部に占有・使用を認めることが共有物の管理に属することは明記していない。しかし、法制審議会の立場は、それが従前から容認されたものであり、すでに共有物を占有・使用している共有者がいるとしても基本的に同様にすべきというものであった（http://www.moj.go.jp/content/001312344.pdf）。後述のように、改正法は多数決によって賃借権を設定しうることを規定しており、このことは多数決により各共有者の自己使用・占有の権能を制限しうることを意味するから、改正法では、解釈論として、共有者のうちの一部だけに使用・占有を認めることもできるというべきである。

　そして、法制審議会の立場は、この取扱いが基礎編で触れた判例にも矛盾しないというものであった。すなわち、最判昭和41年5月19日民集20巻5号947頁は、特段の定めがないまま共有者の一人が共有物を使用している場合に、共有物の管理に関する事項、すなわちその占有の取扱いを持分の価格の過半数で定めることの可否については判断していないという。このことが、改正法252条3項に現れている。この条項の背景には次の考えがある。共有者の決定によって目的物を占有・使用する者がいる場合には、その利益を考慮しなけれ

ばならないため、管理に関する決定のためにはその同意が必要とされる場合もありうるが、そのような決定に基づかないで占有・使用をしている者は保護に値しない。なぜなら、そのような者を殊更に保護すると、事情の如何を問わず先に占有をした者を保護することになり、「早い者勝ち」を助長することになりかねないからである。

　このさい、多数決による意思決定の手続的要件については、現行法が何も要求していない点から、改正法でもこれを要求しなかったようである。

　そして、改正法の条文は、共有者の多数決によって共有物について短期の賃借権等を設定しうることが明示された。この改正についても、判例がもともと多数決によって有効に賃貸借を締結しうることを認めている、という前提があり、その判例としては、最判昭和39年1月23日裁判集民事71号275頁が援用されている。

　さらに、改正法では、共有者の多数決をもって管理者を選任することができ、選任された管理者は、基本的に共有者に代わって管理のすべてを行うことができる。もちろん、共有者らが管理に関して具体的な決定をしている場合には、管理者はこれに従わなければならず、仮にこれに違反する管理がされても、その効力は共有者には及ばない。ただし善意の第三者にはこのことを対抗しえないとされているのは、管理者の権限が原則として包括的である点から、取引の安全を考慮したものであろう。

3. 改正法の問題点

（1）多数決による占有権能の制限の問題

　しかし、まず、多数決によって特定の共有者だけに占有・使用を認めることには、次のような疑問が残る。

　民法上の共有は、個人の権利の独立性を尊重するという近代法の原理に基づいており、所有権が内包する権利も各共有者に独立して属すると考えなければならない。そして、所有権の中心的な権能として目的物の占有権能がある。はたして、民法249条も、「持分に応じた」という制限を付しつつも、各共有者は目的物の全部について使用、すなわち占有をすることができるとしている。それゆえ、判例も、各共有者はその持分権に基づいて目的物の不法占有者に対

して物権的返還請求権を行使しうるとするのだろう。もちろん、共有者間では
それぞれの権能が互いに制約しあうことになる。しかし、特定の共有者だけに
占有・使用を認めることは、他の共有者の占有権能を制約することになるから、
他の共有者の同意なくしてこれを認めることには慎重でなければならない。も
ともと、特定の者だけに目的物の使用を認めることには、共有者相互間で利益
が相反する側面があるため、多数持分権者の恣意的決定の危険性がある。改正
法は、そのような場合には一般条項で対応すればよいというのかもしれないが、
そうなると結局は、多数決の有効性が裁判で争われ、改正が目指した共有物の
円滑な利用が進まなくなるのではないのか。

　もちろん、改正法では、共有物を使用する者は、持分権を超える使用につい
ては、使用の対価を他の共有者に償還する義務を負うとされたため（改正法249
条2項）、最低限の安全弁として、少数持分権者にも持分権に応じた金銭的補償
は確保される。しかし、自身による使用が多数決によって否定されるとすると、
目的物の使用に強い利害を有し、現にこれを占有する少数持分権者の利益が十
分に保護されるかが問題となる。なるほど、そのような場合には、少数持分権
者はその決定が自己に特別の影響を及ぼすものと主張することは可能である。
しかし、これが認めれるには、少数持分権者の占有が共有者間の決定に基づい
たものでなければならないが、はたして、それだけを保護すれば十分なのだろ
うか。また、仮にこの点がクリアされている場合でも、裁判において引渡しを
請求された少数持分権者は、特別の影響の事実の存在を積極的に主張・立証し
なければならなくなる。これは、事実上、最判昭和41年5月19日民集20巻
5号947頁を修正することになりかねない。これについては最後に言及したい。

(2) 持分権譲渡・分割請求との関係

　あるいは、特定の共有者に使用を認めるという多数決に不服がある少数持分
権者は、持分権を有償で第三者に譲渡し、または、共有物分割請求をすること
によって、その負担を免れることができる、という考え方があるかもしれない。
しかし、これにも疑問がある。

　まず、多数決によって特定の共有者が共有物を使用するという法律関係の意
義が問われる。これが賃貸借であるというのであれば、後述の賃借権の設定の
問題として処理される。しかし、そうではないというのであれば、たとえば、

ある共有者による使用を無期限で認めるという多数決も有効となるのだろうか。あるいは、多数決による共有者の使用も賃借権の設定のように期間が限定されるのだろうか。いずれにせよ、多数決に反対した共有者が持分権を有償で譲渡しても、その譲受人もその拘束を受けるかどうかが問われる（254 条参照）。また、分割請求をした場合にも、多数決によって認められた共有者の使用権を覆す分割内容が認められるか否が問われる。

　もし持分権の譲渡や分割請求によって多数決の拘束から逃れることができるとしても、今度は、逆に、なぜそうまでして多数決による使用方法の決定を拡大しなければならないのかが問われる。もともと、共有者が独立した権利を有するという観点からは、共有物の運用については全員の合意があればそれに従い、もし意見が一致しなければ持分権の譲渡や分割請求を認めればよい、というのが原則的帰結である。中途半端な形で多数決による事項を拡大しても、かえって問題が複雑化する恐れはないのだろうか。

（3）利用権の設定の問題

（a）賃貸借契約の当事者の問題

　次に、改正法が明示した利用権の設定については以下のような問題がある。

　たとえば、ABC という共有者の多数決により目的建物を 3 年賃貸するという決定がされた場合、現実には、共有者のうちの誰かが賃貸借契約を締結することになるが、賛成者の A が決議の内容に従って目的不動産を 3 年間 D に賃貸する契約を結んだ場合、その契約の当事者は A だけになるのか、あるいは残りの BC も当然に契約当事者になるのかが問われる。とりわけ、C が賃貸に反対の意思を表明し、現実の賃貸借契約締結に加わっていない場合に、それでも C は共同賃貸人の一人になるということには疑問がある。もしこれを肯定するなら、多数決の決議によって反対者も契約を締結する者にその代理権を授与したと見なければならないが、はたして、そのような代理権の授与がある見てよいのが問われる。そこで、これを否定するならば、賃貸借契約の当事者は契約締結をした A のみとなり、残りの者、とりわけ C は、その効力を受忍するだけということになる。つまり、AD 間で成立した賃借権に対し、C は共有持分権に基づく物権的請求権等を対抗しえない、という関係になる。

　おそらく、改正法の条文で「賃借権等の設定」という語句が用いられている

のは、第三者の有する賃借権は共有者全員に対抗しうることになるが、共有者全員が当然には契約当事者にはならないことを意識したものかもしれない。すなわち、いくら共有物の円滑な管理のために多数決の原理を導入するにしても、これによって制限される各共有者の権利はその持分権だけにとどめるのが無難である。賃貸借に反対した共有者も多数決によって当然に契約当事者になるとすれば、契約上の債権のみならず債務も負担することになってしまう。しかし、それは個人の自由、独立した権利主体性を害することになりかねない。

(b) 持分権の制限に伴う問題

ところが、仮に上記のような考え方をとるとしても、決議に反対した共有者も賃借権を対抗され、物権的請求権を行使しえないために、次のような問題も生ずる。

たとえば、賃貸借の決議に反対した共有者がその持分権を第三者に譲渡した場合において、目的物が建物であるときは、賃借人が引渡しを受けている限り、その賃借権は持分権の譲受人に対抗することができる。そうなれば、持分権譲渡の対価も賃借権の負担付きのものでしかありえない。それゆえ、決議に反対した共有者は自己が望まない賃貸借の負担から逃れることはできない。

また、決議に反対した共有者が共有物の分割を請求した場合には、その分割請求権は否定されないはずである。ところが、賃借権が分割請求をする共有者の持分権に対抗しうる以上、理論的には、かかる賃借権を覆すような分割内容は認められない。たとえば、分割請求をした共有者には価格賠償をする分割方法がとられる場合でも、その持分権の評価額は賃借権の負担付きの持分権の評価額になるはずである。

法制審議会は、判例が長期でない賃貸借は管理に属するものとし、多数決によって有効に賃貸借をしうるという立場にあったとしているが、そこで引用されている判例は最判昭和 39 年 1 月 23 日裁判集民事 71 号 275 頁である。しかし、この判例には不透明な部分が残っている。

(4) 管理者の権限

最後に、改正法における管理者の権限にも問題がある。共有者の決議に反した管理行為をしても、決議違反であることを善意の第三者に対抗しえないとする規定は、共有者が多数決によって管理者を選任すれば、原則として、当該管

理者は管理行為のすべてをする権限がある、という理解に基づくものだろう。もちろん、共有者らが特に決議をした部分についてはこれに従う義務があるが、原則としてその権限が包括的である以上、その制限を善意の第三者に対抗しえない。

　しかし、このように管理者には包括的な権限が与えられ、対外的にそれが行使されれば各共有者の持分権が制約されるというのは、はたして、共有持分権は各自に独立して帰属するという前提と調和するものなのだろうか。たとえば、法人が設立され、その事業に供出された財産は、もっぱら法人に帰属するために、その代表者はその財産について対外的には包括的な管理処分権を有するが、これが適切であるのは、法人設立において各自がその財産を法人に帰属させるという意思決定をしているからである。しかし、単なる共有においてはそのような意思決定はされていないにもかかわらず、管理に属する事項という限定があるにしても、単なる多数決によって管理者が選任されてしまうと、その包括的な権限が管理者に属するということには違和感がある。むしろ、管理者には共有者の意思決定により明確に認められた権限のみが属するというのが、各共有者に権利が帰属するという法律関係に相応するものではないのか。

　もちろん、多数決に基づいて共有者が賃貸借契約を締結した場合と同じように、管理者の締結した契約の当事者は管理者だけになるのだろう。それゆえ、各共有者の意思決定の自由は共有持分権の行使に関してだけ制限され、かかる制限はそれ以外の法律関係までには及ばない。しかし、このように管理者の権限を包括的にすると、共有者自らが管理行為をする場合よりも、各共有者の意思決定の自由が制限されることになりかねない。

(5) まとめ

　以上のように、今回の改正法は、なるべく緩やかな要件のもとに、共有者の一部が目的物を使用すること、または第三者に共有物を賃貸することを可能にしたものであるが、逆にそのことによる副作用も内包しているように見える。確かに、共有物の活用において全員の同意を要する事項が広がれば、一人でも反対するとそれが頓挫する可能性が高い。しかし、共有者間の意見が一致しない場合には、各自は何時でも分割請求をすることができるのである。しかも、判例によれば、共有物の自己使用について強い利害を有する者いる場合には、

他の共有者には価額を賠償することをもって所有権を取得するという分割方法も容認されているのである（最判平成 8 年 10 月 31 日民集 50 巻 9 号 2563 頁）。それゆえ、あえて共有関係を維持したまま、多数決によって共有者の一部による目的物の使用を認める必要がどれだけあるのだろうか。

4. 従前の判例の位置づけについて

(1) 序

法制審議会の議論では、すでに言及した 2 つの判例が法改正の基礎とされていた。そこで、最後に、この 2 つの判例を見ることにしよう。

(2) 最判昭和 41 年 5 月 19 日民集 20 巻 5 号 947 頁

(a) 事実の概要

A は、その所有する甲土地の上に乙建物も所有していたが、甲土地の所有権の登記については、後の相続の際の面倒を考慮して、A の事実上の後継者と目された次男の Y の名義にしていた。その後、乙建物が戦災により消失したので、A は甲土地上に新たに丙建物を建築し、自己名義の所有権保存登記を経由した。AY はもともと良好な関係にあったので、丙建物には A のほかに、その妻 X_1、Y およびその妻が同居した。その後、AX_1 は丙建物から退去し、老齢となった A は、Y に対して、一定金額の生活費等を支給してくれれば、将来、甲土地および丙建物を譲渡するという契約を結んだ。ところが、Y が約束を守らなかったために、AY 間の関係は悪化し、A は最終的にはこの契約を解除した。また、A は、丙建物を無償で Y に使用させていたものの、かかる使用貸借契約も解除した。しかし、丙建物は依然として Y によって占有・使用されていたところ、その後、A が死亡し、これをその妻 X_1、X_2〜X_8 および Y が相続した。

そこで、X らは、Y に対し、甲土地について真実の共有関係を示す登記手続をすることを求めるとともに、丙建物を明け渡すように請求した。原審は、この請求を認容した。

(b) 最高裁の判断

最高裁は、以下のように述べて原判決を破棄し、建物明渡請求を棄却した。

思うに、共同相続に基づく共有者の一人であって、その持分の価格が共有物の価格の過半数に満たない者（以下単に少数持分権者という）は、他の共有者の協議を経ないで当然に共有物（本件建物）を単独で占有する権限を有するものでないことは、原判決の説示するとおりであるが、他方、他のすべての相続人らがその共有持分を合計すると、その価格が共有物の価格の過半数をこえるからといつて（以下このような共有持分権者を多数持分権者という）、共有物を現に占有する前記少数持分権者に対し、当然にその明渡を請求することができるものではない。けだし、このような場合、右の少数持分権者は自己の持分によって、共有物を使用収益する権限を有し、これに基づいて共有物を占有するものと認められるからである。従って、この場合、多数持分権者が少数持分権者に対して共有物の明渡を求めることができるためには、その明渡を求める理由を主張し立証しなければならないのである。

　しかるに、今本件についてみるに、原審の認定したところによればＡの死亡によりＸらおよびＹにて共同相続し、本件建物について、Ｘ₁が３分の１、その余のＸ₂〜Ｘ₈およびＹが各１２分の１ずつの持分を有し、Ｙは現に右建物に居住してこれを占有しているというのであるが、多数持分権者であるＸらがＹに対してその占有する右建物の明渡を求める理由については、Ｘらにおいて何等の主張ならびに立証をなさないから、Ｘらのこの点の請求は失当というべく、従って、この点の論旨は理由があるものといわなければならない。

（3）最判昭和３９年１月２３日裁判集民事７１号２７５頁

　この判例はそもそも民集に登載されたものではなく、事実関係が明らかではない。ただ、建物収去土地明渡請求の事件であり、上告が以下の理由から棄却されている点からは、係争地の所有権ないし持分権を有すると主張する者が、当該土地上に建物を所有していた者に対して、建物を収去して土地を明け渡すように請求した事件であることが推認しうる。おそらくは、原審で請求を棄却された原告側が上告したのに対し、最高裁は以下のように述べてこれを棄却した。

被上告人の母である訴外Dが昭和二元年頃訴外Eよりその所有にかかる本件土地の南側半分を賃借したこと、その後更にDは、右Eの死亡によりその相続人として本件土地に対する3分の2の割合の持分権を取得した訴外Fより、本件土地の北側半分を賃借した旨の原判決の事実認定は、その挙示する証拠により首肯できないことはない。そして、右過半数の持分権者であるFの承諾によって、F外2名の本件土地共有者とD間の本件賃貸借契約が有効に成立した旨の原判決の判断は、民法252条の法意に照らして正当である。（下線は筆者の補充による）

（4）検討

　今回の改正法は、おそらく、(2) の判例のXらが主張・立証すべき明渡しを求める理由の中に、共有者の多数決という事実が包含されるというのかもしれない。しかし、仮にそのように解するとしても、多数決の意思決定のために特別の手続を要しないという理解をとるのであれば、もはや多数持分権を有する全員が明渡請求をしている以上、目的不動産の占有・利用を特定の共有者に委ねるという多数の意思決定があると見ることができる。そうであれば、実際には、明渡請求をする側には、それ以外に特別の理由を証明する必要はなくなる。むしろ、改正法では、明渡請求を退けるためには、請求を受けた少数持分権者が、自己の占有が共有者間の決定によるものであり、多数決による決定が自己に特別の影響を及ぼすこと、たとえば、自己使用の必要性が高く、占有を失うと大きな不利益を受けること等を立証しなければならない。判例の事案では、結果的に共有者となったXらとYとの間ではYの使用を認めるという合意はない。したがって、改正法によれば、判例の事案では、直ちに明渡請求が認められる可能性がある。

　もしそのような帰結を避けるのであれば、多数決の手続として各共有者の意見表明・議論の機会を設けることが必要であり、これを経ない多数持分権者の意思決定は有効な意思決定にはならない、という解釈が必要になってくる。しかし、多数決の方法をあえて規定しなかった改正法において、そのような解釈をとるのはいかにも不自然である。

　次に、(3) の判例の下線部分を読む限り、多数持分権者Fから目的不動産を賃借すれば、その賃貸借契約は、残りの共有者も当事者とするものとして有

効に成立する、という考え方をとっているように見える。

　しかし、下線部分は、原審の判断をそのまま引用したものにすぎず、要するに、建物収去土地明渡請求が認められないという原審の結論をそのまま容認したにすぎない。この事案では、F以外の共有者が賃借権の拘束を受けないとしても、賃借人は共有者の一人であるFから目的不動産を賃借している以上、その土地占有は共有者の持分権に基づくものである。したがって、(2)の判例により、共有者相互間では互いに明渡請求をしえないという判例が確立している以上、結局、共有者の一人から目的不動産を賃借した者に対しては、残りの共有者らは明渡請求をすることができなくなる（現に、その後、最判昭和63年5月20日判例時報1277号116頁はそのような立場をとった）。その意味で、下線部分は当該結論を導くために必須なものではない。少なくとも、この判例は、現実に賃貸借が有効に成立する場合に、その法律関係がどうなるのかを十分に意識したものではない。だからこそ、この判例は民集に登載されていないともいえる。それゆえ、この判例に依拠して今回の改正を推進したことにはかなり疑問が残る。

他人物売買における債務不履行責任、解除後の法律関係

◀ 問 題 ▶

次の文章を読んで，後記の〔設問〕に答えなさい。

【事実】

1. Aは，自宅の一部を作業場として印刷業を営んでいたが，疾病により約3年間休業を余儀なくされ，平成27年1月11日に死亡した。Aには，自宅で同居している妻B及び商社に勤務していて海外に赴任中の子Cがいた。Aの財産に関しては，遺贈により，Aの印刷機械一式（以下「甲機械」という。）は，学生の頃にAの作業をよく手伝っていたCが取得し，自宅及びその他の財産は，Bが取得することとなった。

2. その後，Bが甲機械の状況を確認したところ，休業中に数箇所の故障が発生していることが判明した。Bは，現在海外に赴任しているCとしても甲機械を使用するつもりはないだろうと考え，型落ち等による減価が生じないうちに処分をすることにした。

   そこで，Bは，平成27年5月22日，近隣で印刷業を営む知人のDに対し，甲機械を500万円で売却した（以下では，この売買契約を「本件売買契約」という。）。この際，Bは，Dに対し，甲機械の故障箇所を示した上で，これを稼働させるためには修理が必要であることを説明したほか，甲機械の所有者はCであること，甲機械の売却について，Cの許諾はまだ得ていないものの，確実に許諾を得られるはずなので特に問題はないことを説明した。同日，本件売買契約に基づき，甲機械の引渡しと代金全額の支払がされた。

3. Dは，甲機械の引渡しを受けた後，30万円をかけて甲機械を修理し，Dが営む印刷工場内で甲機械を稼働させた。

4. Cは，平成27年8月に海外赴任を終えて帰国したが，同年9月22日，Bの住む実家に立ち寄った際に，甲機械がBによって無断でDに譲渡されていたことに気が付いた。そこで，Cは，Dに対し，甲機械を直ちに返還するように求めた。

   Dは，甲機械を取得できる見込みはないと考え，同月30日，Cに甲機械

を返還した上で，Bに対し，本件売買契約を解除すると伝えた。

　その後，Dは，甲機械に代替する機械設備として，Eから，甲機械の同等品で稼働可能な中古の印刷機械一式（以下「乙機械」という。）を540万円で購入した。

5. Dは，Bに対し，支払済みの代金500万円について返還を請求するとともに，甲機械に代えて乙機械を購入するために要した増加代金分の費用（40万円）について支払を求めた。さらに，Dは，B及びCに対し，甲機械の修理をしたことに関し，修理による甲機械の価値増加分（50万円）について支払を求めた。

　これに対し，Bは，本件売買契約の代金500万円の返還義務があることは認めるが，その余の請求は理由がないと主張し，Cは，Dの請求は理由がないと主張している。さらに，B及びCは，甲機械の使用期間に応じた使用料相当額（25万円）を支払うようDに求めることができるはずであるとして，Dに対し，仮にDの請求が認められるとしても，Dの請求が認められる額からこの分を控除すべきであると主張している。

〔設問〕
　【事実】5におけるDのBに対する請求及びDのCに対する請求のそれぞれについて，その法的構成を明らかにした上で，それぞれの請求並びに【事実】5におけるB及びCの主張が認められるかどうかを検討しなさい。

Ⅰ. 基礎編

▶基礎的事項のチェック
1. 遺贈とは何か。その効力はいつ発生するのか？
2. 他人物売買の効力はどうなるのか？
3. 売主の所有権移転義務が履行不能になった場合には、買主にはいかなる救済が認められるのか？
4. 債務不履行による損害賠償責任の免責事由とはどのようなものか？
5. 契約の解除の効力はいかなるものか。その場合の原状回復義務とは何か？

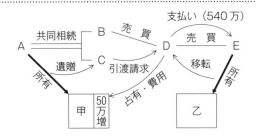

1. 遺贈の意義・効力

(1) 遺贈の効力発生要件

　【事実】1において、妻Bと子CがいるAが死亡したとある。この場合には、BCがAの相続人となり（887条1項・890条）、遺言がなければ、BCは生前のAが有した財産を包括的に承継し、相続財産のすべてを共有することになる（898条）。

　ところが、ここでは遺贈により、Aの財産のうち、甲機械はCが取得し、自宅およびその他の財産はBが取得することになったとされている。遺贈とは、遺言による財産の処分を意味し（964条）、その効力は遺言者の死亡時に生ずる（985条）。遺贈の義務は、遺言者の死亡によってその相続人に承継されることになるが、遺贈の効力も遺言者の意思表示のみによって生ずるため（176条）、特定物の所有権を移転するという遺贈（特定遺贈）の場合には、所有権移転の効力も遺言者の死亡時に直ちに生ずることとなる。したがって、本問でも、Aの死亡時に甲機械の所有権はCに移転することになる。

(2) 対抗要件の問題

　遺贈による所有権移転義務は相続人に承継されるため、相続人は遺贈による物権変動の当事者の地位も承継する。したがって、遺贈を受けた者（受遺者）は、その所有権取得を対抗要件なくして相続人に対しては主張することができる。しかしながら、たとえば、物権変動の当事者である相続人らが目的物を第三者に譲渡した場合には、受遺者はその譲受人に対し所有権の取得を主張するためには対抗要件を具備しなければならない。甲機械は動産であるから、対抗

要件としては引渡しが必要となる（178条）。

　もっとも、本問では、Bは、甲機械の所有者がCであることをDに伝え、Dもこれを前提にして売買契約を締結しており、かかるDは対抗要件の欠缺を主張しうる正当な利益を持つ者、すなわち178条の「第三者」には該当しない。それゆえ、本問では、対抗要件の具備いかんにかかわらず、CはDに対して所有権を主張しうることとなる。

2. 他人物売買における法律関係

（1）所有権移転義務と履行不能

　そうすると、本問では、BD間において、売主が所有権を有しない物を目的とする売買契約が締結されていることになる（他人物売買）。他人物売買も有効に成立し、ただ、売主が所有権を有しないために、所有権移転の効力は当然には認められないことになる。そのため、この場合の売主は、目的物の所有権を取得して買主に移転する義務を負う（561条）。この点は、平成29年の法改正前から変わっていない（旧560条参照）。

　ところが、【事実】4において、甲機械の所有者CがDに対してその返還を請求した。これは所有権に基づく物権的返還請求権の行使であり、①目的物の所有、②相手方による目的物の占有、という要件は充たされている。これに対して、Dは、甲機械に即時取得（192条）が成立したとして、①の要件が充足されないという抗弁を主張したいところだが、もともと、Dは売主Bに甲機械の所有権がないことを知りつつその引渡しを受けている以上、この抗弁は成り立たない。

　その結果、Dは甲機械をCに返還しなければならず、現にこれを返還している。これによって、他人物売買における売主の所有権移転義務の履行は、「契約その他の債務の発生原因及び取引上の社会通念に照らして不能」になったといえる（412条の2第1項）。ちなみに、本問のモチーフとなったと思われる、後述の最判昭和51年2月13日民集30巻1号1頁は、他人物売買において、本来の所有者が買主に対して目的物の返還を請求し、裁判所の仮処分によって買主がその占有をはく奪された場合には、次に説明する旧561条にいう不能があったと判定している。

(2) 履行不能における救済

(a) 平成 29 年法改正前の取扱い

このように、他人物売買において売主の所有権移転義務の履行が不能となった場合には、買主にはいかなる救済が認められるだろうか。この点は、平成29 年の法改正によってかなりの変化があった問題である。

旧 561 条は、「他人の権利の売買における売主の担保責任」という表題の下に、売主が所有権を移転しえない場合には、買主は契約を解除することができるとしつつ、契約締結時に目的物の所有権が売主に属さないことを知っていたならば、買主は損害賠償を請求することはできないとしていた。これは、旧570 条の瑕疵担保責任と同じく、売主の無過失責任を定めたものと解されていた。これによると、本問では、契約締結時に甲機械が C の所有物であることを前提にしていたので、D は契約を解除することができるが、損害賠償を請求することはできない。したがって、【事実】4 において D が契約の解除をしている点は容認することができるが、B の履行不能によって生じた損害があっても、D はその賠償を請求することができなくなりそうである。

もっとも、判例上、旧 561 条の無過失責任とは別に、売主は買主に対して所有権移転の債務を負っている以上、債務不履行責任の要件を充足するのであれば、買主はそれを理由にして契約を解除し（旧543 条）、または損害賠償（旧415 条）を請求することができる、と解されていた（最判昭和 41 年 9 月 8 日民集 20巻 7 号 1325 頁）。すなわち、①債務の不履行、②損害の発生、③不履行と損害の発生との因果関係（事実的因果関係）、が認められれば、債務者の帰責事由（旧415 条後段）が存しないとされない限り、416 条の定める範囲において、買主は売主に対して損害賠償を請求することができる。なお、解除があっても損害賠償の請求は妨げられない（旧545 条 3 項）。後述のように、解除は契約を遡って無効とするという伝統的学説に立つとしても、これはその他の債務不履行の責任を解消する意味を持つものではないからである。これは改正法でも同様である（現545 条 4 項）。

本問の【事実】5 においては、D は支払った代金 500 万円の返還を B に対して求めているが、これは、売買契約の解除によって発生する売主の原状回復義務（545 条 1 項本文）の履行を求めるものといえる。B もこの点については争っていない。ただし、本来、売買契約が解除されれば、逆に売主は買主に対して、

原状回復義務の履行として目的物の引渡しを請求することができるはずである
が、本問では、甲機械の所有者であるCの引渡請求に応じて、DはこれをC
に引き渡しており、Bへの原状回復義務の履行は不可能となっている。目的物
の返還義務の履行が不能であれば、代金の返還義務をそのまま認めることには
疑問も生ずる。しかし、事実関係および設問の内容から、この点には立ち入ら
なくてよいだろう。この論点については展開編で詳しく説明することにしたい。

　問題は、Dが甲機械の代わりに乙機械を購入せざるをえなくなったために
余計に支出した40万円の支払請求である。これは、売主Bの債務の履行が不
能となったことによって生じた損害の賠償の請求といえよう。すなわち、D
が乙機械の購入のために支払った540万円は、Bの履行不能によって生じた
損害であるが、他方で、Dは契約の解除により代金500万円の支払義務を免
れているので、これを540万円から控除した40万円が、Bによって賠償され
るべき損害額であるというのであろう。そこで、損害賠償責任の要件を検討す
ることとなるが、上記の①②③は充足されるといえよう。ただ、Dが代替物
の購入のために支出した費用が、416条1項の通常損害、同条2項の特別損害
のいずれに該当するのかは少し問題となろう。しかし、売主Bは目的物の所
有権を移転する義務を負っている以上、その履行が不能となった場合に、印刷
業者である買主Dがその代替物を購入せざるをえないというのは、契約上想
定されている事態といえる。確かに本問の売買は甲機械という特定物の売買で
はあるが、Dが欲しているのは一定の性能を有する印刷機械であるからであ
る。したがって、代替物の取得に要した費用は、それが不相応な支出ではない
限り、売主の履行不能によって通常生ずべき損害と認定して、問題はないだろ
う（416条1項）。

　ところが、筆者が見た予備校の参考答案は、当然のようにこの場合の損害を
Dによる代替品の購入という特別の事情による損害と位置づけていた。確か
に、通常損害と特別損害との区別はしばしば困難となる。しかし、この損害を
特別損害とすることは、買主Dの損害賠償請求のために、416条2項の「当
事者がそれを予見すべきであったとき」という要件を負荷することになり、そ
れは適切ではあるまい。この点については、平成26年度予備試験の展開編で
言及した大審院判例（大判大正7年11月14日民録24輯2169頁）が参考となる。こ
の判例は、代替物の購入費用が債務不履行によって通常生ずべき損害に当たる

可能性を認めていた。

　ただし、もともと売買契約は甲機械が修理を要するものであることを前提に締結されており、その所有権移転義務が履行されることによって得られる財産的利益、評価額は、同等なかつ修理を要しない乙機械の所有権を取得することによる財産的利益、評価額より低かったはずである。そうすると、Ｄは、乙機械の所有権の取得によって甲機械を得られなかったことによる財産的損害をカバーするのみならず、これを超える利益・価額を取得したといえよう。したがって、甲機械の価額を超える財産的利益は、Ｂの履行不能によってＤが得た利益であり、この部分は損益相殺として 40 万円の損害額から控除されなければならない。

(b) 平成 29 年法改正後の取扱い

　以上に対し、平成 29 年改正民法では、旧 561 条に相当する規定は削除され、この問題はもっぱら一般の債務不履行の準則によって処理されることになった。すなわち、旧法以来、他人物売買において売主は買主に対し所有権移転義務を負うのであり、その履行が不能となれば、債務不履行責任として、契約の解除権 (542 条 1 項 1 号) および損害賠償責任 (415 条 1 項本文) が発生する以上、これ以外の特別の救済規定を認める理由がない、という考え方がその根幹にある。

　そもそも、旧 561 条が、たとえ売主が無過失であっても、買主が売主の無権利について善意であればこれに損害賠償請求権を付与するように規定したこと自体に問題があった (同条の反対解釈によってそのような帰結になる)。というのは、一般の損害賠償責任においては究極の要件として債務者の帰責事由が要求されており、それを売主の損害賠償責任に関してだけ無視してよいとする理由はないからである。確かに、後述のように、債務不履行における損害賠償請求権の究極の要件として、債務者に過失的な要素が必要となるか否か自体も議論されている。しかし、仮にそれが不要であるというのであれば、それを債務不履行による損害賠償責任の要件に取り込めば済むのであって、売主の責任についてだけ特別の規律を設ける理由はない。

　また、旧法においては、一般の履行不能による解除の究極的要件としても、債務者の帰責事由が求められていた。それゆえ、たとえ売主が無過失であっても買主に解除権を付与する点に、旧 561 条の存在意義があったかもしれない。しかし、旧法の解釈論においてすでに、損害賠償請求権の要件として帰責事由

を要求することは合理的であっても、解除権の要件としてこれを要求すること
にはほとんど合理性がない、という見解が一般的になっていた。というのは、
損害賠償責任は、もともと売主が契約で負っていない義務を新たに発生させる
点で、その基礎づけには単なる客観的な不履行以外の要素も必要と思われるが、
契約解除という救済は、売主に新たな義務を殊更に負わせるというのではなく、
もはや契約の目的が達成されないのであれば、当事者をその拘束から解放する
ことが適切である、という発想に基づくものだからである。その結果、平成
29年改正法では、一般の債務不履行による解除の要件としては、帰責事由を
要求しないこととなった。このため、解除の問題に関しても旧561条の存在
意義はなくなったのである。

　したがって、本問での解除権の行使、損害賠償請求の可否は、改正法ではも
っぱら542条、415条によって判定されることとなる。すでに説明した点から
は、542条1項1号の要件は充足され、また、415条1項本文の要件も充足さ
れることになる。さらに、甲機械の代替物として乙機械を取得するために増加
した費用額40万円も、416条1項の通常損害に当たるといってよいだろう。
しかし、乙機械の取得による損益相殺も考慮しなければならない。

　もっとも、乙機械の購入に要した費用の賠償請求は、415条2項で定める履
行に代わる損害賠償請求に当たるとされる可能性がある。平成26年度の解説
でも触れたように、債権者自らが履行の代替措置をとったことによる損害の賠
償は、履行に代わる損害賠償の性質を有するといえるからである。しかし、本
問では、その要件である履行不能または契約解除が認められる以上（415条2項
1号・3号）、損害賠償請求の要件が充足されることには問題がない。

3. 債務不履行による損害賠償責任の「免責事由」

（1）平成29年法改正前の状況

　平成29年改正前の旧415条は、「債務者がその債務の本旨に従った履行を
しないときは、債権者は、これによって生じた損害の賠償を請求することがで
きる。債務者の責めに帰すべき事由によって履行をすることができなくなった
ときも、同様とする。」と定めていた。

　この規定では、帰責事由の要件は履行不能による損害賠償の場合にのみ求め

られるように読めるが、旧来の通説は、この帰責事由の要件を、民法が損害賠償については過失責任の原則をとっていることの反映と考え、これはすべての債務不履行による損害賠償責任に通ずる要件であり、その要素としては、基本的に債務者の故意または過失が必要になると考えていた。もっとも、旧来の通説も、債務不履行による損害賠償責任が、契約関係にある当事者間で生ずる問題であることを考慮し、そこでは信義誠実の原則（1条2項）が強く働くため、かかる帰責事由には、債務者の故意または過失のみならず、これと信義則上同視しうる事由も包含されるとしていた。そして、債務者の過失と同視しうる事由としては、債務者が履行のために使用した者（履行補助者）の過失が挙げられるとしていた。また、不法行為責任とは異なり、この帰責事由を、損害賠償請求権の積極的要件ではなく、むしろ、債務者がその不存在を主張・立証すべき抗弁事由として捉えていた（以上については、我妻栄『新訂債権総論』（岩波書店、1964年）105頁以下参照）。この立場によると、基本的には、債務者の帰責事由の存否の判定においては、契約が成立した後に、その債務の履行に関してとるべき措置を十分にとっていたか、あるいはその点について不十分なところがあったのか、という契約締結後の債務者の行動が重視されるようになるだろう。

　しかし、このように不法行為における過失責任の原則を債務不履行による損害賠償責任の要件にトレースすることに対しては、有力な批判があった。すなわち、債務不履行責任は、契約上定めた義務を履行しないことによる責任である以上、その責任の成立要件は、契約で引き受けていた内容が実現されていないことによって充足され、それ以外に債務者の故意・過失といった要素を問題にすべきではない、という立場である。この立場によると、契約において債務者が引き受けていたことが実現されていないと判断されれば、不可抗力等の特別の事情がないかぎり、帰責事由は肯定されることになる。

　それでは、本問では帰責事由はどう判定されるだろうか。【事実】2において、Bは、売買契約の締結に際し、「甲機械の売却について、Cの許諾はまだ得ていないものの、確実に許諾を得られるはずなので特に問題はない」と説明したとある。これには、契約においてCからの所有権移転は確実にされることをBがDに保証したような意味合いがある。そうすると、帰責事由の理解について近時の有力説に従うのであれば、この事情によって帰責事由は肯定されるべきとの結論に結び付きやすいだろう。これに対して、契約締結後において、

Bが何かとるべき措置を怠ったという事情は示されておらず、伝統的学説の理解では、このケースで端的に帰責事由を肯定することは難しくなるかもしれない。しかし、上記のような説明をしたBが損害賠償責任を免れるというのは、信義に反すること甚だしいとも思われる。それゆえ、伝統的通説によりつつ、かつ帰責事由を肯定しようとするならば、上記のBの説明が、不履行におけるBの過失と信義則上同視しうる事情の1つに当たる、という説明をすることになるであろう。

(2) 平成 29 年法改正後の取扱い

　平成 29 年の法改正の過程では、伝統的通説に対して、近時の有力説の立場から、契約において引き受けられたことが実現されなければ、債務者は損害賠償責任を負うとすべきであり、過失的な要素を彷彿させる「帰責事由」の要件は排除すべきであるという議論が高まった。しかし、改正法 415 条 1 項但書は、債務者の免責事由として、「債務の不履行が契約その他の債務の発生原因及び取引上の社会通念に照らして債務者の責めに帰することができない事由によるものであるときは、この限りでない」と定めた。つまり、あくまで消極的要件としてではあるが帰責事由というファクターが存置された。ただ、その判断材料として、第一に「契約その他の債務の発生原因」が挙げられており、このことは、契約において具体的にどのようなことまで債務者が義務を負うとしていたのかを重視すべきことを示している。そのため、改正法においては、損害賠償責任の究極的要件として、債務者の過失という要素は不要となったと説明する見解もある（潮見佳男『民法（債権関係）改正法の概要』（金融財政事情研究会、2017 年）68 頁参照）。

　しかし、改正法において債務者の過失的要素が不要となったと解することには大きな疑問がある。そもそも、契約において債務者が引き受けたことが実現されなければそれで責任を基礎づけることができるといっても、将来発生する様々な事情をすべて考慮してそれらのリスクを債務者が引き受ける、という意思決定をしているとは限らない。売買においては、確かに債務者は所有権移転義務を負うが、将来の履行までに生ずるすべての障害を引き受けるというような意思決定まではしていないのが常であろう。そのような場合に、契約における引受けという基準だけをもって損害賠償責任の成否を論ずるのは適切ではな

い。むしろ、その後の事情に応じて債務者がその時々にとるべき措置を怠ったか否か、という点が責任の成否を左右するというべきであり、これは取引において債務者に課される注意義務の違反、すなわち過失的要素である（論者は、かくして債務者が責任を負うべき場合に、債務者によるリスクの引受けがあるのだと説明するようだが、筆者には後づけの説明に映る）。改正民法は、このような要素も損害賠償責任の成否を左右すると考え、債務不履行がその「責めに帰することのできない事由」によるものであれば、債務者を免責することとし、その判断基準として、契約のみならず、「取引上の社会通念」も取り込んだというべきではないのか。現に、民法改正の立案担当者の解説でも、415条1項但書の免責事由は、従来の実務的運用を左右するものではないと説明している（筒井健夫＝村松秀樹『一問一答・民法（債権法）改正』（商事法務、2018年）75頁（注2）参照）。

　ただし、改正法は、免責事由の判断基準として契約を第一に挙げた以上、この免責事由の解釈において、従来の伝統的通説の命題をそのまま維持することはできない。むしろ、債務不履行が生じた際に、まず契約において債務者はどれだけの義務を負う意思決定をしていたのかを探求し、その範囲にある事情であれば、損害賠償責任は肯定され、これを超える問題が生じた場合でも、なお債務者がとるべき措置をとっていたか否かによって、最終的に責任の成否を決定することとなるだろう。本問のケースでは、やはりBのDに対する説明によって、免責事由は認めがたいという結論となるであろう。

4. 解除における原状回復義務と物権法の規律

（1）占有者の所有者に対する費用償還請求権

　【事実】5において、Dは、BCに対し、甲機械の修理費用を支出したことによってその価値が50万円増加したことを根拠にして、かかる金額の支払請求をしている。このうち、契約関係にないCに対する請求は、法律上の原因なくして、自らの費用支出という損失の上にCが得た利益を返還するように求めるものであり、不当利得返還請求権の行使に相当する（703条・704条）。しかし、Dの請求は、甲機械の所有者Cの返還請求に応ずる形でなされており、Dが甲機械を占有する間にこれを使用可能なものするために支出した費用を根拠としている。そうすると、この場合は、一般の不当利得返還請求権の規定

ではなく、占有者の所有者に対する費用償還請求権の規定が優先的に適用されるべき事案である。物権法においては、占有者が目的物に支出した費用については、目的物の返還請求をする所有者に対する償還請求権が認められているが（196条）、これは、占有者と所有者との間で生じた不当利得を処理する特別の規定と解されている。196条には、占有者による所有者への不当な利得の押し付けを防止する意義もあるからである。

　そこで、Ｃの支出した修理費用が196条１項の必要費、あるいは同条２項の有益費に当たるが問われる。これが甲機械の価値を高めている点では有益費に近接するが、必要費とは物の使用収益のために必要となる費用であり、修理費用はやはり必要費に当たるというべきである。もっとも、もともと使用できなかった物を使用可能にするための費用は、通常の必要費には当たらない（196条１項但書参照）。したがって、本問では、Ｄは、Ｃに対して、増加額の50万円の支払請求をしているが、Ｃは、あくまでＤの支出した30万円のみを償還すれば足りる。

(2) 原状回復義務と所有者の占有者に対する果実返還請求権

（a）甲機械の価値増加に関するＤのＢに対する請求の可否

　これに対して、ＤのＢに対する50万円の支払請求は、契約解除によってＢが負うことになる原状回復義務（545条１項本文）を根拠とするものと思われる。すなわち、売買契約を基礎にしてＤが費用を支出し、それによってＢが利益を受けているのであれば、解除によってＢはその利益を返還しなければならない、というものであろう。原状回復義務に関する規定も不当利得返還請求権の一般規定に対する特別規定にあたる。しかし、他人物売買である本問では、そもそもＤの費用支出によってＢが利益を得たことにはならないから、かかる請求を原状回復義務の履行請求として認めることはできない。

（b）ＢのＤに対する使用利益の返還請求の可否

　他方で、Ｄからの請求を受けたＢらは、Ｄが甲機械を使用したことによる利益の25万円を支払えという主張している。特に、Ｂの主張は、売買契約が解除されたことにより、原状回復義務の履行としてＣは目的物の使用による利益も返還すべきとするものである。この問題について、平成29年改正前の旧545条２項は、契約の履行として金銭を受領していた者は、その元本のみ

ならず受領時点からの利息も支払うべき旨を定めていたが、売買の目的物の使用利益については明文の規定がなかった。それゆえ、この問題は、旧545条1項本文の原状回復義務の内容、その性質をどのように解するかにかかっていた。

この点について、旧来の判例は、契約の解除によってもともと契約は無効となり、契約に基づく給付の受領が不当利得となるため、原状回復義務とは不当利得返還義務を意味するものと解していた（大判大正6年12月27日民録23輯2262頁、最判昭和34年9月22日民集13巻11号1451頁）。この考え方によれば、解除によってもともと買主は目的物の利用権も正当に有していなかった以上、使用による利益も原状回復義務の履行として返還しなければならない（大判昭和11年5月11日民集15巻808頁、前掲最判昭和34年9月22日民集13巻11号1451頁）。

ところが、本問では、もともと売主Bは甲機械の所有権を有していなかったのであり、Dが使用利益を取得したとしても、Bは損失を受けていないといえ、不当利得返還請求権の要件が充たされないのではないか、という点が問題となる。しかし、本問のモチーフになったと思われる判例は、他人物売買において所有権が移転しえなかったために契約が解除された場合でも、なお買主は売主に対して使用利益の返還義務を負うとした（最判昭和51年2月13日民集30巻1号1頁）。それは、原状回復義務の目的が、契約がされなければ当事者が互いに保持したであろう利益を回復させる点にあることを重視したからである。なるほど、Bは、所有者ではないために甲機械の利用権限を有しないが、少なくとも占有者であった以上、契約がなければ事実上その使用による利益を保持しえたといえる。

このように原状回復義務の目的は契約当事者がもともと保持しえた利益を回復させる点にあると解すると、その性質には単なる不当利得返還請求権とは異なる側面があることも否定しえない。学説の中では、契約解除制度が有効に成立した契約の履行がとん挫した際の救済の1つであることを重視し、解除の効力は、契約を無効とするのではなく、端的に、将来に向けて当事者を契約の拘束から解放し、すでに履行をした当事者には本来の地位を回復させる請求権を付与するものと理解する見解が有力になっている。

（c）CのDに対する使用利益の返還請求との関係

しかし、他人物売買のケースで使用利益の返還義務を認める場合には、特に本問では、Dが同じ使用利益をCにも返還しなければならないとすると、D

に二重払いのリスクを負わせる危険性が生ずる。はたして、本問では、CもDに対して使用利益額の25万円の支払いを請求しており、これは190条によって認められそうである。同条は、無権利について悪意の占有者は果実の返還義務を負うとするが、これも不当利得の法理の反映であり、経済的に果実と同様に捉えることができる使用利益も、この規定によって処理されると考えられているからである（大判大正14年1月20日民集4巻1頁、最判昭和37年2月27日判例タイムズ130号58頁）。

　実は、展開編で詳しく説明するように、判例の事案では、他人物売買の買主が契約締結時に目的物の所有権が売主に属すると信じていたのであり、このような買主は、本来の所有者から目的物の返還請求を受けるまでは、善意の占有者として、目的物から生ずる果実ないしその使用利益を有効に取得することができ（189条1項）、仮に所有者が使用利益の返還請求をしても、これを拒絶することができた。それゆえ、上記の二重払いのリスクは生じない事案であったのである。この点を重視するならば、判例の射程は、本問のように所有者からの使用利益の返還請求に応じなければならないケースには及ばない、とする立場も十分に考えられる。すなわち、本問では、CだけがDに対して使用利益の返還請求をすることができ、DはBに対して使用利益の返還義務を負わないとする考え方も十分に成り立つ。むしろ、筆者個人はそのように解するほうが正しいと考えている。

　それゆえ、仮にDがなおBに対して返還義務を負うというのであれば、BのDに対する請求権とCのDに対する請求権との関係を調整しなければならない。おそらくは、同じ使用利益の返還という目的を有する2つの請求権が競合する場合には、契約法上の請求権が優先するという考え方が想起されるだろう。つまり、本問の場合には、旧545条1項に基づく使用利益の返還請求権が190条に基づく使用利益の返還請求権を排除するというものである（もっとも、展開編で述べるように、このような考え方には大きな疑問がある）。これに従う場合には、本問では、DはBに使用利益を返還しなければならないが、Bの使用利益の保持はCとの関係では法律上の原因がない不当な利得となるので、Cは、Bに対してその返還を請求することになる。Bの利得は甲機械の占有によって得たものではないため、CのBに対する返還請求権の根拠は、一般の不当利得返還請求権の規定となるだろう（704条）。

(d) 平成 29 年法改正における留意点

　平成 29 年の法改正の過程では、解除の効果を近時の有力説に従った内容に
しようとする議論もあったが、解除の効果に関する規定は基本的に旧法の内容
を受け継ぐことになった。ただし、判例上認められていた原状回復義務の内容
を明示すべく、545 条 3 項が、「金銭以外の物を返還するときは、その受領の
時以後に生じた果実をも返還しなければならない」と定めるに至っている。こ
こには「果実」とあるが、改正の趣旨にかんがみて使用利益もこれに含まれる
といってよい。もともと 190 条の果実にも使用利益が含まれると考えられて
いた以上、545 条 3 項の果実に限ってこれを別異に解釈する理由もないからで
ある。したがって、使用利益の返還義務は、旧法においては、旧 545 条 1 項
の解釈によって導かれていたが、改正法では、545 条 3 項に基づいて認められ
ると解すべきである。

　ただし、本問のように、所有者からの使用利益返還請求権と衝突する場合で
も、買主は売主に対して使用利益の返還義務を負うことになるか否かは、なお
解釈に委ねられているといえよう。

Ⅱ. 応用編

1. D の主張する請求権の法的根拠、その要件の充足

　本問では、まず、D の BC に対する請求の法的構成を明らかにして、それが
認められるかを問うているが、これは結局、D が主張している請求権の法的
根拠が何であり、その要件が充足されているのか、を検討することを求めてい
るといえよう。

　すなわち、B に対する代金 500 万円の返還請求は、売買契約の解除に基づ
く原状回復義務（545 条 1 項本文）の履行請求であり、B に対する増加費用 40 万
円の支払請求は、B の売主としての所有権移転義務の不履行、とりわけ履行不
能によって生じた損害の賠償請求であること（415 条 1 項本文・2 項）を指摘すれ
ばよい。さらに、B に対する甲機械の価格増加分 50 万円の支払請求も、契約
解除に基づく原状回復義務の履行請求に当たることを示せばよい。

　そのうえで、各請求権の要件の充足を検討していくこととなる。まず、解除

に基づく代金返還請求、価格増加分50万円の支払請求について簡単に検討を加えるのがよい。ここでは、BD間で、Cの所有物である甲機械の売買契約が締結されたことを明らかにし、それゆえ、BはDに対して所有権移転義務（561条）を負うことを説明しなければならない。その際には、遺贈の効力を簡単に説明し、元所有者Aからの遺贈によりその死亡時にCが甲機械の所有権を取得することになったため、Bはこれについては全くの無権利者であるといえばよい。

そして、所有者Cからの返還請求によってBの所有権移転義務の履行は412条の2第1項にいう取引上の社会通念に照らして不能となったため、買主Dは542条1項1号によって直ちに売買契約を解除しうること、その効果として、BはDに対して原状回復義務を負うことを説明することになる（545条1項本文）。これによって、代金500万円を受領したBはこれを返還しなければならないため、DのBに対する500万円の支払請求は認められるが、Dの費用支出によって甲機械の所有者ではないBは何ら利益を受けていないため、50万円の支払請求は原状回復義務の内容を構成しないと結論づければよい。

つづいて、40万円の支払請求に関して、債務不履行による損害賠償責任の要件を検討することになる（415条1項本文）。要件は、①債務不履行、②損害の発生、③両者間の因果関係、であるが、解除の箇所の説明によってBの債務が履行不能となったことは明らかであるから、②③の要件の充足を簡単に検討すればよい。②については、本来、500万円の支出で済むところが540万円となった以上、40万円の損害は発生しているといえる旨、また、これはBの履行不能がなければ生じなかったことから、事実的因果関係は認められる旨、を指摘すべきである。この際、解除があっても損害賠償請求は妨げられない旨（545条4項）も付言しておくのがよいだろう。なお、基礎編で触れたように、ここでの損害賠償が履行に代わるものに当たる可能性もあるので（415条2項）、それにも言及するのがよい。

そして、このような代替品の購入費用を損害賠償の範囲に包含させることができるかも、416条に照らして検討することになる。基礎編で言及した判例にかんがみれば、これを416条1項の通常損害と認定して問題はないように思われる。しかし、乙機械の取得によって甲機械を取得の場合を超える利益取得があることも指摘し、それは損益相殺として賠償額から控除されるべき旨も指

摘しなければならない。さらに、Bからは、415条1項但書の免責事由の抗弁が主張されるかもしれないが、基礎編で説明したように、契約に際してBがDにした説明が、その帰責事由を有力に根拠づけるファクターであることを説明することが肝要である。

　最後に、Cに対する甲機械の増加額50万円の支払請求は、一応、不当利得返還請求権を根拠とするものといえる（703条）。しかし、物の占有者がこれに費用を支出した場合に関する費用償還請求権の規定は、一般の不当利得返還請求権の規定に優先して適用されるべきことになるから、答案でもこのことを指摘しなければならない。そのうえで、本問の修理費用は物の使用のために必要な費用であり、196条1項の必要費に該当するとして、Dは現実に支出した費用額30万円の支払いしかCに対して請求しえないと説明することとなる。

2. BC の反論について

　Dの請求の検討の後に、答案では、BCの反論のうち、特に25万円の支払請求、そしてこれによる控除という主張の法的根拠は何か、を明らかにすることになる。基礎編で説明したように、Bの請求は、解除における買主の原状回復義務の履行請求、とりわけ、545条3項を根拠にした請求であり、Cの請求は、所有者の占有者に対する果実返還請求権（190条）を根拠にした、使用利益の返還請求であることを説明することになる。

　そして、使用利益の取得が果実の取得に準ずる以上、BのDに対する請求は基本的に認められる旨を指摘すべきことになる。ただし、本問では、Bは甲機械の所有者ではないために、現実に損失を受けているわけではないことや、Dは同じ使用利益の返還義務をCに対して負う可能性があることから、BのDに対する請求は否定されるべきという考え方もありうる点に言及することとなろう。仮にこの場合でもBに対する使用利益の返還義務があるという立場をとるならば、190条に基づくCの請求との関係を説明しなければなるまい。たとえば、同じ使用利益の返還という目的を有する2つの請求権については、契約上の請求権が優先的に妥当するとして、Cの請求を結論的には否定すべきと論ずることになるだろう。

　かくして、BがDに対して25万円の支払いを請求することができるとする

ならば、Bはこの債権を自働債権としてDのBに対する金銭債権との相殺（505条1項本文）を主張することができる旨を指摘し、それが設問での「控除」にあたると述べることになる。

これに対し、Cの請求の根拠となる190条の要件は、本問では確かに充足されることを指摘しつつも、上述の点からこれは否定されることになるとして、DのCに対する30万円の支払請求に対して、Cは25万円の債権を自働債権として相殺することができないと結論づけることになる。

3. 出題趣旨について

(1) 出題趣旨

法務省から公表された平成28年度予備試験の民法の出題趣旨は、以下のとおりである（http://www.moj.go.jp/content/001209315.pdf）。

> 本設問は、①他人物売買において売主が権利を買主に移転することができなかったことを理由に買主が契約を解除した場合に、買主は、売主に対してどのような請求をすることができるか（特に、他人物売買であることについて買主が悪意であるが、売主から確実に権利を移転することができると説明されていた点をどのように評価するか、②他人物売買が解除された場合に、買主と目的物の所有者との間では、どのような清算をするのが相当か、さらには、③これらの検討を通じて、他人物売買の売主、買主、目的物の所有者の三者間の利害調整をいかにして図るのが相当かを問うものであり、これにより、幅広い法的知識や、事案に即した分析能力、論理的な思考力があるかどうかを試すものである。

(2) コメント

今回の問題は、Dの請求の法的構成を明らかにせよという問いかけにも現れているように、事実関係において問題となる請求権の法的根拠を的確に把握しうるか、をより重視したものといえる。事案に則して適切に条項を運用するという法律家としての基本的能力を問う点で、このような出題傾向には異論がない。

ただ、この事実関係で検討すべき条項は多岐にわたるため、70分という制

限時間内では、それぞれについて詳細な検討をする余裕はないだろう。したがって、特定の論点について大きく時間を割くことは得策ではない。むしろ、当事者が主張する各請求権の根拠規定、そして、その要件が充足されるかを、偏りなく簡潔にまとめることが重要であろう。たとえば、D は甲機械の使用利益の返還を B に対してすべきか、あるいは C に対してすべきかについては見解が分かれるだろうし、この問題のケースでも判例と同じ結論をとることには大きな疑問がある。しかし、答案では、判例の結論にそのまま従い、ここではもっぱら契約当事者間において使用利益の返還義務が問題になるという考え方を示しても、おそらくそれで十分に合格点になるだろう。

4. 参考答案例

第1　D の B に対する請求について
1　D の代金 500 万円の返還請求は、売買契約の解除に基づく原状回復義務（民法 545 条 1 項本文。以下では民法の条文は条数のみで記す）の履行請求であり、また、甲機械の価格増加分 50 万円の支払請求も、原状回復義務の履行請求を基礎とするものといえる。他方で、増加費用 40 万円の支払請求は、B の契約上の債務、すなわち所有権移転義務の履行不能によって生じた損害の賠償請求に当たる（415 条 1 項本文・2 項）。以下では、それぞれの可否を検討する。
2　契約解除に基づく請求について
　この請求のためには、BD 間で、C が所有する甲機械を目的物とする売買契約が成立したが（555 条）、B の売主としての所有権移転義務（561 条）が履行不能となったことにより、D に解除権が発生したこと（542 条 1 項 1 号）が要件となる。
　【事実】1 によれば、甲機械は A によって所有されていたが、その相続が開始したので、BC が共同相続人になったところ、A は C に甲機械を遺贈する遺言をしていたため、直ちに C がその所有権を取得した（985 条）。【事実】2 では、B がそれを前提にして 500 万円で甲機械を D に売り渡す契約が成立したので、これは他人の権利を目的とする売買であり、B は D にその所有権を移転する義務を負う（561 条）。ところが、所有者 C からの返還請求によって、B の所有権移転義務の履行は取引上の社会通念に照らして不能とな

ったいえる（412条の2第1項）。したがって、Dは契約解除権を取得した。それゆえ、Dの解除権の行使により、BはDに対して原状回復義務を負う。

原状回復義務の内容として、契約上の債務の履行として受領した給付は返還しなければならない。それゆえ、代金債務の履行として受け取った500万円をBはDに返還しなければならず、DのBに対する500万円の支払請求は認められる。しかし、Dが甲機械に投下した費用は、債務の履行にも当たらず、かつ、甲機械の所有者ではないBはこれによって何ら利益を受けていないため、Dは、原状回復義務の履行としては50万円の支払いを請求することができない。

3　債務不履行（履行不能）による損害賠償請求について

（1）　債務不履行による損害賠償請求権の要件は、①債務不履行、②損害の発生、③両者間の因果関係、である（415条1項本文）。前記2で指摘したように、Bの債務は履行不能となり、①は充足される。また、Dは、債務が履行されれば、機械の獲得のためには500万円の支出で足りたが、これに加えて540万円を支出せざるをえなくなった以上、40万円の損害が発生したといえ、このことと不履行との間に事実的因果関係がある。代替物の購入による損害の賠償は、履行に代わる損害賠償ともいえるが、その請求の要件も充たされている（415条2項1号）。なお、解除があっても損害賠償請求は妨げられない（545条4項）。

また、甲機械の所有権移転が契約上の債務であった以上、その履行が不能となれば通常は同種の機械を購入せざるをえない。したがって、乙機械の購入費用額は、それが不相当な金額でない限り、債務不履行によって通常生ずべき損害といえる（416条1項）。もっとも、Dは、修理を要しない乙機械の取得によって修理を要した甲機械を超える利益を取得したのであるから、その差額は不履行によって得た利益として損害額から控除されるべきである。

（2）　これに対し、Bは、415条1項但書の免責事由を主張するであろう。しかし、契約に際し、BはDに対し、甲機械の所有権を確実に移転しうると説明しており、これは、所有権を取得しえないリスクを自らが負う趣旨と評価できる。とすれば、この履行不能による損害は、契約に照らして、債務者Bの責めに帰すことのできない事由によるものとはいいがたい。

4　以上から、DのBに対する代金500万円の返還請求と、40万円の支払請求の一部は認められる。

第2　DのCに対する50万円の支払請求について

　この請求は、法律上の原因なくして、Dの費用支出という損失においてC
が甲機械の価値が50万円増加するという利益を得たことを理由にした、不
当利得返還請求権の主張である（703条）。

　しかし、Dは甲機械の引渡しを受け、その占有者として費用を支出した以
上、この場合にはもっぱら占有者の費用償還請求権の規定（196条）が優先
的に適用される。この点につき、甲機械の使用を可能にするために支出した
費用は物の使用のために必要な費用にあたる（196条1項本文）。もっとも、
甲機械はもともと使用できないものであった以上、この費用は通常の必要費
ではない（同項但書には当たらない）。したがって、Dは、Cに対し、現実に
支出した30万円の償還を請求することができる。

第3　BCの反論について

1　Dの請求に対して、BCはそれぞれ25万円の支払いを請求している。B
の請求は、契約解除における買主の原状回復義務の履行請求、とりわけ、
545条3項を根拠にした甲機械の使用利益の返還請求である。また、Cの請
求は、甲機械の所有者の占有者に対する果実返還請求権（190条）を根拠に
した、使用利益の返還請求である。そこで、各請求の可否を検討する。

2　まず、使用利益の取得は果実の取得に準ずるものであり、BのDに対す
る請求は原則として認められよう。ところが、本件では、Bは甲機械の所有
者ではなく、Dの利益取得によって損失を受けているわけではない。原状回
復請求権は、解除によって給付原因がなくなったことに基づく不当利得返還
請求権の性質を有し、さらに、本件では、後述のように、Dは同じ使用利益
の返還義務をCに対して負うといえるため、BのDに対する請求は否定され
るべきである。

3　これに対し、Cの請求の根拠となる190条の要件は、Dが悪意の占有者
であり、同条の果実には使用利益も包含されるといえるため、充足されてい
る。したがって、CはDに対し使用利益相当額の25万円の支払いを請求す
ることができ、Dの30万円の支払請求に対して、Cは25万円の債権を自
働債権としてこれと相殺する意思表示をして（505条1項本文、506条1
項前段）、25万円の支払いを拒絶することができる。設問での「控除」とは
かかる相殺の意思表示に相当する。

以上

Ⅲ. 展開編

1. 本問のモチーフと思われる判例について

　他人物売買において、所有権移転義務の履行が不能となったために契約が解除された場合に、買主は取得した使用利益を売主に返還すべきとした最判昭和51年2月13日民集30巻1号1頁は、本問の主たるモチーフとなったものといえる。そこでは、使用利益の返還義務の存否のみならず、原状回復義務の法的性質に関しても重要な判断がなされており、この判例を丁寧に検討することは、原状回復義務の意味を正確に理解するためにも有用であろう。その事案はおよそ次の通りであった。

　AはBから甲自動車を買い受ける契約を締結し、代金の支払いも引渡しも完了した。甲自動車はBが同業者のCから買い受けたものであり、その登録名義はDであったが、Bは、買受けの際に、Cが甲自動車の処分権を有し、その所有権移転の登録も直ちにできるというCの言葉を信じていた。それゆえ、Bは、Aとの売買においてはBの責任で登録名義をAに移すことを約束していた。ところが、Cは現実には甲自動車の処分権を有しておらず、その後、Dは自動車の引渡しを求めて、裁判所にその仮処分を申し立てた結果、Aは自動車の占有をはく奪された。そこで、甲自動車の所有権はBにあると信じていたAは、旧561条前段に基づき、売買契約を解除し、Bに対して代金の返還等を請求した。これに対して、Bは、契約の解除により、Aも原状回復義務の履行として甲自動車を引き渡し、また、その使用による利益を返還しなければならないと主張し、さらに、甲自動車の引渡しが不可能となっている本件では、その価格を返還しなければならない、と主張した。このさい、Bは、使用利益の金額はAが甲自動車を占有している間に減損した評価額に相当する、という主張をしていた。

　原審は、Aの代金返還請求を認めつつ、他方で、本件ではAには甲自動車の価格を返還する義務はないとし、さらに、甲自動車の所有権がもともとBに帰属していない以上、Aの使用によってBに損失があるわけではないから、Bの使用利益の返還請求は認められないとした。

　最高裁は、まず、次のようにAの価格返還の義務を否定した。

Bが、他人の権利の売主として、本件自動車の所有権を取得してこれを
Aに移転すべき義務を履行しなかったため、Aは、所有権者の追奪により、
Bから引渡を受けた本件自動車の占有を失い、これをBに返還することが
不能となったものであって、このように、売買契約解除による原状回復義
務の履行として目的物を返還することができなくなった場合において、そ
の返還不能が、給付受領者の責に帰すべき事由ではなく、給付者のそれに
よって生じたものであるときは、給付受領者は、目的物の返還に代わる価
格返還の義務を負わないものと解するのが相当である。

　しかし、最高裁は、さらに次のように述べて、使用利益の返還請求を容認す
る立場をとり、使用利益の金額を審理させるために、破棄差戻しの判決を下し
た。

　売買契約が解除された場合に、目的物の引渡を受けていた買主は、原状
回復義務の内容として、解除までの間目的物を使用したことによる利益を
売主に返還すべき義務を負うものであり、この理は、他人の権利の売買契
約において、売主が目的物の所有権を取得して買主に移転することができ
ず、民法561条の規定により該契約が解除された場合についても同様であ
ると解すべきである。けだし、解除によって売買契約が遡及的に効力を失
う結果として、契約当事者に該契約に基づく給付がなかったと同一の財産
状態を回復させるためには、買主が引渡を受けた目的物を解除するまでの
間に使用したことによる利益をも返還させる必要があるのであり、売主が、
目的物につき使用権限を取得しえず、したがって、買主から返還された使
用利益を究極的には正当な権利者からの請求により保有しえないこととな
る立場にあったとしても、このことは右の結論を左右するものではないと
解するのが、相当だからである。

　以下では、上記の2つの判断について詳しく検討していきたい。

2. 原状回復義務の法的性質

（1）目的物返還義務と代金返還義務との関係

　本判決は、買主の返還義務の履行不能が売主の責めに帰すべき事由による場合には、もはや買主はこれに代わる義務も負わないとしているが、他方で、売主の代金返還義務はなお存続することを前提にしているといえよう。この結論に対しては、当事者間の公平という観点からは異論はないだろう。問題は、かかる結論がいかなる法的構成によって導かれるのかである。

　仮に解除が契約を遡って無効にするというのであれば、売主の代金返還債務も、買主の目的物返還債務も、それぞれ独立した債務であり、その法的運命は個別に検討されることになる。しかし、すでに説明したように、解除が有効に成立した契約をすべて無にすると捉えることには疑問がある。学説では、解除ないし原状回復義務は債務不履行における救済手段の１つであり、特にこれは、契約から当事者を解放し、すでに履行がなされた部分については、互いにそれを元どおりにするという救済を与える、という認識が強くなっている。それゆえ、互いに原状回復義務を負う場合も、それぞれが同一の契約に由来する点で、両者を関連づけた取扱いをすべきという見解も有力になっている。具体的には、売買契約における本来の目的物引渡債務と代金支払債務との関係と同じように、目的物返還債務と代金返還債務にも対価関係があるとして、目的物返還債務の履行が不能となった場合には、これと代金返還債務の取扱いとを連動させるべきという立場がある。すなわち、両者の間に危険負担の法理を及ぼすべきというのである（536条）。確かに、民法も、解除における目的物返還債務と代金返還債務との間に同時履行の抗弁権を準用しており（546条）、両者の間に牽連性があることは認めている。

　この考え方によるならば、買主の目的物返還債務の履行が当事者双方の責めに帰することができない事情によって不能となったのであれば、売主は代金返還債務の履行を拒絶することができる（536条１項）。しかし、判例の事案のように、目的物返還債務の履行が売主の責めに帰すべき事由によって不能となった場合には、なお、買主は売主に対して代金返還債務の履行を請求することができる（536条２項前段）。本判決が現れた旧法時にも、現536条２項と同様の内容が旧536条２項でも定められていた。それゆえ、本判決の結論は、危険

負担の法理によって導かれたとの理解も可能である。

　しかし、目的物返還債務と代金返還債務とを単純に危険負担の法理に服させることには、大きな疑問がある。すなわち、そもそも、解除によって当事者双方が負うことになる2つ義務が、契約の本来的な2つの給付義務（目的物の引渡しと代金の支払い）のように、対価的均衡を有するとはいいがたい。なぜなら、契約が解除されるということは、当事者の負う債務のいずれかが実現されていないことを意味しており、たとえ解除によって双方が返還義務を負うことになっても、通常、両者は対価的均衡を保つものではないからである。たとえば、売主が代金全額の支払いと引き換えに契約に適合しない品質の悪い物を買主に引き渡したために、その後、買主が契約不適合を理由にして契約を解除した場合には、売主は代金全額の返還債務、買主は粗悪な物の返還債務を負うが、たとえ両者に同時履行の関係を認めるのが公平だとしても、粗悪品の返還債務の履行が当事者双方の責めに帰することのできない事由によって不能となった場合に、売主が代金全額の返還債務の履行を拒絶しうるとするのは明らかにおかしい。

　確かに、契約解除により生ずる原状回復義務は債務不履行における一救済である。しかし、双方が本来的給付義務と同じような対価的関係に立つことにはならない。それゆえ、ここに一般の危険負担の法理を及ぼすことは適切ではない。民法が、双方の義務が同じ契約を原因とすることに着目して、同時履行の抗弁権の規定を準用しつつも、危険負担の規定を準用しなかったのは、このことを意図したものと解すべきである。したがって、筆者は、同時履行の抗弁権以外は、当事者双方の負う原状回復義務の法的帰趨はあくまで個別に判断されるべきであると考える。

(2) 契約上の債務の1つとしての原状回復義務

　しかしながら、原状回復義務も契約上の債務の1つであることは否定しえない。したがって、これは、全く契約関係が存在しない局面で成立する不当利得返還義務とは異なり、一般の契約上の債務と同列に扱われるべきである。

　たとえば、買主の目的物返還債務の履行が不能となれば、売主はもはやその履行を請求することができない（412条の2第1項）。そのうえで、目的物に代わる価格賠償請求権が認められるか否かは、買主に免責事由が存するか否かによ

って判定される（415 条 1 項但書）。しかし、ここでの免責事由は、単に目的物返還債務が発生した後の当事者双方の事情のみによって判定されるべきではない。というのは、原状回復義務が債務不履行において発生する契約上の義務の1 つである以上、かかる義務の原因である債務不履行が当事者のいずれにあったのかも、その履行不能における免責事由の判断要素とするのが信義に相応するからである。判例の事案では、売主がその責めに帰すべき事由によって所有権移転義務を履行できないことによって原状回復義務が発生し、かつ同じ原因により買主は目的物の占有を失った、すなわち、売主の債務不履行が原状回復義務の履行不能の原因となっていたのであるから、特段の事情のないかぎり、これが債務者の免責事由となる。

　売主の契約不適合責任が問われ、売買契約が解除された場合も、やはり、買主の粗悪品の返還義務が売主の債務不履行ないしその帰責事由を原因としている点に注意すべきであろう。この場合、買主に課される債務は特定物の返還債務であり、買主は、善良な管理者の注意をもって目的物を保存していなければ（400 条）、目的物がその手元で滅失すると、塡補賠償の責任を免れないことになりそうである。しかし、買主が本来欲していない物を引き渡されたことによるリスクをすべて負うとするのは、適当ではあるまい。このような場合には、買主は自己の物を管理するのと同様の注意をもって保存しておけば、損害賠償責任を免れるという考え方も十分に成り立つであろう。

　これに対して、買主の代金債務の不履行によって契約が解除された場合には、目的物の返還義務は買主の責めに帰すべき事由によって発生したといえる以上、目的物が滅失した場合のリスクは基本的に買主が負うべきである。したがって、ここでは、買主は価額賠償義務を免れることができず、例外的に目的物が売主の下にあっても滅失したとされるような事情、すなわち不可抗力があった場合にだけ免責されるとすべきであろう。

3. 他人物売買における使用利益の返還義務

（1）判例の射程について

　基礎編でも説明したように、この判例の事案では、売買契約を解除した A は、目的物の所有権が B に属すると信じていたので、本来の所有者 D からの

使用利益の返還請求を拒絶しうる地位にあった（189条1項）。これに対して、本問の事例では、CD間では190条に基づく使用利益の返還請求の要件が充足されており、このような場合でもなおDのBに対する使用利益の返還義務を肯定することには疑問がある。もしこれを肯定するのであれば、545条3項の規定が190条の規定を排除するという解釈論をとらざるをえない。この考え方は、同一の事実関係において、契約に基づく請求権と契約によらない請求権が競合する場合には、契約という特別の規範が他を排除し、もっぱら契約上の請求権のみが成立するというものである。

　しかし、このように一律に契約法上の規律が特別法としての意義を有し、競合する他の規律を排除する、という考え方には疑問が残る。判例の事案のように物の占有者が善意であったならば、使用による利益の取得については占有者としての地位を尊重して、所有者は不当利得的な請求をすることができない、という189条1項の趣旨を尊重しつつ、契約当事者間の利益調整はこれとは次元を異にし、契約によって給付を受けた者は、契約が解除された以上、その利益を相手方に返還すべきという結論は合理的である。しかし、物権法において、所有者は悪意の占有者に対してその収益の返還を求めることができるとしながら、何故、この所有者を拘束するはずがない他人の契約上の規律が優先することになるのだろうか。本問では、もともとBC間ではCに目的物の処分権、使用権があるのは明らかであり、Bが勝手にDに目的物を引き渡したことによってDが得た利益を、なぜ無権限のBがCを排除する形で自己に返還するように請求しうるのだろうか。これを正当化する要素は考えられないのではないか。

　契約法の規律が物権法の規律に優先するという思想は、せいぜい、同一当事者間において双方の規律が競合した場合にしか妥当しえないだろう。たとえば、Aがその所有する建物をBに賃貸したが、賃貸借契約が終了した場合には、Aは、Bに対して、賃貸借契約に基づいて建物の返還を請求しうるとともに（601条）、理論的には、所有権に基づく物権的返還請求権の行使として建物の引渡しを請求しうる。ただ、この場合には、契約関係にあるAB間では何より契約に基づく請求が優先し、第一には契約に基づく請求を問題にするのが合理的であろう。しかし、だからと言って、このケースでも物権的請求権が完全に消えてなくなるわけではない。たとえば、賃貸借契約終了後に、Aが建物

の所有権をCに譲渡した場合には、CはBに対して建物の引渡しを請求しうることになるが、これは明らかに所有権に基づく物権的請求権であるからである。

したがって、判例の射程が今回の問題の事案にまで及ぶと解することには大いに疑問がある。判例が売主による使用利益返還請求を容認したのは、もしこれを否定してしまうと、善意占有者であった買主は所有者からの請求も拒絶することができ、終局的にその使用利益を保持することができることになりかねないが、善意の占有者であった買主も、その利用権限の基礎であった契約を解除し、代金およびその利息の返還請求をすることができる以上、目的物の使用利益を保持しうるとすることは適切ではないからだろう。これに対して、買主が売主の無権利について悪意であるケースでは、もっぱら本来の所有者による使用利益の返還請求権を容認するのが、その所有者の本来有する地位の保護にもつながるであろう。買主から使用利益の返還を受けた売主が、これを進んで所有者に還元するという保証はないからである。

(2) 使用利益額の算定と目的物の減損額との関係

最後に、使用利益相当額はいかにして算定されるかが問われる。目的物を使用することによる利益はさまざまな要素によって左右されるものであり、これを一律に定めることは難しい。しかし、特別の事情がないかぎり、物の使用の対価がこれに相当するといえるので、市場相場による目的物の賃料相当額がこれに当たるというのが穏当である。本判例の売主Bは、売買目的物である甲自動車の減価額と使用利益額を同視していたようだが、双方は必ずしも一致しない。

このとき、目的物の使用によってそれが減価している点はどう評価すべきか。原状回復義務が、売主に契約がなければ保持しえた利益を還元するものであるとすると、使用利益を売主に還元するならば、目的物の通常の使用によって生ずる減価相当分は、これによってカバーされているといえよう。それゆえ、買主は使用利益のほかに減価額を返還する義務を負わないというべきである。しかし、通常の使用による減価を超える損傷があり、それについて買主の責めに帰すべき事由が認められる場合（保管義務に違反している場合）には、本来、買主は、そのような損傷のない目的物を返還する義務を負う以上、損傷による減価

額を原状回復義務の履行として支払わなければならない。これは545条1項本文の原状回復義務の一内容である。

　それでは、買主が目的物を全く使用していなかった場合には、どうなるだろうか。あるいは、目的物の使用利益を完全に定型化してしまい、目的物が引き渡されれば、その使用の有無を問わず、常に前述した賃料額という市場相場での使用利益があると擬制する見解もあるかもしれない。しかし、これは、金銭の利息と区別して545条3項が「生じた果実」と規定する点を無視するものであり、解釈論としては困難であろう。代金を受領した売主には、金銭という財産の特性から、期間相当の利息という利益が一律にあるものと考えられるので、旧法以来、常に金銭受領からの利息は返還すべきものと定められていたが（545条2項）、これと使用利益を同列に論ずることはできない。もっとも、目的物の放置によって減価が生じていれば、その減価分を支払う義務を、本来の目的物に代わる償還義務として、すなわち、545条1項本文の原状回復義務の一内容として容認するという考え方は十分に成り立つ。しかし、かかる償還義務が発生するためには、やはりその減価が買主の責めに帰すべき事由によって生じたことが必要となるだろう。

94 条 2 項の類推適用、賃貸借と転貸借との関係

◀ 問 題 ▶

次の文章を読んで，後記の〔**設問 1**〕及び〔**設問 2**〕に答えなさい。

【事実】

1. A は，年来の友人である B から，B 所有の甲建物の購入を持ち掛けられた。A は，甲建物を気に入り，平成 23 年 7 月 14 日，B との間で，甲建物を 1000 万円で購入する旨の契約を締結し，同日，B に対して代金全額を支払った。この際，法律の知識に乏しい A は，甲建物を管理するために必要であるという B の言葉を信じ，A が甲建物の使用を開始するまでは甲建物の登記名義を引き続き B が保有することを承諾した。

2. B は，自身が営む事業の資金繰りに窮していたため，A に甲建物を売却した当時から，甲建物の登記名義を自分の下にとどめ，折を見て甲建物を他の者に売却して金銭を得ようと企てていた。もっとも，平成 23 年 9 月に入り，親戚から「不動産を買ったのならば登記名義を移してもらった方がよい。」という助言を受けた A が，甲建物の登記を求めてきたため，B は，法律に疎い A が自分を信じ切っていることを利用して，何らかの方法で A を欺く必要があると考えた。そこで，B は，実際には A からの借金は一切存在しないにもかかわらず，A の B に対する 300 万円の架空の貸金債権（貸付日平成 23 年 9 月 21 日，弁済期平成 24 年 9 月 21 日）を担保するために B が A に甲建物を譲渡する旨の譲渡担保設定契約書と，譲渡担保を登記原因とする甲建物についての所有権移転登記の登記申請書を作成した上で，平成 23 年 9 月 21 日，A を呼び出し，これらの書面を提示した。A は，これらの書面の意味を理解できなかったが，これで甲建物の登記名義の移転は万全であるという B の言葉を鵜呑みにし，書面を持ち帰って検討したりすることなく，その場でそれらの書面に署名・押印した。同日，B は，これらの書面を用いて，甲建物について譲渡担保を登記原因とする所有権移転登記（以下「本件登記」という。）を行った。

3. 平成 23 年 12 月 13 日，B は，不動産業者 C との間で，甲建物を C に 500

万円で売却する旨の契約を締結し，同日，Cから代金全額を受領するとともに，甲建物をCに引き渡した。この契約の締結に際して，Bは，【事実】2の譲渡担保設定契約書と甲建物の登記事項証明書をCに提示した上で，甲建物にはAのために譲渡担保が設定されているが，弁済期にCがAに対し【事実】2の貸金債権を弁済することにより，Aの譲渡担保権を消滅させることができる旨を説明し，このことを考慮して甲建物の代金が低く設定された。Cは，Aが実際には甲建物の譲渡担保権者でないことを知らなかったが，知らなかったことについて過失があった。

4. 平成24年9月21日，Cは，A宅に出向き，自分がBに代わって【事実】2の貸金債権を弁済する旨を伝え，300万円及びこれに対する平成23年9月21日から平成24年9月21日までの利息に相当する金額を現金でAに支払おうとしたが，Aは，Bに金銭を貸した覚えはないとして，その受領を拒んだ。そのため，Cは，同日，債権者による受領拒否を理由として，弁済供託を行った。

〔設問1〕

Cは，Aに対し，甲建物の所有権に基づき，本件登記の抹消登記手続を請求することができるかどうかを検討しなさい。

【事実（続き）】

5. 平成25年3月1日，AとCとの間で，甲建物の所有権がCに帰属する旨の裁判上の和解が成立した。それに従って，Cを甲建物の所有者とする登記が行われた。

6. 平成25年4月1日，Cは甲建物をDに賃貸した。その賃貸借契約では，契約期間は5年，賃料は近隣の賃料相場25万円よりも少し低い月額20万円とし，通常の使用により必要となる修繕については，その費用をDが負担することが合意された。その後，Dは，甲建物を趣味の油絵を描くアトリエとして使用していたが，本業の事業が忙しくなったことから甲建物をあまり使用しなくなった。そこで，Dは，Cの承諾を得て，平成26年8月1日，甲建物をEに転貸した。その転貸借契約では，契約期間は2年，賃料は従前のDE間の取引関係を考慮して，月額15万円とすることが合意されたが，甲建物の修繕に関して明文の条項は定められなかった。

7. その後，Eは甲建物を使用していたが，平成27年2月15日，甲建物に雨漏りが生じた。Eは，借主である自分が甲建物の修繕費用を負担する義務はないと考えたが，同月20日，修理業者Fに甲建物の修理を依頼し，その費用30万円を支払った。

8. 平成27年3月10日，Cは，Dとの間で甲建物の賃貸借契約を同年4月30日限り解除する旨合意した。そして，Cは，同年3月15日，Eに対し，CD間の甲建物の賃貸借契約は合意解除されるので，同年4月30日までに甲建物を明け渡すか，もし明け渡さないのであれば，同年5月以降の甲建物の使用について相場賃料である月額25万円の賃料を支払うよう求めたが，Eはこれを拒絶した。

9. 平成27年5月18日，Eは，Cに対し，【事実】7の甲建物の修繕費用30万円を支払うよう求めた。

〔設問2〕
　CD間の賃貸借契約が合意解除された場合にそれ以後のCE間の法律関係はどのようになるかを踏まえて，【事実】8に記したCのEに対する請求及び【事実】9に記したEのCに対する請求が認められるかどうかを検討しなさい。

Ⅰ. 基礎編

▶基礎的事項のチェック

1. 登記が有効となるための要件は何か？
2. 譲渡担保とはいかなる取引か？
3. 94条2項の類推適用とは何か？
4. 94条2項および110条の類推適用とは何か？
5. 承諾転貸がされた場合には、賃貸人、賃借人および転借人の間にはどのような法律関係が成立するのか？
6. 承諾転貸がされた場合において、賃貸人と賃借人が賃貸借契約を合意によって解除すると、その効力を転借人に対抗することはできるか？
7. 賃貸人と賃借人との合意解除が転借人に対抗しえない場合には、三者間の法律関係はどうなるのか？

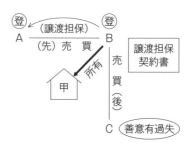

1. 登記の有効要件

　【事実】1 において、AB 間で B 所有の甲建物を目的物とする売買契約が成立し、A は B に代金 1000 万円を支払っている。民法上、物権変動の要件について意思主義がとられているから（176 条）、AB 間に特段の約定がない以上、この契約成立によって甲建物の所有権は B から A に移転している。しかし、なお所有権移転登記がされていないために、177 条にいう「第三者」が現れると、A はかかる所有権の取得を対抗しえなくなる可能性がある。

　もっとも、【事実】2 において、甲建物について B から A への所有権移転の登記がされた。ただ、ここでの所有権移転の原因は AB 間の売買であるにもかかわらず、登記原因として真実に反する「譲渡担保」が記載されている。はたして、このように真実の原因とは異なる事由が所有権移転の原因として記された場合に、177 条の対抗要件は具備されたといえるのかが問われることになる。

　古い判例には、真実とは異なる登記原因が記された所有権移転登記は無効であるとするものもあった（大判明治 44 年 12 月 15 日民録 17 輯 804 頁）。しかし、177 条は物権変動を登記すべきとしているにすぎず、その原因が何であるかまでは問題にしていない。所有権の移転に利害を有する第三者に対しては、所有権移転の事実が登記されていれば、基本的にその取引の安全も保護されることを考慮すれば、登記原因が真実に反する登記の対抗力を容認しても格別の問題は生じない。そのため、今日においては、登記原因が真実と異なる登記であっても、対抗要件として容認することはできると解されるようになっている（大判大正 9 年 7 月 23 日民録 26 輯 1171 頁）。

　そのため、【事実】3 において、C が B から甲建物を買い受けており、この C

は本来、登記の欠缺を主張しうる正当な利益を有する者、すなわち、177条の「第三者」に当たるが、すでに有効な所有権移転登記がされている以上、Cは甲建物の所有権を取得しうることにはならない。Bは確定的に無権利者となっているからである。

2. 譲渡担保における法律関係

　ところが、Cは、Bとの売買契約に際して、Aは元の所有者Bから譲渡担保権の設定を受けたにすぎず、その被担保債権とされる300万円の金銭債権を弁済すれば、Aの権利を消滅させることができる、というBの説明を信頼して、甲建物を譲り受けている。そこで、CがAに300万円を支払うことによって甲建物の所有権を取得しうるかが問題となる。

　まず、Cの信頼した譲渡担保の法律関係を整理する必要がある。譲渡担保の契約とは、債権の担保のために物の所有権を債権者に移転するという約定であり、この契約では、所有権移転があくまで債権担保を目的とする以上、かかる債権が弁済によって消滅すれば、債権者に移転した所有権が復帰することが合意されている。すなわち、そこでは、債務者は弁済をすれば所有権を取得しうるという法的地位を有している。したがって、本問において、仮にAB間で真に譲渡担保契約がされていれば、Cは、Bとの甲建物の売買契約によって、被担保債権を弁済すれば所有権がBに復帰し、さらに自身が所有権を取得しうるという地位に立ったといえよう。Cは債務者ではないが、弁済について正当な利益を有するからである（474条参照）。また、Cがした弁済供託の要件は、債権者とされるAの受領拒絶があるので充たされており、これによって債権消滅の効果も認められる（494条1項）。しかし、本問では現実の法律関係はそうではなく、前述のように、Aへの所有権移転登記によって、Bは甲建物について確定的に無権利者となっている。それゆえ、原則として、Cは弁済供託によって甲建物の所有権を取得することにはならない。

3. 94条2項の類推適用の可能性

　このため、AB間では譲渡担保契約がなされていると信じて取引に入ったC

を特別に保護する法的構成が問われる。まず、登記原因や譲渡担保契約書を信じた者も、それだけで保護されることにはならない。そこで、不実の外形を信じた者を保護する法的構成としては、94条2項の類推適用が考えられる。

94条2項の趣旨については、すでに平成23年度の問題の解説において説明した。すなわち、同項の背後には権利外観法理という思想があり、とりわけこの条項は、本来の権利者が虚偽の意思表示、つまり意図的に不実の権利変動の外観を作出した場合には、その外観が虚偽であることを知らないで取引に入った第三者を保護することにしている。それゆえ、虚偽の意思表示がない場合でも、真の権利者が他人に権利があるかのような外観をその意思で作出した場合には、その外観を信じてその外形的な権利関係に利害を有した第三者は、その外観通りの権利があると真の権利者に対して主張しうるとすべきである。これが、判例上確立した94条2項の類推適用の法理である。したがって、類推適用の要件は、①権利の外観があり、②その外観が権利者の意思に基づくこと、③当事者以外の者がその外観が虚偽であることにつき善意で、④これに法的な利害関係を有すること、になる。

本問の事実関係では、AB間では虚偽の譲渡担保契約の合意はされていないので、この類推適用の可否が問われる。まず、譲渡担保という登記原因の記載および架空の譲渡担保契約書は、譲渡担保契約がされたという外観に当たるといってよいだろう。すなわち、①の要件は充足される。また、Cはこの外観を信頼してBから甲建物を譲り受けているので、③および④の要件も充足される。

問題は、②の要件である。判例は、権利の外観の作出は本来の権利者の意思によるものであることを要するとしつつ、他人が勝手に作出した権利の外観を本人が事後的に承認したといえる事情が認められれば、94条2項の類推適用を容認する立場をとっている（最判昭和45年9月22日民集24巻10号1424頁）。この判例は次のように述べている。

およそ、不動産の所有者が、真実その所有権を移転する意思がないのに、他人と通謀してその者に対する虚構の所有権移転登記を経由したときは、右所有者は、民法94条2項により、登記名義人に右不動産の所有権を移転していないことをもって善意の第三者に対抗することをえないが、不実

の所有権移転登記の経由が所有者の不知の間に他人の専断によってされた場合でも、所有者が右不実の登記のされていることを知りながら、これを存続せしめることを明示または黙示に承認していたときは、右94条2項を類推適用し、所有者は、前記の場合と同じく、その後当該不動産について法律上利害関係を有するに至った善意の第三者に対して、登記名義人が所有権を取得していないことをもって対抗することをえないものと解するのが相当である。けだし、不実の登記が真実の所有者の承認のもとに存続せしめられている以上、右承認が登記経由の事前に与えられたか事後に与えられたかによって、登記による所有権帰属の外形に信頼した第三者の保護に差等を設けるべき理由はないからである（中略）。

　本問のAはBから提示された譲渡担保契約書および譲渡担保契約を原因とする登記申請書に署名捺印し（【事実】2）、その契約書および登記事項証明書がBからCに提示された点からは（【事実】3）、この権利の外観は本来の所有者Aの意思に基づくものとも思われる。しかし、Aは契約書および登記申請書の内容の意味を理解しておらず、自己への所有権移転の対抗要件の登記はそれで具備されると考えていたのである。すなわち、Aは、真実の権利関係とは異なる虚偽の権利関係が契約書等に記載されていることを認識していなかったのであるから、権利の外観が真の権利者の意思に基づくものとはいえないだろう。意思能力のない者による意思表示が無効とされるのは（3条の2）、本人が行為の意味を理解する能力を有しないからであり、その場合に、たとえ第三者がその表示を信頼して取引に入っても保護されないことを考えれば、契約書の内容を理解できなかったAに対外的に表示された権利の外観について直ちに責任を問うことは困難である。それゆえ、本問を単なる94条2項の類推適用によって処理することはできないだろう。

4. 94条2項および110条の類推適用

　そこで問題となるのが、94条2項および110条の類推適用という法的構成である。すなわち、94条2項は、権利の外観が本来の権利者の意思に基づく場合には、善意の第三者が保護されるという規定であるとすると、権利の外観

が権利者の意思によらない場合までにこれを拡張することはできない。しかし、仮に権利の外観が権利者の意思に基づくとまではいえない場合でも、その外観の作出について権利者に一定程度の帰責性があり、かつ、第三者が取引通念において要求される注意を尽くしたならば、すなわち善意無過失であるならば、代理権の存在を信ずることが正当な理由による場合には取引の相手を保護するという110条の趣旨を考慮して、善意無過失の第三者を保護する、という立論は成り立つ。これは実際に判例も採用した法的構成である（最判平成18年2月23日民集60巻2号547頁）。そこでは、権利者の帰責性の程度が「自ら外観の作出に積極的に関与した場合やこれを知りながらあえて放置した場合と同視し得るほど重いもの」である場合に、94条2項および110条の類推適用を容認している。このさい、第三者の保護要件として無過失を必要とする理由は、不実の外観が本来の権利者の意思によらなくてもよいとすることとの均衡上、第三者の保護要件をより厳格にしなければならないという比較考量にあるだろう。

　ところが、【事実】3において、Cは、Aが譲渡担保権者ではないことを知らなかった点につき過失があったとされているから、本問のCは94条2項および110条の類推適用によっては保護されない。

　したがって、〔設問1〕のCの請求は認められないだろう。これは、所有権に基づく妨害排除請求権を根拠とするからである。

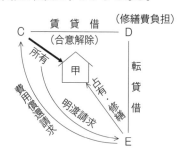

5. 転貸借契約の法律関係

（1）転貸借契約の意義

　【事実】5において、甲建物の所有者をCとする和解が成立したことをうけ、【事実】6では、平成25年4月1日、CD間で甲建物の賃貸借契約が成立して

いる。その内容は、期間を5年、賃料を近隣の賃料相場25万円よりも少し低い月額20万円とし、通常の使用により必要となる修繕についてはその費用をDが負担することとされている。さらに、平成26年8月1日、DはCの承諾を得て甲建物をEに転貸している。その内容は、期間が2年、賃料は従前のDE間の取引関係を考慮して月額15万円というものであるが、甲建物の修繕に関して明文の条項は定められていない。

転貸借契約は、それ自体独立した賃貸借契約である。したがって、特別の約定がないかぎり、DE間には通常の賃貸借契約と同じ権利・義務関係が成立する。すなわち、賃貸人であるDは、賃借人Eに対し甲建物の使用および収益をさせる義務を負い、目的物の使用・収益に必要な修繕義務も負担する（606条1項本文）。それゆえ、【事実】7において、Eが雨漏りの修繕をする義務を負わないと考えたのは正しく、本来は、その修繕は賃貸人Dのなすべきことである。もっとも、雨漏りを放置しておけば甲建物が腐食、劣化するから、速やかに修繕をする必要はあり、Eが修繕をFに委託したことは適法である。賃借人による修繕は平成29年法改正前からそのように解されていたが、改正法はこれを明示している（607条2号）。この場合、賃借人は、賃貸人の負担すべき目的物の保存のための費用、すなわち必要費を支出したことになるから、賃貸人に対しその償還を直ちに請求することができる（608条1項）。それゆえ、本問のEは、Fに支払った30万円の償還をDに対して請求することができる。

(2) 原賃貸借契約との関係

転貸借契約はそれ自体独立した賃貸借契約であり、転借人はあくまで転貸人に対してのみ目的物の使用・収益を請求しうるにすぎない。それゆえ、原賃貸借の賃貸人、すなわち所有者に対してその拘束が当然に及ぶわけではなく、むしろ、賃貸人の承諾がなければ賃借人は目的物を転貸することができないとされている（612条1項）。これは、転貸借契約は転貸人と転借人との合意によって有効に成立するものの、賃貸人の承諾がなければ、転借人はその使用権限を賃貸人に主張しえないという趣旨である。それゆえ、賃貸人の承諾がない場合には、転借人は、賃貸人との関係では目的物を無権原で占有していることになり、賃貸人の所有権に基づく明渡請求を拒絶することができない。

しかし、本問では賃貸人Cの承諾を得て転貸借がされている。この場合には、CはDに容認している使用権の範囲で、Eの使用権限も容認したことになる。これにより、Eは、Cの所有権に基づく明渡請求があっても、その利用権をもってこれを拒絶することができる。もっとも、この場合でも、あくまで転貸借契約による権利義務関係はDE間で成立しているのであり、転借人Eは賃貸人Cに対して直接に契約上の義務の履行を請求することはできない。ところが、賃借人が適法に、すなわち賃貸人の承諾を得て転貸をした場合には、転借人は、賃借人が賃貸人に対して負う債務の範囲を限度として、賃貸人に対し、転貸借に基づく債務を直接に履行する義務を負う (613条1項前段)。しかし、これは、賃貸人の賃借人に対する債権を保全するために認められた特別の権利にすぎない。それゆえ、Eは、Dが負う30万円の償還義務について、Cに対して履行を請求することはできない。

6. 賃貸借契約の解除と転貸借の効力

（1）CEの請求の法的意味

このような状況において、【事実】8では、CがDとの合意によって賃貸借契約を解除した。CのEに対する甲建物の明渡請求の根拠は、Eの使用権限が、CD間の賃貸借契約によってDに認められた賃借権を基礎とするものである以上、それが消滅すればもはやEはその占有権原をCに対抗することはできない、という点にある。さらに、Cは、Eが明渡しをしなければ、平成27年の5月分以降には相場賃料に相当する月額25万円を支払えと請求している。この主張の根拠は、Eが有効な利用権なくして甲建物を使用している以上、これによってEが得た利益は不当利得に当たる (703条)、あるいは、Eは不法行為により賃料相当額の損害をCに負わせた (709条)、というものであろう。これに対し、【事実】9で、EはCの請求を拒絶しつつ、Cに対して修繕費用の30万円を支払うように求めている。これは、CがEに対して修繕に関する償還義務を負うとするものであろう。〔設問2〕は、それぞれの請求が認められるのかを問題にしている。

（2）合意解除の転貸借に対する効力

　まず、平成 29 年の法改正前から、C の E に対する明渡請求は否定されるというのが一般的見解であった。転貸借を承諾した賃貸人は、これによって転借人に認められた利用権を覆す権限を有しないし、また、転貸借契約を締結した賃借人が転借人の利用権を否定する権限も有しないからである。そのような思想は、民法 398 条にも現れている。判例も、賃貸人の承諾の下に転貸借がなされている場合には、賃貸借の合意解除をもって転借人に対抗することはできないと解していた（最判昭和 38 年 2 月 21 日民集 17 巻 1 号 219 頁）。それゆえ、本問でも、C の所有権に基づく明渡請求に対し、E はなお転借権を占有権原としてこれを拒絶することができる。もっとも、判例は、賃借人の債務不履行によって賃貸借契約が解除された場合には、転借人は転借権を賃貸人に対抗することはできないと解していた（最判昭和 36 年 12 月 21 日民集 15 巻 12 号 3243 頁）。賃借人の債務不履行によって賃貸借契約が解除され賃借権が消滅する可能性は、もともと賃貸借契約に内在しているリスクであり、賃貸人による転貸借の承諾がそのような解除権すら放棄する意思表示を包含するものではないからである。このことは、転借人の利用権もあくまで賃貸借契約に依存するものにすぎず、転借人は 545 条 1 項但書の「第三者」には当たらないことも含意している（この意味で、転借人の地位は、展開編で触れるように、地上権者から土地を賃借した者の地位とは異なる）。

　以上の判例の準則は、改正民法の明文規定に取り込まれた（613 条 3 項）。したがって、予備試験当時には、この問題について一応の解釈論を提示する必要があったが、今日では、この条文を運用すれば足りることになる。

　そうすると、E の甲建物の使用はなお有効な占有権原によるものである以上、それは不当利得にも不法行為にも該当せず、C の 25 万円の支払請求も認められないことになる。

（3）合意解除を対抗しえない場合の転貸借の帰趨

　問題は、C はなお E に対して何らかの請求をしえないのかという点と、E の C に対する修繕費用相当額の支払請求の可否である。この点は、合意解除を転借人に対抗しえない場合の法律関係の解釈に関わる。〔設問 2〕もまさにそのことを強調している。

この問題については、CD 間で賃貸借契約が合意解除されている以上、賃貸借契約はそれによって終了し、その代わりに、DE 間の転貸借契約が D から C に承継されると解する見解が少なくないようである（潮見佳男『新契約各論 I』（信山社、2021 年）488 頁参照）。筆者が見た予備校の解説も当然のごとくその立場をとっていた。予備校の解説は、そのうえで、転貸借契約が承継される以上、C は E に対して転貸賃料の月額 15 万円の支払いを請求することができるが、他方で、E に対して修繕費用の支払義務を負うとしていた。しかし、このような見解は極めて疑問である。というのは、もともと C は、D に甲建物を賃貸する条件として、修繕等の負担は D が負うこととし、その見返りとしてその賃料を低廉にしていたにもかかわらず、D との解除の合意をしただけで、本来負うはずのなかった費用償還義務を負うことになり、不測の損害を負うことになりかねないからである。

　そもそも、賃貸借契約の合意解除を転借人に対抗しえないのは、転借人が正当に有した地位を一方的に奪うことができないことによるものであり、転借人には合意解除がない場合と同じ地位が保障されれば足りるはずである。すなわち、解除を対抗しえないというのは、あくまで転借人との関係では賃貸借がなお存続しているという効果にすぎない（我妻栄『債権各論中巻の一』（岩波書店、1957 年）464 頁は、この立場であった）。つまり、本問では、E は、C に対し、E との関係では、契約期間とされた平成 30 年 3 月末日まで当初の約定内容通りの賃貸借が存続する、と主張しうるにとどまる。それゆえ、転貸借契約はなお DE 間で存続するのであり、30 万円の支払義務は D が負うにすぎない。他方で、CE 間には賃貸借契約がない以上、C は E に対して賃借人としての賃料の支払いを求めることもできない。

　もっとも、E との関係ではなお CD 間の賃貸借契約が存続する以上、C は、E に対して、D への月額 20 万円の賃料債権を保全するために前述の直接請求権（613 条 1 項前段）を行使し、D の E に対する転貸賃料債権の支払いを求めることができよう。その結果、C は 15 万円の支払いを求めることはできる。他方で、賃貸人はあくまで賃借人に対して義務を負うにすぎないが、転借人 E は、転貸人 D に対する 30 万円の金銭債権を保全するために、債権者代位権により、転貸人＝賃借人 D の賃貸人 C に対する権利を行使することはできる（423 条 1 項本文）。一般に、債務者もその財産の管理処分の自由を有し、債権者

といえども債務者の権利に直接干渉することはできないが、債務者がその権利を行使しようとせず、かつ、債権の保全のためにはその行使が不可欠である場合には、債権者は債務者の権利を代わりに行使しうる、というのがこの制度である（これについては、令和2年度予備試験解説を参照）。しかし、この権利の行使のためには、債権保全の必要性、つまりDが無資力であることと、DがCに対して何らかの権利を有していることが必要となる。本問では、CD間では、修繕については賃借人Dがなすべきことという特約があり、Dは、Eが修繕費用を支出したことを理由にして、Cに対しその費用償還請求権を有することにはならない。それゆえ、結局、債権者代位権によってもEがCに対して30万円の支払いを請求することはできない。

　筆者は、この立場を正当と考えており、転貸借関係が賃貸人に承継されるという解釈には大きな問題がある。これについては、展開編でさらに詳しく説明したい。

（4）その他の可能性

　筆者の立場による場合でも、さらに、Eは、甲建物を占有している間にその修繕、すなわち保存の費用を支出したとして、占有者の所有者に対する費用償還請求権を主張するかもしれない（196条1項本文）。この条文の趣旨は、すでに平成28年度解説の基礎編で説明している。しかし、Eは甲建物の使用による利益を取得しているので、そのような主張も否定されるであろう（同項但書）。また、本問では、CD間では修繕義務をDが負うことへの見返りとして賃料を低廉にしている以上、Cの所有物である甲建物の修繕によってCが得た利益は、正当な法的原因に基づくものであり、不当な利得とは評価されず、そもそも196条を問題にすべきではない。

Ⅱ. 応用編

1.〔設問1〕について

（1）答案の大枠
　設問が所有権に基づく本件登記（BからAへの所有権移転登記）の抹消登記手続

請求の可否を問題にしている以上、答案では、もっぱら、その要件としての所有権がCにあるかを検討すればよい。

(2) 対抗問題における原則的結論

　もともとBが甲建物を所有していたのであるから、まず、CはBと売買契約を締結したことにより、所有権を取得した、という主張を問題にすべきである（176条）。これに対するAの主張は、自分もBから甲建物を買い受けており、かつ本件登記を具備しているから、177条により確定的に所有権を取得したというものである。ただ、BからAには売買を原因として所有権が移転したにもかかわらず、本件登記では譲渡担保が原因とされている点で、本件登記は実体関係に合致しない無効なものという主張がありうることに言及すべきである。もっとも、登記の目的は物権変動を公示することによって取引の安全を守る点にあり、本件登記も、所有権移転の事実を示す点で物権変動を反映している以上、その原因に齟齬があっても無効とはならない、という結論に至るであろう。

(3) 94条2項等の類推適用の可否

　このため、AB間には譲渡担保契約の虚偽の意思表示はないものの、Cは譲渡担保を原因とするという登記の記載や譲渡担保の契約書を信じて、Bから甲建物を譲り受ける契約を結んだのであるから、94条2項の類推適用により、Aは、Cに対して、AB間では譲渡担保契約がないことを対抗しえない、すなわち、AB間では譲渡担保契約があるとみなされる、という法的主張が問題となる。つまり、Cは、被担保債権を弁済すればBを介してAから所有権を取得しうるのであり、Aの弁済受領の拒絶を受けて供託したことによって（494条1項）被担保債権が消滅し、Bを介してAから甲建物の所有権を取得した、と主張するだろう。

　そこで、94条2項の類推適用の要件を敷衍し、それぞれが充足されるかを検討することになる。確かに、本問では譲渡担保の外観が作出されているが、それが本来の所有者Aの意思に基づくものとまでは断定しえない。このような場合でも、不実の外観の作出について所有者に一定の帰責性がある場合には、94条2項および110条を類推適用することによって、第三者が権利の外観が

不実であることについて善意無過失である場合には、第三者は保護される。しかし、Cに過失があった本問ではこれは認められないとすべきである。それゆえ、結論としては、Cの抹消登記手続請求は否定されることになる。

2.〔設問2〕について

(1) 答案の大枠
答案ではまず、CのEに対する甲建物の明渡請求および賃料相当額25万円の支払請求、さらに、EのCに対する30万円の支払請求の法的根拠を明確にしておくべきである。そのうえで、それぞれの要件の充足を検討する過程で、合意解除がされた場合の法律関係の解釈論を展開すればよい。

(2) 合意解除の効力
第一に、甲建物の明渡請求は、甲建物の所有権に基づく物権的返還請求権の行使であり、その要件、すなわちCによる甲建物の所有、またEによる甲建物の占有、には問題がないことを断ることになる。これに対し、Eは、Cの承諾による転貸借契約を占有権原の抗弁として主張することになるところ（612条1項）、CD間の賃貸借契約の成立、また、DE間の転貸借契約の成立に加えて、Cがこの転貸借契約に承諾を与えているため、これが基本的に認められるという説明をすることとなる。そして、合意による賃貸借契約の解除があってもこれを転借人には対抗しえない旨を指摘し（613条3項本文）、本問でも、CD間では合意解除がされたにすぎないから、なおEは転借権をもって占有権原の抗弁とすることができるとして、甲建物の明渡請求は容認されない、と結論づけることになる。

第二に、CのEに対する賃料相当額の支払請求は、不当利得返還請求権（703条）あるいは不法行為による損害賠償請求権（709条）を根拠とするものである。しかし、これはEがCに対抗しうる占有権原を有しないことを根拠とする以上、甲建物のEの使用によってこれらは成立しないことを指摘すればよい。

(3) 合意解除を対抗しえない場合の法律関係

　第三に、EのCに対する30万円の支払請求は、CD間の合意解除がEに対抗しえない場合に、賃貸借契約ないしは転貸借契約がどのように扱われるかによって左右されることになる。そして、30万円の支払請求は、合意解除により賃貸借は終了し、転貸借契約の貸主の地位がDからCに承継されることを前提にするものであるので、この点をはじめに説明するのがよいであろう。そして、仮に筆者の考え方をとるのであれば、次のように論述するのが明快であろう。

　まず、DE間の転貸借契約が継続している間に、Eが甲建物の雨漏りの修繕費用を支出したことは、賃借物の保存のための費用の支出であるから、Eはこれに要した30万円の償還を直ちにDに対して請求することができる（608条1項）。このため、その後の合意解除がEに対抗しえない結果、CD間の賃貸借契約は終了しつつ、DE間の転貸借契約における転貸人の地位がDからCに承継されるのであれば、かかる償還義務もCがDから承継するかもしれず、EのCに対する請求は認められる可能性がある。この場合には、Cは、以後は、DE間で成立した転貸借に基づく賃料債権を取得することになるので、Eに対し、月額15万円の支払いを請求することができる。

　しかし、このような考え方では、もともとCD間の賃貸借では、甲建物の修繕に必要な費用はDが負担することと引き換えに、賃料が低廉にされていたにもかかわらず、さらに、Cにこれを超える不利益を負わせることになり、その不測の損害となりかねない。むしろ、合意解除を対抗しえないというのは、あくまでCD間の賃貸借契約がEとの関係ではなお存続するものと解すべきであり、それこそが賃貸借、転貸借において当事者が有していた本来的地位に相応するものである。これによれば、修繕費用の償還義務はあくまでDが負うにすぎず、EはCに対してその履行を請求することができない。他方で、EC間ではなおCDの賃貸借契約が存続するのであれば、Cは、Dに対して月額20万円の賃料債権を有するものと見なされ、613条1項本文により、かかる権利の保全のために、EがDに対して負う月額15万円の賃料債務の履行を請求することができる。

　そして、時間的余裕があるならば、次の点も補足するのがよいかもしれない。すなわち、仮にCD間でもDがCに対し修繕費用の償還請求権を有するので

あれば、Eは、Dに対する償還請求権を保全するために、DのCに対する償還請求権を債権者代位権によって行使しうる可能性がある（423条1項本文）。しかし、本問では、もともとDはそのような権利を有しない以上、これも認められない。

3. 出題趣旨について

(1) 出題趣旨

法務省から公表された平成29年度予備試験の民法の出題趣旨は、以下のとおりである（http://www.moj.go.jp/content/001267367.pdf）。

> 本設問は、①不動産の第1譲受人が備えた登記が実体的権利関係に合致しないために第2譲受人の登場を招いたという事案を題材として、第1譲受人が備えた登記の有効性に絡める形で、実体的権利関係に合致しない不動産登記を信頼して取引関係に入った第三者の保護の在り方を問う（設問1）とともに、②不動産の転貸借がされた後、原賃貸借が合意解除された場合に、転貸借がどのように取り扱われるかを踏まえてその際の原賃貸人と転借人との法的関係を問う（設問2）ものであり、民法の基本的な知識や、事案に即した分析能力、論理的な思考力があるかを試すものである。

(2) コメント

今回の問題も、事実関係で問題になっている当事者の請求の法的根拠を確定しつつ、その充足を検討させるものになっている。ただ、特徴的なことは、〔設問1〕に関わる【事実】3では、Cが譲渡担保の不存在について善意有過失であるとして、すでに要件の一部の充足の有無が明示されている点である。これは、判例法理による限り、本問の事案が94条2項の類推適用の枠から外れると判断すれば、自動的に、94条2項および110条の類推適用も否定されることを意味している。このように明確な条件を付けたのは、おそらく、本問の事実関係が94条2項の類推適用の要件を充足するか否か、とりわけ、権利の外観が真の所有者の意思によるものといえるか否かにより、結論が大きく分かれるため、受験生にこの点を慎重に検討させようという動機があったからでは

ないか。他方で、展開編で触れるように、94条2項および110条の類推適用においては、本来の所有者の帰責性の判断が難しくなることを考慮して、この点に立ち入らないでも済む問題にしたとも思われる。後述のように、学生の間では、94条2項の類推適用のためには、本来の権利者に帰責性があればよい、という大雑把な理解が横行しているのだが、そのような不正確な理解しかしていない受験生の答案はあまり評価せず、判例の準則を正確にわきまえて事実関係を分析した答案には高い評価を与えようとしたのではないか。その意味では、私はこの出題に共感している。

　大学の試験でも、94条2項等の類推適用を問題に出すと、多くの学生が予備校の作成したらしい定番の論述ばかりをするのが目立っており、それは判例の理解としては極めて不正確であることが気になっていた。今回の試験の受験生もそのあたりはどのように書いていたのかが気になる。筆者の見た予備校の解答例もそれとほとんど同じようなものであったが、これは由々しき問題だと思っている。また、〔設問2〕における合意解除が対抗しえない場合の法律関係についても、学生は転貸借契約が賃貸人に承継されることを当然のように書いていることがあるが、おそらくこれも予備校の影響なのであろう。しかし、これも極めて疑問である。

　それゆえ、展開編では、この2つの問題に焦点を当てることにしたい。

4. 参考答案

第1〔設問1〕について
1　Cの本件登記の抹消登記手続請求の要件としては、甲建物の所有権がCに帰属しているかが問われる。これは、所有権に基づく妨害排除請求権を根拠とするからである。
2　【事実】1によれば、もともと甲建物はBによって所有され、BC間の売買契約により所有権移転の合意があるから、Cはこれによって所有権を取得したというかもしれない（民法176条。以下では民法の条文は条数のみで記す）。しかし、Aは、これより先に、Bから甲建物を買い受けており、かつ本件登記を具備しているから、176条および177条により確定的に所有権を取得したことになる。確かに、BからAには売買を原因として所有権が移転

したにもかかわらず、本件登記は譲渡担保を原因としている点で、この登記が対抗要件の効力を有しないのではないかが問題となる。しかし、対抗要件としての登記は物権変動の事実を反映すれば足り、所有権移転の事実が公示されれば第三者の取引の安全は害されないから、本件登記をBA間の所有権移転の対抗要件として認めることができる。したがって、Cは、甲建物の所有権を有しないBからこれを譲り受ける契約を結んだにすぎない。

3 そこで、Cは、登記簿では譲渡担保が登記原因とされていること、また、AB間の譲渡担保等の契約書を信じて売買契約を結んだ点から、94条2項の類推適用により、Aに対し、Cとの関係では、AB間では譲渡担保契約があるにすぎない、と主張するだろう。譲渡担保においては、設定者はいったん移転した所有権を被担保債権の弁済によって取り戻しうるから、設定者から目的物を譲り受けた者は、設定者に代わって弁済するか、その供託（494条1項）をすることにより所有権を取得しうる。したがって、Cの主張が認められれば、【事実】4の供託によってCは甲建物の所有権を取得する。

94条2項の類推適用の要件は、①不実の権利の外観があり、②その外観が本来の所有者の意思に基づき、③第三者が不実の外観・法律関係に善意で法的な利害を有すること、である。同条の趣旨が、権利者の意思に基づく不実の外観を信頼した第三者を保護する点にあるからである。

本問では、①は上記の事情から充足される。しかし、②が充足されるとはいえない。確かに、【事実】2では、AはBに提示された登記申請書および契約書に署名・捺印をしているが、その法的意味を理解することができなかった点で、この不実の外観はAの意思によるものとはいえないからである。

なお、不実の外観が所有者の意思によるものといえない場合でも、所有者に一定の帰責性が認められる場合には、94条2項および110条の類推適用によって、不実の点について善意のみならず無過失の第三者は保護される可能性があるが、【事実】3によれば、Cには過失があるので、これは認められない。

4 以上より、Cの抹消登記手続請求は認められない。

第2〔設問2〕について

1 【事実】8のCのEに対する甲建物の明渡請求は、甲建物の所有権に基づく物権的返還請求権を根拠とする。その要件は、①Cによる甲建物の所有、②Eによる甲建物の占有、であるが、【事実】5および7によれば、双方とも

充足される点に問題はない。

　これに対し、Eは、Cの承諾の下に甲建物の転貸借契約を結んだことにより、その占有権原を有するとして、これを拒絶するであろう（612条1項）。【事実】6において、CD間に賃貸借契約が成立し、また、Cの承諾の下にDE間で転貸借契約が成立しているので、Eはその占有権原をCに対抗しうる。もっとも、【事実】8では、CD間で合意によって賃貸借契約が解除されているが、これは転借人には対抗しえない（613条3項本文）。したがって、Eはその占有権原をCに対抗しうる。

　それゆえ、CのEに対する甲建物の明渡請求は認められない。

2　次に、CのEに対する賃料相当額25万円の支払請求は、Eが甲建物を無権原で占有したことによる不当利得返還請求権（703条）または不法行為による損害賠償請求権（709条）を根拠とするものである。しかし、Eには占有権原が認められるため、この請求も認められない。

3　【事実】9のEのCに対する30万円の支払請求は、賃貸借契約ないしは転貸借契約の取扱いによって左右される。Eの主張は、上述のように合意解除は自分に対抗しえない以上、Eの占有権原が認められるとともに、CD間の賃貸借は終了した以上、DE間の転貸借契約がDからCに承継され、DがEに負っていた費用償還義務をCが承継した、というものであろう。

　【事実】7で、DE間の転貸借契約が継続している間に、Eが甲建物の雨漏りの修繕費用を支出したことは、賃借物の保存のための費用、すなわち必要費の支出である（608条1項）。したがって、Eはこれに要した30万円の償還を直ちにDに対して請求することができる。それゆえ、転貸借契約における転貸人の地位がDからCに承継されるならば、かかる償還義務もCがDから承継するかもしれない。この場合には、Cは、以後、転貸借に基づく賃料債権を取得することになるので、Eに対し、月額15万円の賃料の支払いを請求することができる。

　しかし、この立場をとることはできない。本来、CD間の賃貸借では、甲建物の使用に関する必要費はDが負担することと引き換えに、賃料額は低く設定されていたのであり、この見解によればCに不測の損害を負わせるからである。

　したがって、合意解除を転借人に対抗しえない場合には、あくまで賃貸借契約が転借人との関係ではなお存続することになると解すべきである。それ

が、賃貸借、転貸借において当事者が有していた本来の法的地位にも相応するからである。これによれば、修繕費用の償還義務はあくまで転貸人Ｄが負うにすぎず、転借人ＥはＣに対してその履行を請求することができない。この場合には、ＥＣ間ではなおＣＤの賃貸借契約が存続するから、613条1項により、賃貸人Ｃは、その賃料債権額、すなわち20万円の範囲で、転貸人Ｄの転借人Ｅに対する転貸賃料債権の金額、すなわち15万円の支払請求権を行使することができる。

以上

Ⅲ. 展開編

1. 94条2項の類推適用

（1）判例法理の根幹

　94条2項の背景には、権利外観法理ないし表見法理があると説明される。すなわち、権利を有しない者があたかも権利者であるかのような外観を有し、かつ、その外観の作出について本来の権利者に責任（帰責性）が認められる場合には、その外観を正当に信頼した第三者、すなわち善意無過失の第三者は信頼した外観通りの権利を取得しうる、という法思想がそれである。このような思想が94条2項の根拠の1つになっていることは否定しえない。しかし、外観の作出に対する権利者の帰責性といっても、その程度はさまざまであり、とりわけ、権利者が自己の意思で不実の外観を作出した場合とそうではない場合とでは、帰責性の度合いは大きく異なる。

　本来の虚偽表示の場合においては、意思表示をした者は自己の意思で不実の法律行為をしているため、その法律行為が不実であるか否かについて第三者が注意を尽くさなければ、たとえこれが不実であることについて善意でも保護しないというのは、両者の利益の比較考量という観点からは妥当ではあるまい。不実の外形というリスクを自己の意思で外部にもたらしている以上、そのリスクは自身が負うべきであるからである。ただし、第三者がそのことを知っている場合であれば、かかる第三者を保護する必要はないため、この取扱いは善意の第三者との関係に限定されることになる。しかし、このことを超えて、第三者の側にその外形が不実であるか否かを調査する義務を課すことはできない。

それゆえ、94条2項は、意思表示が虚偽であることについて第三者が善意であれば保護されることにしているのである。

94条2項の本来の趣旨がそうである以上、その類推適用においても、不実の外観が権利者の意思によるものであり、他方で、第三者が不実であることについて善意であることが要件となるはずである。判例はまさにそのような立場にある。もっとも、ここでは不実の外形が権利者の意思に基づいていることが重要であるため、他人が作出した不実の外形であっても、これを権利者が事後的に承認したのであれば、以後は、その不実の外形は権利者の意思に基づくものと評価しうるので、その場合にも94条2項の類推適用が認められる。

(2) 四宮博士の見解

ところが、このような判例の考え方に対しては、四宮和夫博士が、94条2項の背後に表見法理がある以上、その要件にもこれを反映すべく、第三者の保護要件としては善意のみならず無過失も必要と位置づけた（四宮和夫『民法総則〔第4版〕』（弘文堂、1986年）165〜166頁参照。同書は、その後、能見教授により改訂を重ねているが、ここでは四宮博士単独の最後の版を引用する）。他方で、同博士は、94条2項の根拠が表見法理にある以上、表見法理の要件、すなわち、一方では権利の外観に対する第三者の信頼が存在し、他方では不実の外観の作出について権利者の帰責事由が存在すれば、これを虚偽表示自体が存在しない場合にも類推適用しうるとしていた（同171頁参照）。そのうえで、第三者が保護に値するか否かは、第三者の信頼の度合いと権利者の帰責性の度合いとの相関関係によって決せられるという。ここでは、94条2項の類推適用のために不実の外観への権利者の意思的関与が必須の要素とはされていないため、これが欠けているケースにも94条2項を類推適用することが可能となる。したがって、判例のようにこのケースに対して94条2項に加えて110条を持ち出す必要はなく、現に、四宮博士は、判例のように2つの条項を援用する法的構成をとっていなかった。

筆者の学生時代には、四宮博士の教科書は学生に多大な影響を及ぼしていた。そのためなのだろう。94条2項の類推適用の要件論においては、判例よりも四宮説を重視する人が少なくなく、それを端的にまとめると、要件は、①不実の外形の存在、②その作出に対する権利者の帰責性、③その外形が不実である

ことについて善意無過失で、④第三者がこれに法的な利害関係を持つに至ったこと、という形になる。

(3) 若干の検討

　ところが、②の要件だけが独り歩きすると、不実の外形の作出について何らかの落ち度が権利者に認められれば、これを信頼した第三者は当然に保護される、という結論が横行することになりかねない。現に、筆者の見た予備校の参考答案は、そのような書き方をしていた。しかし、このような見解は四宮説からも外れてしまっている。四宮博士は、権利者による意思的な関与がなく、些細な落ち度しかない場合には、それだけ第三者には高度な注意義務が課されるべきと考えていたはずである。もともと、四宮説では、94条2項における第三者保護の要件としては無過失が必要となるのであり、その点が判例とは異なっている。すなわち、判例は、あくまで条文の要件に忠実に従い、94条2項の類推適用では、不実の外観に対する権利者の意思的関与を要求しつつ、第三者の保護要件も善意で足りるとするのに対し、四宮説は、権利外観法理という法思想にそのまま合致するように94条2項の要件を改訂しているのである。ところが、予備校の答案は、一方では94条2項の類推適用の要件論において四宮説のようなことを書いていながら、他方で、94条2項および110条の類推適用といった無用の議論まで展開している。このことは、いかに判例と四宮説との違いが正確に理解されていないかを如実に物語っている。

　そのうえで、筆者は、判例の立場が本来の法解釈論のあるべき姿だと考えている。というのは、個別の条文で直接規定されていない法思想を援用して、条文の要件を操作できることになれば、それは、個別規定の解釈の枠を超え、その解釈の名のもとに一般条項を援用することとほとんど変わらないからである。不実の外観について権利者の意思的関与がなくてもこれに準ずる帰責性が認められる場合において、仮に不実の外観を正当に信頼した第三者を保護するための根拠となる個別規定が存在しないというのであれば、四宮説のような解釈論も合理的かもしれない。しかし、実際にはそうではなく、94条2項のみならず、110条も援用すれば、そのようなケースでもあくまで個別規定で示された要件に相応した解決が可能になる。

　本来、個別の規定の類推適用は、規定の目的に照らしてその要件と同一に評

価しうる要素がある場合に認められるものであり、94条2項が権利者の意図的な虚偽の意思表示を要件としている以上、これと同一に評価しうるのは権利者の意思に基づく不実の外形の作出にとどまる。これを超えて単なる帰責性という要素があれば類推適用が認められることにはならない。この点で、判例の見解は類推適用の本来のあり方に相応しているのであり、不当な拡大解釈もこれによって抑制されるのである。ちなみに、平成29年の法改正のさいにも、94条2項の第三者の保護要件は議論されていたと思われるが、結局、改正法も第三者には善意だけを要求するにとどめている。

2. 94条2項および110条の類推適用

(1) 第三者が無過失である場合

　したがって、基礎編で説明したように、本問のケースにおいて不実の外観がAの意思に基づくものではないとすると、94条2項および110条の類推適用が問われることになる。もっとも、試験問題ではCの過失が明示されているから、答案ではその点を理由にCが保護されないことを指摘すれば十分だろう。しかし、仮にCが無過失である場合には、はたして不実の外観に対する帰責性の要件が充たされるのかは非常に難しい問題である。これについては、否定例の判例と肯定例の判例があるので、それぞれの事案を比較することが有用である。この問題に関しては具体的な事実関係が重要となるので、少し冗長になってしまうかもしれないが、以下では、それぞれの判例の事実関係をほぼそのまま引用することにしたい。

(2) 否定例（最判平成15年6月13日判例時報1831号99頁）

(a) 事実の概要

　Xは、平成11年2月28日、株式会社Aとの間で、5月31日を期限として、X所有の本件土地建物の所有権移転および所有権移転登記手続と売買代金8200万円の支払いとを引換えとするとの約定で、本件土地建物の売買契約を締結した。その際、Aの代表者Bが、本件土地の地目を田から宅地に変更し、道路の範囲の明示や測量をし、近隣者から承諾を得るために委任状が必要であるというので、Xは、委任事項が白紙の委任状2通を作成して、これをBに

交付した。また、Bは、Xに対し、司法書士の手間、費用、時間等を考えると、5月31日の所有権移転登記に間に合わせるために、本件土地の地目の田から宅地への変更、道路の範囲の明示、測量等の所有権移転の事前準備の必要があるので、登記済証を預かりたいといって、「事前に所有権移転しますので、本日、土地、建物の権利書を預かります」との記載がされた預り証（以下「本件預り証」という）を交付した。Xは、その記載を見たものの、深く考えず、Bに言われるままに、本件土地建物の登記済証を預けた。

　Xは、同年3月4日、道路の範囲の明示に必要であるという説明に従い、Bに対し、さらに、委任事項が白紙の委任状を作成して交付したほか、同日から同月9日にかけて、自己の印鑑登録証明書を交付した。Xの妻は、4月2日にXの意を受けて、Bの求めに応じ、X名義の委任事項が白紙の委任状を作成して交付した。同年3月9日、Xは、Bから本件各委任状の写しの交付を受けたところ、それらには、「事前に所有権移転をしてもらってけっこうです」、また、「上記の物件の土地、建物の売買に関して一切の権限を委任します」との記載が書き加えられていることに気づいた。しかし、Bは、Xに対し、同年5月31日に売買代金の決済と同時にAに本件土地建物の所有名義を移転すると述べていたことから、Xは、これを信じており、同日よりも前にAに対して所有権を移転させる意思を有していなかった。

　BないしA関係者は、Xまたはその妻から交付を受けた上記各書類を悪用して、Xに対して本件土地建物の売買代金を支払うことなく、本件土地建物につき、平成11年4月5日受付で、XからAへの所有権移転登記（以下「本件第1登記」という）をした。Aは、同年4月15日、株式会社Y₁との間で、本件土地建物を代金6500万円で売り渡す旨の契約を締結し、これに基づき、同月16日、AからY₁への所有権一部移転登記および持分全部移転登記（以下、これらの各登記をあわせて「本件第2登記」という）がされた。Y₁は、Aに本件土地建物の所有権が移転していないことにつき善意無過失であった。Y₁は、同年4月28日、Y₂との間で、本件土地建物を代金6500万円で売り渡す旨の契約を締結し、これに基づき、同日、Y₁からY₂への所有権一部移転登記および持分全部移転登記（以下、これらの各登記をあわせて「本件第3登記」という）がされた。Y₂は、Aに本件土地建物の所有権が移転していないことにつき善意無過失であった。

（b）最高裁の判断

（1）　前記原審の認定の事実によれば、X は、地目変更などのために利用するにすぎないものと信じ、A に白紙委任状、本件土地建物の登記済証、印鑑登録証明書等を交付したものであって、もとより本件第 1 登記がされることを承諾していなかったところ、X が A に印鑑登録証明書を交付した 3 月 9 日の 27 日後の 4 月 5 日に本件第 1 登記がされ、その 10 日後の同月 15 日に本件第 2 登記が、その 13 日後の同月 28 日に本件第 3 登記がされるというように、接着した時期に本件第 1 ないし第 3 登記がされている。

（2）　また、記録によれば、X は、工業高校を卒業し、技術職として会社に勤務しており、これまで不動産取引の経験のない者であり、不動産売買等を業とする A の代表者である B からの言葉巧みな申入れを信じて、同人に上記（1）の趣旨で白紙委任状、本件土地建物の登記済証、印鑑登録証明書等を交付したものであって、X には、本件土地建物につき虚偽の権利の帰属を示すような外観を作出する意図は全くなかったこと、X が本件第 1 登記がされている事実を知ったのは 5 月 26 日ころであり、Y らが本件土地建物の各売買契約を行った時点において、X が本件第 1 登記を承認していたものでないことはもちろん、同登記の存在を知りながらこれを放置していたものでもないこと、B は、白紙委任状や登記済証等を交付したことなどから不安を抱いた X やその妻からの度重なる問い合わせに対し、言葉巧みな説明をして言い逃れをしていたもので、X が A に対して本件土地建物の所有権移転登記がされる危険性について B に対して問いただし、そのような登記がされることを防止するのは困難な状況であったことなどの事情をうかがうことができる。

（3）　仮に上記（2）の事実等が認められる場合には、これと上記（1）の事情とを総合して考察するときは、X は、本件土地建物の<u>虚偽の権利の帰属を示す外観の作出につき何ら積極的な関与をしておらず、本件第 1 登記を放置していたとみることもできない</u>のであって、民法 94 条 2 項、110 条の法意に照らしても、A に本件土地建物の所有権が移転していないことを Y らに対抗し得ないとする事情はないというべきである。（下線は筆者の補充による）

(3) 肯定例（最判平成 18 年 2 月 23 日民集 60 巻 2 号 547 頁）

(a) 事実の概要

　X は、平成 8 年 1 月 11 日ころ、A の紹介により、B から、本件不動産を代金 7300 万円で買い受け、同月 25 日、B から X に対する所有権移転登記がされた。X は、A に対し、本件不動産を第三者に賃貸するよう取り計らってほしいと依頼し、平成 8 年 2 月、言われるままに、業者に本件不動産の管理を委託するための諸経費の名目で 240 万円を A に交付した。X は、A の紹介により、同年 7 月以降、本件不動産を第三者に賃貸したが、その際の賃借人との交渉、賃貸借契約書の作成および敷金等の授受は、すべて A を介して行われた。

　X は、平成 11 年 9 月 21 日、A から、上記 240 万円を返還する手続をするので本件不動産の登記済証を預からせてほしいと言われ、これを A に預けた。また、X は、以前に購入し X への所有権移転登記がされないままになっていた 7371 番 4 の土地についても、A に対し、所有権移転登記手続および隣接地との合筆登記手続を依頼していたが、A から、7371 番 4 の土地の登記手続に必要であると言われ、平成 11 年 11 月 30 日および平成 12 年 1 月 28 日の 2 回にわたり、X の印鑑登録証明書各 2 通（合計 4 通）を A に交付した。さらに、X は、A に本件不動産を代金 4300 万円で売り渡す旨の本件売買契約書に、その内容および使途を確認することなく、売却の意思がないにもかかわらず A から言われるままに署名押印した。

　X は、平成 12 年 2 月 1 日、A から 7371 番 4 の土地の登記手続に必要であると言われて実印を渡し、A がその場で所持していた本件不動産の登記申請書に押印するのを漫然と見ていた。A は、X から預かっていた本件不動産の登記済証および印鑑登録証明書並びに上記登記申請書を用いて、同日、本件不動産につき、X から A に対する同年 1 月 31 日売買を原因とする所有権移転登記手続（本件登記）をした。

　A は、平成 12 年 3 月 23 日、Y との間で、本件不動産を代金 3500 万円で売り渡す旨の契約を締結し、これに基づき、同年 4 月 5 日、A から Y に対する所有権移転登記がされた。その後、X は、Y に対し、本件不動産の所有権に基づき、A から Y に対する所有権移転登記の抹消登記手続を求める訴えを提起した。

（b）最高裁の判断

> 　Ｘは、Ａに対し、本件不動産の賃貸に係る事務及び7371番4の土地について の所有権移転登記等の手続を任せていたのであるが、そのために必要であるとは考えられない本件不動産の登記済証を合理的な理由もないのにＡに預けて数か月間にわたってこれを放置し、Ａから7371番4の土地の登記手続に必要と言われて2回にわたって印鑑登録証明書4通をＡに交付し、本件不動産を売却する意思がないのにＡの言うままに本件売買契約書に署名押印するなど、Ａによって本件不動産がほしいままに処分されかねない状況を生じさせていたにもかかわらず、これを顧みることなく、さらに、本件登記がされた平成12年2月1日には、Ａの言うままに実印を渡し、ＡがＸの面前でこれを本件不動産の登記申請書に押捺したのに、その内容を確認したり使途を問いただしたりすることもなく漫然とこれを見ていたというのである。そうすると、Ａが本件不動産の登記済証、Ｘの印鑑登録証明書及びＸを申請者とする登記申請書を用いて本件登記手続をすることができたのは、上記のようなＸの余りにも不注意な行為によるものであり、Ａによって虚偽の外観（不実の登記）が作出されたことについてのＸの帰責性の程度は、<u>自ら外観の作出に積極的に関与した場合やこれを知りながらあえて放置した場合と同視し得るほど重いもの</u>というべきである。そして、前記確定事実によれば、Ｙは、Ａが所有者であるとの外観を信じ、また、そのように信ずることについて過失がなかったというのであるから、民法94条2項、110条の類推適用により、Ｘは、Ａが本件不動産の所有権を取得していないことをＹに対し主張することができないものと解するのが相当である。（下線は筆者の補充による）

（4）若干の検討

（a）94条2項および110条の類推適用の射程

　以上の判例によれば、所有者の帰責性が「自ら外観の作出に積極的に関与した場合やこれを知りながらあえて放置した場合と同視し得るほど重いもの」であるならば、第三者は、善意無過失である限り、94条2項および110条の類推適用によって保護されるのは明らかである。しかし、逆に、本来の所有者は、不実の外形の原因となる行為をしていたからといって、すなわち、取引通念上

要求される注意を尽くしていないからといって、直ちに不利益を甘受すべきことにはなっていない。それは、不動産取引における登記の持つ意味に関連しているように思われる。

確かに、登記には公信力はなく、無権利者の登記を信頼して取引に入ってもそれだけで保護されるわけではない。しかし、不動産の取引をする者は、通常、その権利関係を登記によって確認する、というのが取引通念とされる以上、登記簿を確認してその記載を信頼して取引をした者には、特段の事情がないかぎり、過失がないことになるだろう。したがって、上記の判例に現れた第三者も登記簿に依拠して取引に入っていたのであれば、ほぼそれらは無過失であったと判定されることになり、現に判例の事案ではそのように認定されている。そうすると、不実の外形の作出について所有者に単に過失があれば帰責性の要件が充たされるとすれば、多くのケースで善意の第三者が保護され、所有者は不動産という大きな財産を喪失することになる。これでは、登記の公信力を否定し、真の所有者の利益を保護しようとした日本の法システムにも適合しない恐れがある。

それゆえ、判例は、不実の外形が所有者の意思に基づくものではない場合でも、110条を援用することにより善意無過失の第三者を保護する余地を認めつつ、その場合の帰責性は、不実の外形が真の所有者の意思に基づく場合に比肩することを要するとして、上記のような定式化をしたのではないか。すなわち、この場合の帰責性とは、不動産登記に必要な書類等を他人に交付するという事実だけでは当然には認められない。ところが、今回の問題に関する予備校の答案例を見ると、Aの帰責性を簡単に肯定してしまっている。このことも、94条2項の類推適用の要件は本人の帰責性があれば充足される、という大雑把な理解がもたらす悪影響のように思える。

(b) 本問の処理

それでは、本問でのAの帰責性はどのように評価すべきか。確かに、Aは、譲渡担保契約書、譲渡担保を原因とする所有権移転の登記申請書をBから提示され、自らこれに署名・押印している以上、これに基づいて登記がされることは認識していたといえる。しかし、Aはその意味を理解することができず、Bに騙されて所有権移転は万全と認識していたのであるから、その主観的認識は、所有権移転の事実を示す登記がされたというものであろう。ただし、その

登記原因は譲渡担保と記されている点が真実と異なっているが、譲渡担保の意味をAが理解していない以上、前述した譲渡担保の法律関係が対外的に表示されることもAは認識していない。もちろん、Aも提示された書面の意味を理解できないのであれば、それを確認する行動をとるべきであり、これを怠った点には過失がある。しかし、Aが不動産取引に疎く、親しいBを信用していた点からは、重大な過失があったとはいいがたい。

　これに対し、肯定例の判例の事案では、本来の所有者Xは不実登記のために悪用された文書等を自分の意思でAに渡しており、それはAに委ねていた目的不動産の賃貸とは関係しないものである。また、不実登記も、単に売買を原因として所有権を移転するというものであって、その内容は単純明快である。そして、Xは、登記申請に必要な実印を自己の意思でAに渡し、しかも、不実の所有権移転の登記申請書にAが捺印しているのを見ていたのであるから、自己の権利に相反する登記がされることは当然認識しうるはずであった。それにもかかわらず、Xはそれを問い質しもしなかったのである。判例は、この点を重視し、「Xの帰責性の程度は、自ら外観の作出に積極的に関与した場合やこれを知りながらあえて放置した場合と同視し得るほど重い」と見て、善意無過失のYを保護したといえる。つまり、肯定例の事案は、不実登記が本来の所有者に意思に基づくものと判定しうるケースに限りなく近いものであるが、なおこれを断定し切れない場合に、94条2項のみならず110条を援用して第三者を保護したものである。

　むしろ、本問のAの立場は否定例の判例の事案に近接するというべきであろう。この事案でも、本来の所有者は直ちに登記がされてしまう危険のある文書等を渡してはいるが、相手の言葉に半ば騙されていること、それには不動産取引の素人であるために已むえない側面があることが強調されている。まさに、本問のAも、登記申請書の内容が持つ法的意味を理解することができず、Bの言葉に騙されている点では共通している。とすれば、判例の考え方による限り、本問で、たとえCが無過失であったという前提になっても、これが保護されることにはならないのではないか（ところが、予備校の解説は逆のことを書いている）。

3. 賃貸借契約の合意解除における転貸借契約の処遇

(1) 賃貸借を目的不動産の譲受人に対抗しうる場合との異同

　最後に、賃貸借契約の合意解除を転借人に対抗しえない場合の法律関係をとりあげよう。基礎編で説明したように、かなりの学生は、この場合には、賃貸借契約自体は合意解除によって終了し、転貸借契約の転貸人の地位が賃貸人に承継されると解しているようである。しかし、これでは、転貸人と賃貸人との合意なくして、かつ、転貸借の相手方である転借人の承諾なしに、転貸借契約当事者の地位が賃貸人に移転することなる。確かに、対抗要件を具備した不動産賃貸借において、所有者である賃貸人が目的不動産を第三者に譲渡した場合には、賃貸人と譲受人との合意なくして、かつ、賃借人の承諾なくして、賃貸人の地位が譲受人に移転すると解されている（改正法605条の2第1項はこのことを明確に規定した）。しかし、この場合に当事者が有する利害状況は、上記の転貸借における利害状況とは全く異なっており、両者を同列に扱うことはできない。

　不動産の賃借人が賃貸借の効力を譲受人にも主張しうる場合には、賃貸人の地位が譲受人にも承継されるとするのは、譲渡契約当事者の合理的意思に合致する。なぜなら、この場合の譲受人は、所有権に基づいて賃借人に対して明渡しを請求することができず、賃借人による利用を容認せざるをえない以上、賃貸人としての権利も主張しえないとするより、賃貸人の地位は承継して利用の対価である賃料債権も取得するというのが、その利益の保護になるからである。他方で、目的不動産を譲渡した賃貸人は賃貸借契約上の義務を履行することができない以上、これにその対価の賃料債権を取得させることは適切ではない。むしろ、所有権を有する譲受人こそが賃貸人としての義務を履行しうるのであるから、その対価である賃料債権もこれに帰属させるべきである。それゆえ、特別の事情がないかぎり、譲渡契約当事者間では、目的不動産の所有権の移転とともに賃貸人の地位は譲受人に移転すべきことになる。さらに、賃借人にとっても、目的不動産を円滑に利用しうることが重要であり、譲受人が賃貸人になることがその保護にもなる。それゆえ、賃借人の同意がなくても、賃貸人の地位が譲受人に移転すると解してよい。

　これに対して、賃貸借契約の合意解除を転借人に対抗しえないとする理由は、

賃借人の有する賃借権の範囲で容認される転借人の利用権を覆してはならない、という点に尽きる。それゆえ、転借人には従前と同じ地位が保障されれば十分である。確かに、転借人にとって、転貸借契約の転貸人の地位が目的不動産の所有者に移転すれば、その地位はより強固となろう。しかし、そのような利益をもともと転借人は有していなかったのであり、このような特別の保護を認める理由は全く存在しない。

(2) 転貸借契約の承継を認める説の問題

　本問で、所有者ないし賃貸人が転貸人の地位を承継することとなれば、所有者は当初の賃貸借では予定されていない不測の負担を受ける危険性がある。その例の1つが、〔設問2〕で問われている修繕費用の償還義務であり、それ以外にも、本来の賃貸借で定められた賃料額より転貸賃料額が低い場合には、所有者は、そのような低い賃料をもって転借人の使用を認めなければならなくなる。単に賃借人と解除の合意をしたというだけで、かかる不利益を正当化する理由は全く存在しない。むしろ、合意解除によっても所有者が占有を回復しえないのであれば、従前の賃貸借契約がそのまま存続するという扱いがその合理的意思に合致する。

　ところが、予備校の作成している参考答案は、賃貸借契約が終了し転貸借契約が承継されるというのが、法律関係を錯綜させない点で適切である、としか書いていない。そのうえで、本問のCは、Eに対して本来の賃料額より低い転貸賃料額の支払いしか請求できないとしても、借地借家法32条の借賃増減請求権によってその利益を保持できるから、それで問題ないと言い切っている。しかし、CがEに対して当然に借賃の増額を請求しうることになれば、今度は、本来は月額15万円で借りていたEの地位はどうなるのであろう。そもそも、借地借家法32条はこのようなケースを想定して設けられた条項ではなく、この条文の援用は、もともと自説に内在する難点を避けるための苦渋の説明にしか映らない。むしろ、そのような苦しい解釈に行きつかざるをえないということは、自説そのものに根本的欠陥があることを露呈するものではないのか。

　あるいは、合意解除の効力があくまで転借人との関係でしか否定されないとすると、本問のCD間では賃貸借契約は終了しており、CがDのEに対する転貸賃料債権を代わりに行使することができなくなる、とでもいうのだろうか。

しかし、この問題に関しては、Eとの関係では賃貸借契約が存続しているという理屈をもって対処しうるし、それが複雑な構成であるというのであれば、最終的にはCD間の合意解除の効力を絶対的に否定することもできる（潮見・前掲487頁は、筆者のような立場だと合意解除を有効とする意味がないと批判するが、むしろ、合意解除の効力自体が最終的に否定されるべきなのである）。というのは、CD間の合意解除はそれ自体法律行為であり、このような合意解除は、所有者が賃貸借の拘束から逃れて目的不動産を自由に使用しうることを目的としており、当然、転借人に対して明渡しを請求しうることを前提としているからである。ところが、それが現実には認められないというのであれば、「法律行為の基礎とした事情についてその認識が真実に反する錯誤」があり、これは重要なものと判断しうるから、Cは合意解除の意思表示を取り消すことができる（95条1項2号）。

　なお、原賃貸借契約の合意解除の場合には、転貸借契約が賃貸人に承継されるとする裁判例として、東京高判昭和38年4月19日下民集14巻4号755頁がある。しかし、この裁判例は次のようなものであった。すなわち、原告Xは、被告Yに建物を賃貸していたと主張し、Yの賃料債務の不履行があったとして、Yに対し、契約解除に基づき目的建物の明渡し等を請求した。ところが、実際には、XはAに目的建物を賃貸し、YはXの承諾の下にAからこれを転借していたのであり、その後、XA間で賃貸借契約の合意解除がされていた。そこで、裁判所は、この合意解除によりAY間の転貸借契約がXに承継されたとしつつ、Yの賃料債務の不履行を認めて、Xの解除に基づく請求を容認した。つまり、このケースでは、賃貸人は転借人との直接の契約関係があると主張していたのであり、その利害状況は本問とは全く異なる点に注意しなければならない。

(3) 地上権者が賃貸借契約を結んだ後に地上権設定契約が解除された場合

　予備校の解説では、自説を根拠づける裁判例として、東京高判昭和58年1月31日判例時報1071号65頁が援用されている。しかし、この裁判例は、地上権者が目的土地について建物所有のための賃貸借契約を締結した後に、地上権設定者との間で地上権設定契約の合意解除があった場合には、当該賃貸借は地上権設定者すなわち土地所有者との間で存続することを認めたものにすぎない。

そもそも、土地に地上権が設定されている場合には、所有者の占有権原は制限され、むしろ、その目的の範囲では地上権者が占有権原を排他的に有することになる。それゆえ、地上権者はその権利の範囲内で目的物を第三者に自由に賃貸することができるのであり、現に賃貸した場合には、所有者がその賃借人に対して物権的返還請求権を行使しうる余地はない。したがって、仮に地上権設定契約がその存続期間中に地代不払い等の債務不履行を理由に解除された場合でも（541条本文）、対抗要件を具備した賃貸借の効力は覆されない。なぜなら、賃借人は、地上権者に移転した物権的権利の上に独自の利用権を取得しており、545条1項但書の「第三者」に当たるといえるからである（東京地判昭和27年4月8日下民集3巻4号464頁は、売買契約の買主が目的物を賃貸した後に、売買契約が解除された場合には、賃借人は545条1項但書の「第三者」に当たるという立場をとっているが、これは地上権設定契約の解除の場合にも妥当するだろう）。

　その結果、所有者は賃貸借の効力に拘束されることになるが、その場合でも、地上権設定契約当事者間では解除の効力を容認するのがその合理的意思に合致する。所有権の負担にすぎない地上権を消滅させることは所有者の利益とはなっても、不利益とはならないからである。このとき、賃貸借契約の帰趨が問われるが、ここでは、地上権設定契約の解除により、いったん所有者から地上権者に移転した排他的占有権原が所有者に復帰する関係が成立する以上、いわば、対抗要件を具備した賃貸借の目的不動産が第三者に譲渡された場合と同じ事態が発生する。とすれば、この場合には、賃貸借契約の賃貸人の地位が所有者に移転することは当然だろう（もっとも、その賃貸借も地上権の本来の存続期間の範囲で保護されることになる）。

　地上権設定契約について法定解除がされた場合に、対抗要件を具備した賃貸借契約が所有者に承継されるのであるならば、合意解除がされた場合には、なおさら賃貸借契約は所有者に承継されるとするのが穏当であろう。しかし、このことと、賃貸借および転貸借がされた場合の法律関係は全く異なる。したがって、上記の裁判例を本問の転貸借の処遇の問題にそのままトレースすることは、事実関係ないし法律関係の異同を無視した議論としか言いようがない。

安全配慮義務違反と不法行為責任、財産分与の詐害行為性

◀ 問 題 ▶

次の文章を読んで，後記の〔設問 1〕及び〔設問 2〕に答えなさい。

【事実】

1. Aは，個人で建築業を営むBに雇用された従業員である。同じく個人で建築業を営むCは，3階建の家屋（以下「本件家屋」という。）の解体を請け負ったが，Bは，その作業の一部をCから請け負い，Cが雇用する従業員及びAと共に，解体作業に従事していた。Cは，A及びBに対し，建物解体用の重機，器具等を提供し，Cの従業員に対するのと同様に，作業の場所，内容及び具体的方法について指示を与えていた。

2. Cは，平成26年2月1日，Aに対し，本件家屋の3階ベランダ（地上7メートル）に設置された柵を撤去するよう指示し，Bに対し，Aの撤去作業が終了したことを確認した上で上記ベランダの直下に位置する1階壁面を重機で破壊するよう指示した。

   Aは，同日，Cの指示に従って，本件家屋の3階ベランダに設置された柵の撤去作業を開始した。ところが，Bは，Aの撤去作業が終了しないうちに，本件家屋の1階壁面を重機で破壊し始めた。これにより強い振動が生じたため，Aは，バランスを崩して地上に転落し，重傷を負った（以下「本件事故」という。）。なお，Cは，このような事故を防ぐための命綱や安全ネットを用意していなかった。

3. Aは，転落の際に頭を強く打ったため，本件家屋の解体作業に従事していたことに関する記憶を全て失った。しかし，Aは，平成26年10月1日，仕事仲間のDから聞いて，本件事故は【事実】2の経緯によるものであることを知った。

4. その後，Bは，Aに対して本件事故についての損害を賠償することなく，行方不明となった。そこで，Aは，平成29年5月1日，Cに対し，損害賠償を求めたが，Cは，AもBもCの従業員ではないのだから責任はないし，そもそも今頃になって責任を追及されてもCには応じる義務がないとして

拒絶した。

5. Aは，平成29年6月1日，弁護士Eに対し，弁護士費用（事案の難易等に照らし，妥当な額であった。）の支払を約して訴訟提起を委任した。Eは，Aを代理して，同月30日，Cに対し，①債務不履行又は②不法行為に基づき，損害賠償金及びこれに対する遅延損害金の支払を請求する訴訟を提起した。

〔設問1〕

　AのCに対する請求の根拠はどのようなものか，【事実】5に記した①と②のそれぞれについて，具体的に説明せよ。また，【事実】5に記した①と②とで，Aにとっての有利・不利があるかどうかについて検討せよ。なお，労災保険給付による損害填補について考慮する必要はない。

【事実（続き）】

6. Cは，本件事故の前から，妻Fと共に，自己所有の土地（以下「本件土地」という。）の上に建てられた自己所有の家屋（以下「本件建物」という。）において，円満に暮らしていた。本件土地はCがFとの婚姻前から所有していたものであり，本件建物は，CがFと婚姻して約10年後にFの協力の下に建築したものである。

7. Cは，Aからの損害賠償請求を受け，平成29年7月10日，Fに対し，【事実】1及び2を説明するとともに，「このままでは本件土地及び本件建物を差し押さえられてしまうので，離婚しよう。本件建物は本来夫婦で平等に分けるべきものだが，Fに本件土地及び本件建物の全部を財産分与し，確定的にFのものとした上で，引き続き本件建物で家族として生活したい。」と申し出たところ，Fは，これを承諾した。

8. Cは，平成29年7月31日，Fと共に適式な離婚届を提出した上で，Fに対し，財産分与を原因として本件土地及び本件建物の所有権移転登記手続をした。Cは，上記離婚届提出時には，本件土地及び本件建物の他にめぼしい財産を持っていなかった。

　CとFとは，その後も，本件建物において，以前と同様の共同生活を続けている。

〔設問2〕

　Eは，平成30年5月1日，Aから，⑦CとFとは実質的な婚姻生活を続けていて離婚が認められないから，CからFへの財産分与は無効ではないか，⑦仮に財産分与が有効であるとしても，本件土地及び本件建物の財産分与のいずれについても，Aが全部取り消すことができるのではないか，と質問された。

　本件事故についてAがCに対して損害賠償請求権を有し，その額が本件土地及び本件建物の価格の総額を上回っているとした場合，Eは，弁護士として，⑦と⑦のそれぞれにつき，どのように回答するのが適切かを説明せよ。

Ⅰ. 基礎編

▶**基礎的事項のチェック**

1. 安全配慮義務とはどのような義務か？
2. 一般の不法行為責任の要件はどうなっているか？
3. 安全配慮義務違反による責任と不法行為責任との間にはどのような差があるのか？
4. 履行補助者の過失はいかなる意味を持つか？
5. 使用者責任の要件はいかなるものか？
6. 詐害行為取消権とはどのような制度か？
7. 財産分与はいかなる意義を有するのか？

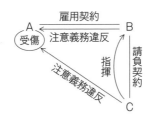

1.〔設問 1〕について

(1) 債務不履行または不法行為の可能性

　【事実】1 において、A はその雇用主である B とともに、C の指揮に従い労働に従事していた。ところが、【事実】2 では、B が C の指示に従わずに作業をしたことが原因となって、A が転落する事故が発生し、これによって A は重傷を負った。ところが、【事実】4 では、事故の直接的原因となったミスをした B が行方不明となったため、A は、事故によって受けた損害の賠償を C に対して求めたところ、C がこれを拒絶したため、最終的に、【事実】5 のように、弁護士 E を通じて、C に対し損害賠償を請求する訴えを提起した。

　このように、民事法上、損害賠償の請求をする場合には、一般的に、これを基礎づける法的構成としては、【事実】5 で援用されている債務不履行 (415 条 1 項) または不法行為 (709 条) が考えられる。損害賠償責任を基礎づける要素として、前者では債務の不履行、後者では過失が重要であり、この事実関係では具体的にどの事実がこれらに当たるのかを特定する必要がある。そこでまず、注目すべき箇所は、【事実】2 における「C は、このような事故を防ぐための命綱や安全ネットを用意していなかった」という事実である。

　もっとも、前述のように、事故の直接の原因となったのは B の不注意な行為であったのであるから、これが C の責任にとっていかなる意味を持つのかも重要である。素人考えでは、事故の直接の原因が B にある以上、C の責任は軽減されるかに思われるが、実はそうではない。むしろ、B の行為は、C の指揮下にあって作業に従事していた過程でされたものであり、これについても C は責任を負うべきといえる可能性があるからである。つまり、これは、他人の行為に対する責任の問題であり、債務不履行においては履行補助者と呼ばれる論点、不法行為においては使用者責任 (715 条 1 項) に当たる。履行補助者の問題は、あくまで債務不履行の一内容であるため、これについての責任を基礎づける条項も 415 条 1 項となるが、使用者責任については 709 条とは異なる 715 条が問題となる。それゆえ、本問では、不法行為責任については 2 つの条項の要件の充足が問われることになる。

　以下では、債務不履行責任の要件、その効果としての損害賠償請求権の内容、つづいて、不法行為責任の要件、その効果としての損害賠償請求権の内容、を

順次検討していこう。それによって、自ずから、〔**設問 1**〕で問われている有利、不利の有無も明らかになる。

（2）債務の問題

（a）安全配慮義務の存在

本問のように、人の生命・身体に対する侵害による損害の賠償責任を債務不履行責任として構成する場合に問題となるのが、判例上確立された安全配慮義務である。すなわち、判例は、自衛隊員が任務中の事故によって死亡した事案において、次のような立場をとった（最判昭和 50 年 2 月 25 日民集 29 巻 2 号 143 頁）。

> 　思うに、国と国家公務員（以下「公務員」という。）との間における主要な義務として、法は、公務員が職務に専念すべき義務（条文略）並びに法令及び上司の命令に従うべき義務（条文略）を負い、国がこれに対応して公務員に対し給与支払義務（条文略）を負うことを定めているが、国の義務は右の給付義務にとどまらず、国は、公務員に対し、国が公務遂行のために設置すべき場所、施設もしくは器具等の設置管理又は公務員が国もしくは上司の指示のもとに遂行する公務の管理にあたって、公務員の生命及び健康等を危険から保護するよう配慮すべき義務（以下「安全配慮義務」という。）を負っているものと解すべきである。もとより、右の安全配慮義務の具体的内容は、公務員の職種、地位及び安全配慮義務が問題となる当該具体的状況等によって異なるべきものであり、自衛隊員の場合にあっては、更に当該勤務が通常の作業時、訓練時、防衛出動時（条文略）、治安出動時（条文略）又は災害派遣時（条文略）のいずれにおけるものであるか等によっても異なりうべきものであるが、国が、不法行為規範のもとにおいて私人に対しその生命、健康等を保護すべき義務を負っているほかは、いかなる場合においても公務員に対し安全配慮義務を負うものではないと解することはできない。
> 　けだし、右のような安全配慮義務は、ある法律関係に基づいて特別な社会的接触の関係に入った当事者間において、当該法律関係の付随義務として当事者の一方又は双方が相手方に対して信義則上負う義務として一般的に認められるべきものであって、国と公務員との間においても別異に解すべき論拠はなく、公務員が前記の義務を安んじて誠実に履行するためには、

> 国が、公務員に対し安全配慮義務を負い、これを尽くすことが必要不可欠
> であり…。

　これは、国と公務員との間では、不法行為規範のほかに、国が公務員の生命・健康等を危険から保護するように配慮すべき義務関係が成立するとするものであり、その根拠としては、国の公務員に対する指揮命令権限があると考えられる。つまり、一方が他方を指揮・命令して、これを支配下に置く権限を有する以上、その支配下に内在する危険を除去するのが信義に適う、という思想がある。判例は、単に安全配慮義務の根拠を「特別な社会的接触」という広い表現に求めているが、決定的に重要であるのは、当事者間の指揮命令関係といえよう。したがって、同様の義務は、国と公務員との関係だけでなく、一方が相手を指揮命令しうる法律関係が成立しているケースにも認められなければならない。その典型例が雇用契約関係である（623条）。雇用契約では、使用者は被用者を指揮・命令してその支配下に置く権限を有する以上、その支配に内在する危険を除去しなければならない。現に、その後、判例は一般の雇用契約関係において安全配慮義務を認め、その場合の損害賠償責任を債務不履行に基づくものとみている（最判昭和55年12月18日民集34巻7号888頁、最判昭和59年4月10日民集38巻6号557頁）。というのは、かかる義務は契約という法律関係を基礎にしたものであるからである。

　それゆえ、少なくとも雇用関係にある当事者間では、労務の提供および賃金の支払いという本体的な義務関係以外に、使用者は被用者に対して、雇用契約に付随する義務として安全配慮義務を負い、これに違反した場合には、415条1項による損害賠償責任も発生する。ところが、本問では、AB間に雇用契約が成立し、BC間には請負契約が成立しているが、AC間には直接の契約関係は存在しない。とすると、そもそもAC間には契約上の安全配慮義務は成立しないのではないかという疑問が生ずる。しかし、判例は、本問のように、使用者が第三者と請負契約を結んで、被用者は第三者の指揮下で労務を提供していた場合には、当該第三者は、被用者に対して安全配慮義務を負うとする立場をとっている（前掲最判昭和55年12月18日民集34巻7号888頁、最判平成3年4月11日判例時報1391号3頁）。すなわち、直接の雇用契約関係にない場合でも、被用者は使用者との雇用契約を通じて第三者の指揮命令に従わなければならない

以上、被用者は第三者に対しても安全配慮義務を主張しうると見るのが信義則に合致するからである。それゆえ、本問でも、Cは、Aに対して、安全配慮義務を負うことになり、その違反によってAに損害が発生すれば、損害賠償責任も負うといえる。ただ、これを純粋な債務不履行責任と見るべきか否かは問題であるが、少なくともこれに準ずる責任ということはできよう。

（b）安全配慮義務の具体的内容

（ア）主張・立証責任

しかし、冒頭に掲げた判例は、安全配慮義務の具体的内容は、様々な事情によって異なりうるものであるとしている。そのうえで、その後の判例は、「国が国家公務員に対して負担する安全配慮義務に違反し、右公務員の生命、健康等を侵害し、同人に損害を与えたことを理由として損害賠償を請求する訴訟において、右義務の内容を特定し、かつ、義務違反に該当する事実を主張・立証する責任は、国の義務違反を主張する原告にある」としている（最判昭和56年2月16日民集35巻1号56頁）。それゆえ、本問において、AのCに対する損害賠償請求の要件としては、債務不履行の事実、すなわち、安全配慮義務違反の事実があることが必要であるが、裁判では、Aは、単に、AB間に雇用契約があり、BC間に請負契約があって、AはCの指揮の下で労務を提供しなければならない関係にあったことだけを主張・立証するのみならず、事故当時において具体的にCがいかなる措置をとるべき義務を負っていたかを特定し、それに違反したことを主張・立証しなければならない。

（イ）Cの設備上の問題

上記の内容に当たるのが、第一に、「Cがこのような事故を防ぐための命綱や安全ネットを用意する義務があったにもかかわらず、これをしなかった」ということになる。しかし、これは、後述のように、Aが不法行為を理由にして損害賠償を請求しようとするときに、その要件として主張・立証が求められる過失を基礎づける事実に相当する。従来、債務不履行責任を追及する場合と、不法行為責任を追及する場合とで、前者においては債務不履行の事実だけを主張・立証すればよく、免責事由についてはあくまで債務者が主張・立証しなければならないが（415条1項但書）、不法行為責任を追及する場合には、賠償請求をする側がこの免責事由に近似する過失を積極的に主張・立証しなければならない点で、債務不履行責任の追及が被害者にとって有利だといわれることが

あった。しかし、安全配慮義務違反を基礎づける事実が不法行為責任の過失と同じであるならば、この問題に関しては、安全配慮義務違反を追及するのが有利になるわけではない。

（ウ）Ｂの不法行為の問題

次に、Ｃがやはり指揮していたＢの不注意な行為、すなわち、「Ａの撤去作業が終了しないうちに本件家屋の１階壁面を重機で破壊し始めた」ことは、安全配慮義務違反として評価することができるだろうか。これを肯定するには、「Ａの撤去作業が終了してから破壊作業をすること」がＣの負う安全配慮義務の具体的内容に当たり、その履行のためにＣが使用したＢ、すなわち履行補助者がこれに違反した、といえなければならない。履行補助者の行為は、信義則上、債務者本人の行為と同等に評価しうるからである。

ところが、自衛隊の活動において上官の運転するジープに同乗していた隊員が、上官のミスによる交通事故によって死亡したという事案において、判例は、このような運転における注意義務は安全配慮義務の内容に包含されないとした（最判昭和58年5月27日民集37巻4号477頁）。すなわち、安全配慮義務は、「国が公務遂行に当たって支配管理する人的及び物的環境から生じうべき危険の防止について信義則上負担するものであるから、国は、自衛隊員を自衛隊車両に公務の遂行として乗車させる場合には、右自衛隊員に対する安全配慮義務として、車両の整備を十全ならしめて車両自体から生ずべき危険を防止し、車両の運転者としてその任に適する技能を有する者を選任し、かつ、当該車両を運転する上で特に必要な安全上の注意を与えて車両の運行から生ずる危険を防止すべき義務を負うが、運転者において道路交通法その他の法令に基づいて当然に負うべきものとされる通常の注意義務は、右安全配慮義務の内容に含まれるものではなく、また、右安全配慮義務の履行補助者が右車両にみずから運転者として乗車する場合であっても、右履行補助者に運転者としての右のような運転上の注意義務違反があったからといって、国の安全配慮義務違反があったものとすることはできないものというべきである。」

おそらく、本問のＢが作業中に負う注意義務の内容は、この判例の運転上の注意義務と変わらず、この判例の考え方を本問に当てはめれば、Ｂの不注意はＣの安全配慮義務違反を構成しないということになる。むしろ、本問では、Ｃの負う安全配慮義務は、作業者として適切な人物を選任し、これに必要な注

意を与えることに尽きるが、Cは、Bに対して作業上の注意を与えていた以上、Cには安全配慮義務違反はないこととなるだろう。ところが、後述のように、Bの行為が不法行為に当たることは明らかであり、AがCに対して不法行為の使用者責任（715条1項本文）を追及するならば、おそらくこれは肯定されるだろう。もちろん、使用者責任にも免責事由はあり（同項但書）、CがBに対して作業上の注意を与えたことがそれに当たるともいえるが、少なくとも裁判ではそのことをCが主張・立証しなければならず、これは容易に認められない現状にかんがみれば、この問題に関しては、むしろ使用者責任を追及することがAにとって有利になりそうである。

しかし、Bのミスが本当に安全配慮義務違反に当たらないと見るのが適切かには相当に疑問がある。この義務の根拠が、自己の支配下に他人を置くことのできる者は、その支配下に内在するリスクを排除すべし、という思想にあるならば、Cが作業を委託してその支配下に置いているBの行為によるリスクも除去しなければならない、と考えることも十分可能であるからである。それゆえ、この問題は、結局、安全配慮義務の射程・範囲をどのように考えるのかにかかっている。

(3) 債務不履行責任のその他の要件

次に、損害賠償請求権の残りの要件を見ていく。まず、損害の発生、これと債務不履行との事実的因果関係が問われる。Aが現実に事故によって負傷し、それによる損害は発生しており、Cの設備上の問題等がなければかかる結果はなかったといえるから、事実的因果関係も認められる。また、損害賠償の範囲については416条の規定によって処理されるが、まさに、このような身体の保護を目的とする義務違反があった以上、Bの負傷という損害（その財産的損害は、判例によれば、逸失利益、治療費の支出等になるが、ここでは立ち入らない）は、かかる債務不履行によって通常生ずべき損害というべきである（同条1項）。

(4) 賠償の範囲

問題は、【事実】5にあるように、Aが、「弁護士Eに対し、弁護士費用（事案の難易等に照らし、妥当な額であった。）の支払を約して訴訟提起を委任した」から、この費用の負担を債務不履行によって通常生ずべき損害と捉えてよいかで

ある。たとえば、売買契約が締結されたにもかかわらず売主が債務の履行をしない場合において、買主がその履行を訴求することを弁護士に委託して費用を支出したときは、判例は、その弁護士費用を債務不履行によって通常生ずべき損害とは認定していない（最判令和3年1月22日裁判所時報1760号3頁）。確かに、かような支出と債務不履行との間には事実的因果関係は存在するが、売主の義務は契約をもって明確に定められているため、その履行を強制することに対する格別の障害はなく、一般的にこれを弁護士に委託する必要性は大きくないからである。しかし、前述のように、安全配慮義務違反を理由とした損害賠償請求においては、原告は具体的な事情に照らしてその時々に被告が負うべき安全配慮義務の内容を特定し、その違反を立証する責任を負うのであり、これを一般人がすることには困難がある。そのため、安全配慮義務違反による損害賠償が問題となった事案では、判例は、弁護士に訴訟を委託したことによる費用も、その事件の性質に応じた金額である限り、安全配慮義務違反との間に相当因果関係のある損害（つまり、416条1項の通常損害）と認定した（最判平成24年2月24日判例時報2144号89頁）。

　さらに、損害賠償請求権の遅延損害金の取扱いにも注意が必要である。安全配慮義務違反による損害賠償債務は、債務不履行による損害賠償債務である以上、期限のない債務として取り扱われるのが素直であり、実際に判例はその立場をとっている（前掲最判昭和55年12月18日民集34巻7号888頁）。そうすると、本問では、損害が発生しているのは事故当時であり、この時点で損害賠償債務が成立するが、Cがその履行遅滞に陥るのは、Aからの支払請求を受けた時点となる（412条3項）。それゆえ、それ以前には遅延損害金は生じない。しかし、不法行為による損害賠償債務については、賠償請求権が発生すると同時に履行遅滞に陥ると解されているため（最判昭和37年9月4日民集16巻9号1834頁）、この点では不法行為責任による救済がAにとって有利となろう。

(5) 債務不履行責任の消滅時効

　債務不履行責任の最後の問題として、消滅時効がある。これについては、平成29年改正前の旧法下では、権利を行使しうる時から10年間で時効が完成するとされていた（旧167条1項参照）。本問でAが権利を行使しうるのは、損害が発生した平成26年2月1日である。そして、Aが訴えを提起したのは平

成 29 年 6 月 30 日であるから、消滅時効は完成していないことになる。旧法下では、不法行為による損害賠償請求権の時効期間はこれとは異なっており、一般的には債務不履行責任のほうが被害者にとって有利であるといわれていた。ところが、後述のように、本問ではこの点は現実化せず、しかも、改正法では、債務不履行責任と不法行為責任との異同がほとんどなくなっている。

(6) 不法行為責任

(a) 一般不法行為責任の要件・効果

A が C に対し、一般の不法行為責任を追及するならば、その要件として、①C の故意または過失（ある行為）、②A の権利侵害等、③A の損害の発生、④　①と②ないし③との因果関係、が求められる。

過失は、一般的には、結果、すなわち権利侵害ないし損害の発生を予見し、これを回避するという注意義務に違反することを意味するとされている。本問では、C は、A に足場が不安定な高所で作業させている以上、転落事故を予見すべきであり、これを回避するための措置をとるべきであったところ、「事故を防ぐための命綱や安全ネットを用意していなかった」ことが過失に当たる。そして、A が裁判で損害賠償を請求するときには、このことを A が主張・立証する責任を負うが、この責任は、安全配慮義務の内容の特定およびその違反の主張・立証の責任と実質的に異ならない。

それ以外の要件についても、A の身体が害されて財産的損害が発生しており、この結果と上記の過失との間には事実的因果関係がある。また、判例は、不法行為による損害の賠償の範囲についても、過失との相当因果関係のある損害、すなわち、通常生ずべき損害でなければならないという準則をとっているが（416 条の類推適用。大連判大正 15 年 5 月 22 日民集 5 巻 386 頁）、まさに C の注意義務は A の身体を保護する目的を有する以上、上記の損害は C の過失によって通常生ずべき損害といえる。

さらに、弁護士費用を賠償すべき損害の範囲に入れるべきかが問われるが、過失の立証は一般人には困難であるため、弁護士への訴訟委託による費用も、不法行為によって通常生ずべき損害と認定されるであろう。したがって、この問題については、安全配慮義務違反と不法行為責任との間には基本的に差異はないといえよう。これに対して、前述のように、遅延損害金の点では不法行為

責任のほうが被害者にとって有利となる。

(b) 使用者責任の要件・効果

次に、Bの行為に関する使用者責任の要件は、①事業のために他人を使用していること、②被用者がその事業の執行について第三者に損害を加えたこと、および、③被用者の不法行為責任（709条）の要件が充足されること、と解されている。

そこで、まず①が問題となるが、これには他人との間に雇用契約関係がなくとも、事実上、ある事業のために他人を指揮して使用していれば足りる、と解されている。ただ、本問では、CB間には請負契約が成立しており、Bはむしろ Cから独立しており、Bの不法行為責任についてCは責任を負わないかに思われる（716条本文参照）。しかし、実質的には、Bは Cの指揮に従い、その事業に従事しているから、①は充足される。

次に、BのAに対する不法行為責任（709条）が成立するかであるが、（a）で触れた①の要件は、このケースでは、BもAの転落を防止するためにAの作業が終了してから自己の作業をすべきであったにもかかわらずこれを怠ったという点で、充足される。その結果、Aの身体を害し、損害を発生させた以上、（a）の②③④の要件も充足される。そして、Bの行為はまさにCの建物解体事業に従事してされた以上、これは事業の執行についてされたといえる。

その結果、判例に従う限り、Aが安全配慮義務違反を追及した場合には、その義務の内容の特定、違反の主張・立証責任として、Cが適切な作業者の選任やこれに対する適切な指示を怠ったことをAが自ら主張・立証しなければならない。これに対し、使用者責任の追及ではそのことはひとまず免責される。むしろ、Cは、その点について怠っていなかったことを立証しなければ、責任を免れることはできない（715条1項但書）。その意味では、不法行為責任のほうがAにとって有利になりかねない。しかし、これは安全配慮義務の内容の解釈による。また、弁護士費用の賠償、遅延損害金の点は、一般の不法行為責任の追及と同様になる。

(7) 不法行為責任の消滅時効

最後に、不法行為責任の消滅時効はどうなるか。旧法では、被害者が損害の発生および加害者を知った時点から3年間で時効が完成するとされていた（旧

724条前段)。しかし、本問では、Aは事故の時点から記憶を失い、損害を知った時点は平成26年10月1日である。それゆえ、訴え提起の時点ではなお3年間が経過しておらず、消滅時効は完成しない。それゆえ、結論的に債務不履行責任との差はない。

　もっとも、一般論としては、損害および加害者を直ちに認識しているケースでは、債務不履行責任ではそれより10年が経過しなければ時効が完成しないのに対し、不法行為責任ではわずか3年で時効が完成してしまう可能性があった。そして、このことが被害者救済の観点から安全配慮義務の有用性の1つとして強調されていた。しかし、かような法的構成の違いで大きな差が出てくること自体が疑問である。そもそも、消滅時効に関して、債務不履行責任による救済を不法行為責任による救済より優遇する積極的理由もない。

　このため、平成29年の法改正により、両者の差異はほとんど解消されることになった。すなわち、債務不履行責任の消滅時効期間が、権利を行使しうることを知った時点から5年、あるいは権利を行使しうる時点から10年とされる一方で（166条1項）、不法行為責任の消滅時効期間は、基本的には旧法下の期間と同じであるものの、生命・身体の侵害という不法行為の場合には、短期の消滅時効の期間が5年とされた（724条の2）。これによって、安全配慮義務違反が問題となるケースでは。不法行為責任の短期消滅時効期間は、債務不履行責任の短期消滅時効期間と実質的に異ならなくなった。他方で、債務不履行責任の長期消滅時効の期間も、生命・身体の侵害については20年とされ（167条）、不法行為責任の場合と変わらなくなったのである。

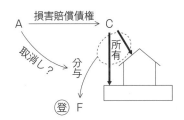

2.〔設問 2〕について

(1) 離婚と財産分与

【事実】6 以下では、A からの損害賠償責任の追及を危惧した C が、自己の財産をとられることを避けるために、その妻 F との離婚の手続をとり、さらに、その所有する甲土地および乙建物を離婚における財産分与として F に譲渡し、所有権移転登記手続を完了した。離婚が婚姻関係の解消であることは自明であろうが、財産分与とは何かを説明する必要があるだろう。

財産分与は、離婚が有効に成立したときに、一方が相手方にその財産を分与するものであり（768 条 1 項参照）、分与の内容は、当事者双方がその協力によって得た財産の額その他一切の事情を考慮して定められる（同条 3 項参照）。すなわち、その性質は、夫婦が実質的に共同で形成した財産が法形式的には一方に属するとされていたときに、これを婚姻関係の解消のときに清算すること、また、離婚後の相手方の生活の支援にあるとされ、場合によっては、離婚において一方が相手方に負う慰謝料支払義務の履行の意味も包含するとされている（最判昭和 58 年 12 月 19 日民集 37 巻 10 号 1532 頁）。したがって、離婚が有効でなければ財産分与も有効にはならない。〔設問 2〕の㋐は、まさにこの点を指している。

(2) 離婚の有効要件

離婚にも、協議上の離婚と裁判上の離婚があるが、本問では協議上の離婚の有効要件が問われる。まず、これも身分行為である以上、少なくとも、当事者が形式的に離婚の届出をその意思をもってすることが不可欠である（739 条・764 条）。本問では、この点は充たされているといえよう。問題は、実質的にも夫婦関係を解消する意思が必要となるのかである。本問では、CF 双方とも、A からの追及を逃れるために離婚の届出をする意思しか有さず、実質的に夫婦関係を解消する意思は有していない。

判例は、婚姻の有効要件としては、単なる届出の意思のみならず、実質的に夫婦関係、すなわち共同生活を営む意思を要求しているものの、離婚に関しては、共同生活の廃止をする意思までは要求していない（最判昭和 38 年 11 月 28 日民集 17 巻 11 号 1469 頁、最判昭和 57 年 3 月 26 日判例時報 1041 号 66 頁）。これは、婚

姻の法律効果が共同生活を前提にしたものであり、その前提がもともと欠けるような場合には、婚姻の有効性自体を否定するのが穏当であるのに対し、離婚の効果は、共同生活が解消しなければ成り立ちがたいものではないからといえよう。すなわち、判例によれば、当事者がその合意をもって離婚の届出をすれば、離婚は有効になる。それゆえ、㋐の主張に従い、そもそも CF 間では離婚は有効にされておらず、端的に財産分与も無効とするのは難しいであろう。

(3) 詐害行為取消権の可能性

(a) 制度の趣旨・一般的要件

そこで問題となるのが、㋑の主張である。すなわち、A は、C の財産分与が詐害行為に当たるとして、これを全部取り消すことができるのか、である（424 条 1 項本文）。

債務を負担する者も、その財産については管理処分権を有するのが原則であるが、その資力が悪化している状況において財産処分の自由を容認すると、債権の保全の妨げになる。そこで、債権者は、債務者が債権者を害することを知ってした行為は、訴えによって取り消し（424 条 1 項本文）、財産の処分を受けた相手方（これを受益者という）にはその返還を請求することができる（424 条の 6 第 1 項）。これが詐害行為取消権の制度である。その要件は、保全されるべき債権、とりわけ金銭債権が債務者の行為より前の原因によって成立していることを前提に（424 条 3 項）、①債務者の行為が債権者を害すること、すなわち、その財産を減少させ債権者の満足の妨げとなること、および②そのことを債務者が知っていること、である。この制度については、令和 2 年度の解説で改めて詳しく説明することにしたい。

【事実】8 によると、C のめぼしい財産として本件土地および本件建物しかなく、また、〔設問 2〕の前提として、A の損害賠償債権の額はこれらの評価額を超えているとされているから、C の F への財産分与は債権者 A を害することになり、かつ、C はそのことを認識していたといえよう（債務者の行為の目的が可分であるときには、被保全債権額を超える部分のみが取消しの対象となるが（424 条の 8 第 1 項参照）、本問はこれには当たらない）。もっとも、受益者である F が、財産の処分を受けた時に、財産分与が債権者を害することを知らなければ、債権者 A は、行為の取消しを主張することができない（424 条 1 項但書）。これは取引

の安全を保護するためである。しかし、【事実】7によれば、本問のFは、Cから財産分与の背景事情を知らされているのであるから、Fは財産分与がAを害することは知っていたといえよう。

　なお、詐害行為取消権は財産権を目的としない行為、すなわち身分行為については認められない（424条2項）。身分行為については当事者の意思が尊重されるべきであるからである。しかし、財産分与は、離婚に伴う行為であるが、離婚という身分行為そのものを構成するものではなく、これに際して財産を処分するものにすぎない。したがって、詐害行為取消権の対象となる。

（b）財産分与の特性

　もっとも、判例は、すでに述べた財産分与の性質にかんがみて、これに対する詐害行為取消権の行使を次のように制限している（前掲最判昭和58年12月19日民集37巻10号1532頁）。

> 　離婚における財産分与は、夫婦が婚姻中に有していた実質上の共同財産を清算分配するとともに、離婚後における相手方の生活の維持に資することにあるが、分与者の有責行為によって離婚をやむなくされたことに対する精神的損害を賠償するための給付の要素をも含めて分与することを妨げられないものというべきであるところ、財産分与の額及び方法を定めるについては、当事者双方がその協力によって得た財産の額その他一切の事情を考慮すべきものであることは民法768条3項の規定上明らかであり、このことは、裁判上の財産分与であると協議上のそれであるとによって、なんら異なる趣旨のものではないと解される。したがって、分与者が、離婚の際既に債務超過の状態にあることあるいはある財産を分与すれば無資力になるということも考慮すべき右事情のひとつにほかならず、分与者が負担する債務額及びそれが共同財産の形成にどの程度寄与しているかどうかも含めて財産分与の額及び方法を定めることができるものと解すべきであるから、分与者が債務超過であるという一事によって、相手方に対する財産分与をすべて否定するのは相当でなく、相手方は、右のような場合であってもなお、相当な財産分与を受けることを妨げられないものと解すべきである。そうであるとするならば、分与者が既に債務超過の状態にあって当該財産分与によって一般債権者に対する共同担保を減少させる結果になるとしても、それが民法768条3項の規定の趣旨に反して不相当に過

大であり、財産分与に仮託してされた財産処分であると認めるに足りるよ
うな特段の事情のない限り、詐害行為として、債権者による取消の対象と
なりえないものと解するのが相当である。

　この判例の事案では、当事者の一方の不貞行為等を原因として離婚がされ、
そこでの財産分与は、夫婦が共同で形成した財産の清算、離婚後の扶養料の支
払いとしての意味のほかに、慰謝料の支払いとしての意味も有していた。最高
裁は、問題となった土地の譲渡について、次のような理由から詐害行為取消権
を否定した。

　　本件土地はＹの経営するクリーニング店の利益から購入したものであり、
　その土地取得についてのＹの寄与はＡのそれに比して大であって、もとも
　とＹは実質的にＡより大きな共有持分権を本件土地について有しているも
　のといえること、ＹとＡとの離婚原因は同人の不貞行為に基因するもので
　あること、Ｙにとっては本件土地は従来から生活の基盤となってきたもの
　であり、Ｙ及び子供らはこれを生活の基礎としなければ今後の生活設計の
　見通しが立て難いこと、その他婚姻期間、Ｙの年齢などの諸般の事情を考
　慮するとき、本件土地がＡにとって実質的に唯一の不動産に近いものであ
　ることをしんしゃくしてもなお、Ｙに対する本件土地の譲渡が離婚に伴う
　慰藉料を含めた財産分与として相当なものということができる…。

　その後、判例は、財産分与が不相当に過大であり、財産分与に仮託してされ
た財産処分であると認めるに足りるような特段の事情があると判断される場合
に、その過大な部分について詐害行為取消権の行使を認める立場を明らかにし
ている（最判平成12年3月9日民集54巻3号1013頁）。この判例については、展開
編でさらに詳しく説明したい。
　以上を要するに、判例は、適正な財産分与によって他の債権者が害されるこ
とになっても、詐害行為取消権の行使を認めないが、過大な財産分与があった
場合には、その過大とされる部分については詐害行為取消権の行使を容認する
立場にあるといえよう。

（c）本問の処理

　それでは、本問で、㋑にあるように、ＡはＣの財産分与全部を取り消すこ

とができるだろうか。まず、この事実関係では、Ｃは不貞行為はしておらず、ＦはＣに対して慰謝料請求権を有していない。したがって、ここでの財産分与は、婚姻中に共同で形成した財産の清算および扶養料の支払いとしての意味を持つことになろう。【事実】6によると、本件建物はＣＦが共同で形成した財産であり、実質的にはそれぞれ対等の持分を有していたといえる。【事実】7のＣの発言はこれを反映したものであろう。それゆえ、その清算としては、ＣＦがそれぞれ対等の持分で本件建物を共有するのが適正である。そのうえで、Ｃは離婚後のＦの生活も支援すべきとすれば、生活の本拠となる本件建物の所有権をＦのものとすることは不適正なものとはいえない。もちろん、扶養が必要となるか否かは妻の従来の生計の内容に左右されるのであり、妻自身が安定した収入源を有し、自己資産等を保有する場合には、むしろこれは不要である。しかし、本問では、Ｃは事業をしているのに対し、Ｆには特別の収入源や資産があるという事実は記されていない。それゆえ、やはり従前の生活を維持するための財産、すなわち、生活の本拠となっていた本件建物の所有権は必要といえる。単なる共有持分権を有するだけでは、目的物の自由な使用は保証されないし、Ｃに留保された持分権が差し押さえられ、最終的には共有物の分割請求がされる恐れもあるため、従前の暮らしが維持されるとはいいがたいからである。したがって、財産の清算および扶養料の支払いとして、本件建物をＦに譲渡することは適正な財産分与といえそうである。

これに対して、同じく【事実】6によれば、本件土地は婚姻前からＣが単独で所有していたにすぎない。また、Ｆの生活の維持のために本件土地の所有権が不可欠であるわけでもない（本件建物の所有のために本件土地を賃借するなどの方法もある）。それゆえ、これをも譲渡することは過大な財産分与と評価されるべきではないか。とすると、Ａは本件建物の譲渡を取り消すことはできないが、本件土地の譲渡は取り消すことができるというのが穏当であろう。

Ⅱ. 応用編

1. アプローチの仕方

一般的な答案では、その事実関係で問題となる請求権の法的根拠を特定して

その要件を明示し、特別の事情がないかぎり、各要件を順次検討していくという手法がとられるべきである。しかし、特に〔設問1〕ですべての要件についてこれを実行すると、おそらく書く量が膨大になり、とても制限時間内にまとまった答案に仕上げることはできないだろう。むしろ、〔設問1〕の前半では、①債務不履行、または②不法行為に基づく損害賠償請求の根拠は具体的にどのようなものか、を問うているにとどまるので、まずは、その要件が充足されるという主張の説明を簡単にすべきだろう。そのうえで、特に問題となりそうな要件が本当に充足されるか否かを検討しながら、後半で問題にしている有利・不利を論ずるのがよいだろう。

2.〔設問1〕について

(1) 債務不履行責任の要件充足の説明

債務不履行による損害賠償請求の根拠については、当然、415条1項をあげ、その要件が次のように充足されるのだと説明することとなろう。

まず、債務不履行の事実について、雇用契約のように、当事者間に指揮命令関係が存在し、特別の社会的接触がある法律関係においては、契約の本体的義務以外に、使用者は被用者の生命・健康等を危険から保護するように配慮する義務、安全配慮義務を負うから、本問でも、Cがこれに違反したことが債務不履行に当たるということとなろう。

そして、この事実関係においては、Cが転落事故を防止するためのネット等を施すことが安全配慮義務の具体的内容となり、これをCが怠っていたために、債務不履行が成立するというべきである。他方で、BがAの作業終了前に作業を開始して、それがAの転落の原因となったことについて、そのようなことをしない注意義務もCの安全配慮義務の内容に属し、その履行のためにCが使用したB、すなわち履行補助者の過失も、安全配慮義務違反となるというのがAの主張であるとすべきである。

次に、損害賠償請求のためには、かかる安全配慮義務違反とAの負傷という損害との間に因果関係が必要であるが、いずれの義務違反もなければ事故は起きなかったと評価しうるので、これは肯定されるし、安全配慮義務はまさにかかる事故を防止するためのものであるから、Aの損害は416条1項にいう

通常損害に当たる。また、この安全配慮義務違反の結果、Aが、Cに対する損害賠償請求訴訟の提起のために、弁護士Eにこれを委託せざるえなかったのであるから、弁護士費用も安全配慮義務違反によって通常生ずべき損害である。さらに、これらの損害賠償債務の履行を怠れば、Cはそれに相当する遅延損害金の賠償義務も負う。以上のようにAは主張するだろう、と書くべきである。

(2) 不法行為責任の要件充足の説明

つづいて、②の不法行為責任の根拠を明示することとなるが、これには、C自身の過失による不法行為責任（709条）とBの不法行為に関するCの責任（715条1項本文）がありうることを指摘し、2つを分けて説明することになる。

まず、一般的不法行為の要件に照らして、Cが前述の事故防止措置をとっていなかったことがその要件の過失に当たるということになる。そして、Aの負傷による損害の発生との間に事実的因果関係は認められ、かつ、過失の基礎となる注意義務の内容に照らせば、この損害と過失との間には相当因果関係があるといえる。また、前述の弁護士費用も過失と相当因果関係のある損害に当たる。これらの賠償債務の履行を怠れば、Cはその遅延損害金の賠償義務も負う。以上がAの主張であると説明すればよい。

次に、Bの過失に関するCの責任について、その根拠となるのは715条1項の使用者責任であるから、要件は、(a) Cがその事業ためにBを使用していたこと、(b) Bがその事業の執行についてAに対し不法行為をしたこと、である旨を指摘する。そして、Cはその解体事業のためにBを使用し、その事業の中でBが不法行為をした以上、これらの要件は充たされるというのが、Aの主張である。Bについて不法行為が成立することには問題がないとすれば、負傷による損害の賠償、弁護士費用等の賠償についてCが負う責任は、709条の不法行為と同様になる。

(3) Aの主張の当否および①と②との異同

まず、AC間には雇用契約は存在しないが、AB間の雇用契約およびBC間の請負契約によって、AC間にも、CのAに対する指揮命令関係が成立するから、CはAに対して、安全配慮義務を負うことを指摘すべきである。そのため、Aが事故防止措置を怠った点は、安全配慮義務違反となるし、不法行

為責任の過失にも当たること、これと事実的因果関係ないし相当因果関係のある損害の賠償責任は、①の構成でも、②の構成でも認められことを確認する。ただ、不法行為責任においては被害者が過失を主張・立証しなければならないのに対し、債務不履行責任においては、これに相当する免責事由はむしろ加害者側が立証しなければならない点において、しばしば、債務不履行責任が被害者にとって有利だといわれるため、この点は本問ではどうなるかに言及することになる。そして、安全配慮義務の具体的内容は被用者の労務内容やその環境等の事情によって定まるため、被害者は、その内容を特定し、その違反を主張・立証しなければならないことを指摘し、結局、これは不法行為責任の過失の主張・立証の負担と変わらないため、両者の差異は実質的にないことを強調すべきである。

　次に、かくして、安全配慮義務違反の主張・立証も、不法行為責任の過失の主張・立証も、素人には困難であるから、訴訟を弁護士に委託してその事件の性質に応じた金額を支払うことは、通常生ずべき損害と認定してよいと説明することになる。それゆえ、この点についても両者間に違いはないということになる。

　問題は、Bの過失に関するCの責任である。まず、使用者責任の（a）の要件のためには、雇用契約は不要であり、事実上の指揮命令関係があれば足りることを指摘すべきである。したがって、使用者責任の成立要件は充たされていると解することができる。ところが、判例は、安全配慮義務の内容は、危険を除去するための装置を備え、人員を適切に選任し、これに適切な指示を与えるというものにとどまり、Bの負う注意義務は、一般不法行為において問題となるものであり、安全配慮義務の内容を構成しないとする。それゆえ、判例によれば、CはBに適切な指示を与えているから、特にその選任に問題がないならば、安全配慮義務違反による損害賠償請求は認められなくなる。もちろん、使用者責任でも、被用者の選任、監督に過失はなかったという抗弁を主張する余地はあり（715条1項但書）、Bに対し事前に注意を与えたことがこれに当たるというかもしれないが、その主張・立証責任はあくまでCにある以上、やはり不法行為責任のほうがAには有利になると説明することとなる。

　さらに、遅延損害金については、債務不履行による損害賠償債務は期限のない債務であり、債務者はその支払請求を受けた時点から遅滞の責任を負うため

（412 条 3 項）、本問では、A の損害賠償請求の時点からその賠償義務が発生する。しかし、不法行為による損害賠償債務では、その発生時点から債務者は遅滞に陥るとされており、事故発生時点からその賠償債務が発生する。それゆえ、この点では、不法行為責任による救済が A に有利となる旨を指摘しなければならない。

最後に、債務不履行責任でも、不法行為責任でも、消滅時効の完成が問題となりうるが、本問の事実関係においては、双方ともなお時効が完成していないことを付言すべきである。

3.〔設問 2〕について

(1) A の主張の意義

まず、本問での A の主張のうち、㋐は、CF 間の離婚は無効であり、財産分与は離婚に伴いされる行為であるため（768 条 1 項）、これも無効であるということ、㋑は、C の財産分与を詐害行為として取り消すということ（424 条 1 項本文）、を意味すると述べることになる。

そして、㋐については、離婚の有効要件としては、当事者がその意思で離婚の届出をすれば足りるのか、実質的に夫婦関係を解消する意思も必要なのかを問い、判例に従えば、CF は離婚の届出の意思を持っている以上、離婚は有効になるという結論をとることになる。時間があれば、その理由を少し書くのがよいであろう。

(2) 詐害行為取消権の一般的要件

次に、㋑の詐害行為取消権の行使の可否に焦点を当てることになる。これについては、離婚に伴う財産分与も、財産権を目的とする行為であるから、詐害行為取消権の対象となりうることを指摘しつつ、詐害行為取消権の一般的要件に言及することになる。すなわち、当該行為前の原因に基づく債権を有することを前提に（424 条 3 項）、債務者がその債権者を害する行為をし、かつ、債権者を害することを知っていたならば、詐害行為取消権の要件は充たされる。本問では、A の債権額より評価額の低い本件土地および本件建物しか有しないC が、A による責任追及を逃れるためにこれらを譲渡した以上、この点は一

応は充足されるということになる。

　しかし、財産分与が婚姻中に共同で形成した財産の清算および相手方の生活の支援を目的とする点から、それが過大なものであるという特段の事情がないかぎり、これは詐害行為取消権の対象とはならず、過大なものであっても、その過大な部分のみが取消しの対象となるべきと説明することになる。そして、本件建物は CF が婚姻中に共同で形成した財産であり、それが F の生活にとって不可欠な状況となっていることからは、その譲渡は財産分与として適正であり、取消しの対象とはならないというのがよい。これに対して、本件土地はもともと C の所有物であり、F の生活に不可欠とも言い難いから、その譲渡は過大であり、A は本件土地の譲渡については詐害行為としてこれを取り消すことができるというべきだろう。そして、C から財産分与の背景事情を知らされた F も、それが A を害することを知っていたといえるから、受益者としての善意の抗弁（424 条 1 項但書）は主張しえない、と結論づけることとなろう。

4. 出題の趣旨

（1）出題趣旨

　法務省から公表された平成 30 年度予備試験の民法の出題趣旨は、以下のとおりである（http://www.moj.go.jp/content/001281223.pdf）。

　　設問 1 は、労働災害の事案を題材として、安全配慮義務違反を理由とする債務不履行責任や不法行為責任に関する基本的な知識・理解を問うとともに、債務不履行に基づく損害賠償と不法行為に基づく損害賠償とでどのような具体的規律の相違があるかについて、事案に応じた分析を行う能力を試すものである。

　　請求の根拠に関する解答に当たっては、債務不履行については直接の契約関係にない当事者間における安全配慮義務の成否等に関し、不法行為については注文者・請負人間の使用者責任の成否等に関し、自説を論理的に展開し、事案に応じた当てはめを行うことが求められる。また、有利・不利に関する解答に当たっては、消滅時効、帰責事由や過失の主張立証責任、遅延損害金の起算点等につき、事案に即した評価を行うことが求められる。

　　設問 2 は、仮装離婚及びこれに伴う財産分与による責任財産の隠匿につ

いて、協議離婚及び財産分与の有効性に関する基本的な知識・理解を問う
とともに、財産分与の詐害行為該当性や取消しの範囲について、事案に応
じた分析を行う能力を試すものである。
　離婚及び財産分与の有効性に関する解答に当たっては、離婚をする意思
の意義・内容に関する解釈を展開した上で、離婚の有効性と財産分与の有
効性とを論ずることが求められる。また、詐害行為に関する解答に当たっ
ては、財産分与制度の趣旨を踏まえつつ、最高裁昭和58年12月19日
判決・民集37巻10号1532頁も意識して、事案に応じた当てはめを行
うことが求められる。

（2）コメント

　おそらく、安全配慮義務について一通り学習をし、かつ、財産分与に対する
詐害行為取消権の行使の可否に関する判例を知っていれば、本問はある程度の
ことが書ける問題であっただろう。ただ、特に〔設問1〕については、各要件
について丁寧に書きすぎると、膨大な量になってしまい、制限時間内に解答を
まとめることが難しくなったことが推測される。それゆえ、このような問題の
場合には、設問での重点を見きわめ、それに対応したコンパクトなまとめ方が
重要になってくる。そのあたりの作業で苦労した受験生も少なくなかったので
はないか。
　筆者も、そのことを意識して、参考答案はなるべくコンパクトにまとめよう
としたが、それでも、今回の問題については他の年度の問題より分量が1000
字程度多いものになってしまっている。この点から見ても、〔設問〕の中で、
もう少し焦点を絞るような問いかけができなかったものかと考えている。特に
〔設問1〕は面白い問題ではあると思ったが、分量に難があったといわざるを
えない。
　ちなみに、筆者が見た予備校の参考答案は、〔設問2〕に関して、本件建物
の譲渡についても債権者は2分の1の割合で取り消しうると説明していた。
しかし、これは、財産分与に生活費の支援の意味があることを全く意識してい
ない点で問題である。しかも、展開編で触れるように、不可分な給付について
部分的取消しを容認しようとする場合、具体的にどのような方法がとられるべ
きかが問題となるが、この点について従来議論が十分にされていたとは言えな

い。本問にそのようなことまで解答させる趣旨があったとは考えにくい。もし
そうであれば、〔**設問1**〕の量がもともと多いうえに受験生に過大な解答を求
めるようなものであり、出題としての適切さが疑われる。

5. 参考答案例

第1〔設問1〕について

1 【事実】5 の①の法的根拠

　雇用契約（民法623条。以下では、民法の条文はその条数のみで記す）の
ように、当事者間に指揮命令関係が存在し、特別の社会的接触がある法律関
係においては、信義則上（1条2項）、使用者側は相手の生命・健康等を危険
から保護するように配慮する義務、安全配慮義務を負い、これに違反するこ
とは債務不履行に当たる（415条1項本文）。本問では、(1) C が転落事故
を防止するためのネット等を施すことが安全配慮義務の具体的内容となり、
これを C が怠っていた点、(2) B が A の作業終了前に作業を開始して、A の
転落の原因となったことについて、そのようなことをしない注意義務も C の
安全配慮義務の内容に属し、その履行のために C が使用した B、すなわち履
行補助者がこれを怠った点、がそれぞれ安全配慮義務違反となる、というの
が A の主張の根拠となる。

　その結果、損害賠償請求権の要件は次のように充たされる。すなわち、損
害の発生、およびこれと安全配慮義務違反との事実的因果関係が必要である
が、上記のいずれの義務違反もなければ A の負傷による損害は生じなかった
と評価しうる。そして、安全配慮義務はこのような負傷事故を防止するため
のものであるから、この損害は416条1項にいう通常損害に当たる。また、
この安全配慮義務違反のために、A は、C に対する損害賠償請求訴訟の提起
のために、弁護士 E にこれ委託せざるえなかったのであるから、弁護士費用
も安全配慮義務違反によって通常生ずべき損害である。したがって、これら
の損害賠償債務の履行が遅れれば、C はそれに相当する遅延損害金の賠償義
務も負う。

2 【事実】5 の②の法的根拠

　(1) 不法行為責任の根拠の1つは、C 自身が事故防止措置を怠った点が、
不法行為（709条）の要件の過失に該当するというものである。そして、過

失が認定されれば、Aの負傷という損害の発生との間に事実的因果関係は認められ、かつ、過失の基礎となる注意義務の内容に照らせば、この損害と過失との間には相当因果関係があるといえる（416条1項の類推適用）。また、前述の弁護士費用も過失と相当因果関係のある損害に当たる。これらの賠償債務の履行を怠れば、Cはその遅延損害金の賠償義務も負う。

　（2）　もう1つの根拠は次のとおりである。Bがその作業において安全確認を怠ったという過失によりAの身体という権利が侵害され、負傷による損害が発生した。そこで、Bに不法行為責任が成立するが（709条）、Bを使用していたCも、この点について使用者責任を負う（715条1項本文）。使用者責任の要件は、(a) 事業のために他人を使用していたこと、(b) その他人がその事業の執行について不法行為をしたこと、であるが、Cは、その事業のためにBを使用していたのであり、その事業の過程でBはAへの不法行為をした。

3　①②の主張の当否と両者の異同

　（1）　まず、本問では、AC間には雇用契約は存在しないために、債務不履行責任が成立するかが問われる。しかし、AB間の雇用契約およびBC間の請負契約によって、AC間にも、CのAに対する指揮命令関係が成立するから、CはAに対して、安全配慮義務を負うといってよい。そして、Cが事故防止措置を怠った点は、安全配慮義務違反となるし、不法行為責任の過失にも当たる。それゆえ、これと事実的因果関係ないし相当因果関係のある損害の賠償責任は、①の構成でも、②の構成でも認められる。したがって、負傷による損害の賠償請求権は究極的には双方において認められる。

　（2）　もっとも、不法行為責任においては被害者が過失を主張・立証しなければならないのに対し、債務不履行責任においては、被害者が債務不履行の事実を主張・立証すれば、免責事由はむしろ加害者側が立証しなければならない（415条1項但書）。この点で、債務不履行責任が被害者にとって有利に思われるが、安全配慮義務の具体的内容は被用者の労務内容やその環境等の事情によって定まるため、被害者は、その内容を特定し、その違反を主張・立証しなければならない。このことは、不法行為責任の過失の主張・立証の負担に相当する。したがって、両者の間に実質的差異はない。

　（3）　それでは、Bの過失に関するCの責任についてはどうか。使用者責任の成立要件としての使用とは、必ずしも雇用契約の存在を不可欠とするも

のではなく、事実上の指揮命令関係があれば認められる。したがって、本問では使用者責任の要件は充たされている。これに対し、判例は、安全配慮義務の内容は、危険を除去するための装置を備え、人員を適切に選任し、これに適切な指示を与えるというものにとどまる、という立場をとる。このため、B自身が負うような注意義務は、安全配慮義務の内容を構成しないことになる。これによれば、【事実】2では、CがBに適切な指示を与えており、特にその選任に問題もなく、安全配慮義務違反は認められない。なお、使用者責任でも、被用者の選任、監督に過失がなかったという抗弁を主張する余地はあるが（715条1項但書）、その主張・立証責任はCにある。それゆえ、判例によれば、この点では②の主張がAに有利となるだろう。

（4）　さらに、安全配慮義務違反の主張・立証も、不法行為責任の過失の主張・立証も、素人には困難であるから、訴訟を弁護士に委託してその事件の性質に応じた金額を支払うことは、双方において通常生ずべき損害と認定してよい。したがって、この点については①②に差異はない。

しかし、遅延損害金については、債務不履行による損害賠償債務は期限のない債務であり、債務者はその支払請求を受けた時点から遅滞の責任を負う（412条3項）。それゆえ、本問では、Aの請求の時点からその賠償義務が発生する。ところが、不法行為による損害賠償債務はその発生時点から履行遅滞になるとされるため、事故発生時点からCにはその賠償債務が発生する。その結果、②による救済がAに有利となる。

（5）　最後に、①②双方で、消滅時効の完成が問題となりうる。【事実】3によれば、Aは事故によって記憶を失い、平成26年10月1日に事故のことをはじめて認識した。したがって、この時点で、Aは、加害者および損害を知り、その賠償請求権を行使できることを知ったことになる。それゆえ、この損害が身体に関するものである点から、①の消滅時効の完成にはこの時点から5年間を要し（166条1項1号）、また、②の消滅時効の完成にもこの時点から5年間を要する（724条1号・724条の2）。いずれについても本問では消滅時効は完成していないため、ここでも差異はない。

第2〔設問2〕について

1　Aの主張⑦は、CF間の離婚は無効であり、これを原因とする財産分与（768条1項）も無効であるというものである。また、⑦は、Cの財産分与について詐害行為取消権を行使するというものである（424条1項本文）。

これについて、弁護士としては次のように回答すべきだろう。

2　㋐について

【事実】7 のように、共同生活を解消する意思がない場合でも、当事者がその意思で離婚の届出をすれば離婚は有効となるのかが問題となる。しかし、離婚の効果は共同生活が解消されなければ容認できないものではない。したがって、CF は離婚の届出の意思を持っていた以上、離婚は有効であり、財産分与も有効である。したがって、㋐の主張は認められない。

3　㋑について

（1）　財産分与は、身分行為そのものではなく、財産権を目的とする行為であるから、詐害行為取消権の対象となりうる（424 条 2 項参照）。したがって、これが債権者 A を害し、かつ、債務者 C が債権者 A を害することを知っていた場合には、財産分与も取消権の対象となりうる（424 条 1 項本文）。【事実】7 によれば、本件建物と本件土地だけが C のめぼしい財産であり、その譲渡により、それ以前に金銭債権を有していた（424 条 3 項の要件も充足する）A の満足は妨げられ、そのことを C は認識していたから、一般的な要件は充足される。

（2）　もっとも、財産分与は、婚姻中に共同で形成した財産の清算および相手方の生活の支援を目的とする点から、それが過大なものであるという特段の事情がないかぎり、詐害行為取消権の対象とはならず、また、過大なものであっても、その過大な部分のみが取消しの対象となると解すべきである。

本件建物は CF が婚姻中に共同で形成した財産であり、それが F の生活にとって不可欠である点からは、その譲渡は財産分与として適正であり、取消しの対象とはならない。これに対して、本件土地はもともと C の所有物であり、F の生活に不可欠ともいえないから、その譲渡は過大である。したがって、A は本件土地の譲渡について詐害行為取消権を行使しうる。

【事実】7 では、F も財産分与が A を害することを知っていたといえるから、受益者としての善意の抗弁（424 条 1 項但書）は主張しえない。

以上

1. 安全配慮義務の存在意義

(1) 問題の所在

〔設問 1〕で焦点が当てられている、不法行為責任と比較しての有利、不利
という観点は、安全配慮義務の存在意義に関わるものであり、少なくともこの
事案に関しては、旧法における消滅時効の異同が表面化しないため、判例の立
場に従う限り、不法行為責任のほうが被害者にとって有利なものになりそうで
ある。おそらく、出題者は、安全配慮義務の有用性に対して強い疑念を持ち、
その問題意識を受験生にも投げかけているように思われる。

実は、筆者は、すでに別の演習書において、安全配慮義務の存在意義に関し
て論じたことがある。そこでは、これが判例で認められた背景には、労災事故
等によって損害を被った側にとって、使用者らに対して速やかに損害賠償請求
の訴えを提起することは難しく、不法行為責任の救済によると時効の壁が大き
くなるため、加害者側の責任を不法行為責任以外の責任として認定し、その弊
害を回避しようとした意図があることを論じている（古積「安全配慮義務の意義・
法的性質」水野謙＝古積健三郎＝石田剛『〈判旨〉から読み解く民法』（有斐閣、2017 年）195
頁以下参照）。それゆえ、平成 29 年の民法改正によって、消滅時効における債
務不履行責任と不法行為責任との異同がほぼ解消されてしまった以上、不法行
為責任以外に安全配慮義務を語る意味はもはやなくなった、という立場も有力
化しそうである。

しかし、同時に、筆者は、判例の立場はさておき、雇用契約における指揮命
令関係においては、単なる不法行為規範で問題となる注意義務を超える積極的
な義務も使用者に課されると解する余地があり、その点に安全配慮義務の存在
意義はなお残るのではないかとも論じていた。また、仮にそのような義務も不
法行為責任に取り込むことができるとしても、その義務の基礎である指揮命令
関係が雇用契約を根拠とする以上、やはりその性質は本来的には契約責任であ
ると考えている。そして、そのように考えることによって、さらに 2 つの具体
的な法律問題を明快に分析することも可能になる。以下では、その 2 つを説明
したい。

(2) 使用者に対する積極的措置の請求─安全配慮義務の履行請求─

　安全配慮義務が問題とされた裁判例のほとんどは、結果的にこれに違反したことによって損害が発生し、その賠償請求がされたケースである。しかし、もともと、使用者は自己の支配下にある危険を取り除く措置をとるというのがこの義務の内容であり、かつ、それが雇用契約関係から導かれるというのであれば、被用者は使用者に対してその履行を請求しうるはずである。もちろん、安全配慮義務の具体的内容はその時々の事情によって左右され、被用者はその内容を特定する責任を負う以上、履行請求に際しても、被用者は、当該事情に応じた義務内容を特定しなければならない。このように具体的事情によって内容が変容する義務の履行請求は困難であるという疑問もある。

　しかし、たとえば就業場所として指定されている建物の構造的な欠陥が発見された場合、建物が地震等によって倒壊する恐れがある以上、その構造的欠陥を除去することが安全配慮義務の具体的内容となることは明らかであり、被用者はその履行を請求しうると解すべきであろう。

　それでは、このような請求を不法行為規範によって実現することができるだろうか。少なくとも、現行法の不法行為責任は、権利侵害ないし損害が発生した場合における事後的な賠償責任であり、事前の具体的請求権を付与するものではない。もちろん、このように被用者の生命・身体の侵害の危険が迫っているという場合には、その人格的権利に基づいてこれを防止する措置を請求しうるという法的構成は考えられる。そして、これは契約責任とは異なる不法行為責任に準ずるものだという主張もありえよう。しかし、そのような人格権に基づく請求権がこの場合にどうして容認されるのかといえば、それは、雇用契約によって、被用者が使用者の指示した場所で労務を提供しなければならないという義務を負うからである。すなわち、全く契約関係にない第三者が、建物の構造的欠陥を除去する工事を請求しうる権利を有するわけではない。それゆえ、この請求権は、少なくとも契約上の義務関係があるからこそ正当化されるものであり、単なる不法行為規範ではなく、契約規範によって導かれるというべきであろう。

(3) 被用者の労務提供の拒絶権─安全配慮義務の履行の提供との関係

　さらに、被用者は、上記のように具体的な安全配慮義務の履行を請求しうる

のであれば、使用者がその履行の提供をしない限り、契約上の抗弁権として、自己の労務の提供を拒絶しうる、という解釈も十分に成り立つ。確かに、雇用契約関係において本来的に対価関係にあるのは、被用者の労務の提供と使用者の賃金の支払いである。しかし、雇用契約に基づいて安全配慮義務が導かれる以上、かかる義務と被用者の労務提供義務との間には関連性があり、双方の関係に同時履行の抗弁権の規定（533条）を類推することができる。むしろ、安全な就業場所の提供は労務提供の前提であるともいえ、それが先に履行されるべきともいえる。

　それでは、安全配慮義務を否定し、すべてを不法行為規範によって解決しようとする場合、この問題はどのように処理されるのだろうか。上記のように、被用者はその人格権に基づいて建物の構造的欠陥を除去するように請求しうると見ても、このことと労務提供の拒絶をどのように関連づけるべきか。おそらくは、危険な建物内での労務提供は人格権を侵害する恐れがある以上、それを避けるために労務の提供を拒絶せざるをえないため、これが労務の提供という債務の不履行に当たるとしても、被用者にはその免責事由が認められるということになるだろうか（415条1項但書）。しかし、もともと人格権に基づく請求も契約関係にあるからこそ正当化されるのであり、安全配慮義務が雇用契約上の一義務であることを根拠に、反対給付の債務の履行の拒絶も許されるというのが、やはり事の性質に合致している。

　以上を要するに、問題を不法行為規範によって処理しようとしても、その実質的根拠が契約関係にあることは認めなければならない以上、単なる実益の有無という観点の下に、契約規範として導かれる安全配慮義務の存在意義が消えることにはならない。

2. 不可分な給付が過大な財産分与と判定される場合の取扱い

(1) 最判平成12年3月9日民集54巻3号1013頁について

　〔設問2〕に関して、判例は、不相当に過大な財産分与がされた場合には、その過大とされる部分について詐害行為取消権を行使しうるとしたが、その判例の事案は、夫の暴力を原因とする離婚の際に、慰謝料および生活費の支払いの合意がされたものの、その金額が適正であるかどうかが問われたものであっ

た。原審が、かかる合意における金額が過大であるとして、その合意全体を詐害行為取消権の対象として容認したのに対し、最高裁は次のように述べて部分的な取消しを認めるにとどめた。

> 2　離婚に伴う財産分与は、民法768条3項の規定の趣旨に反して不相当に過大であり、財産分与に仮託してされた財産処分であると認めるに足りるような特段の事情のない限り、詐害行為とはならない（最高裁昭和57年（オ）第798号同58年12月19日第二小法廷判決・民集37巻10号1532頁）。このことは、財産分与として金銭の定期給付をする旨の合意をする場合であっても、同様と解される。
> 　そして、離婚に伴う財産分与として金銭の給付をする旨の合意がされた場合において、右特段の事情があるときは、不相当に過大な部分について、その限度において詐害行為として取り消されるべきものと解するのが相当である。
> 3　離婚に伴う慰謝料を支払う旨の合意は、配偶者の一方が、その有責行為及びこれによって離婚のやむなきに至ったことを理由として発生した損害賠償債務の存在を確認し、賠償額を確定してその支払を約する行為であって、新たに創設的に債務を負担するものとはいえないから、詐害行為とはならない。しかしながら、当該配偶者が負担すべき損害賠償債務の額を超えた金額の慰謝料を支払う旨の合意がされたときは、その合意のうち右損害賠償債務の額を超えた部分については、慰謝料支払の名を借りた金銭の贈与契約ないし対価を欠いた新たな債務負担行為というべきであるから、詐害行為取消権行使の対象となり得るものと解するのが相当である。

(2)〔設問2〕との異同

　この判例の事案では、詐害行為取消権の対象となった行為が可分な金銭給付の合意であるため、部分的取消しという結論を導くことが容易であった。これに対して、本問では、物の所有権の譲渡という1個の不可分な給付が問題となっている。ただ、土地の譲渡および建物の譲渡のうち、土地の譲渡の部分だけが過大であると判定されれば、2つの譲渡は可分であるため、判例の結論と同様に部分的取消しという結論を容易に導くことができる。

　しかし、仮に本問の妻Fが潤沢な資産や収入源を有しているならば、土地

の譲渡のみならず、建物の譲渡についても、所有権全体をFに移転するのは過大な給付と判定される可能性が高いだろう。その場合には、建物の譲渡に対してどのような取消しが可能となるのかが最終的に問われることになる。具体的には、Fが実質的に建物について2分の1の持分しか有していなかったという観点から、建物について2分の1の共有持分権がFからCに戻されるという取消しが認められるのか、あるいは、Fは建物の所有権を取得するが、その代わりに2分の1の共有持分権に相当する価額賠償の義務を負わされることになるのか、が問われることになる。

　詐害行為取消権は債務者が本来有すべき責任財産の回復を目的としており、原則として現物の返還がされるべきとされている点にかんがみると（424条の6第1項本文参照）、おそらくは、前者の方法がとられるべきということになりそうである。しかし、このような事案を処理した判例はまだ存在せず、今後の検討課題となるだろう。

無権代理人の後見人就任、取消権の代位行使、詐害行為取消権

◀ 問 題 ▶

次の文章を読んで，後記の〔設問1〕及び〔設問2〕に答えなさい。

【事実】

1. Aは，早くに夫と死別し，A所有の土地上に建物を建築して一人で暮らしていた（以下では，この土地及び建物を「本件不動産」という。）。Aは，身の回りのことは何でも一人で行っていたが，高齢であったことから，近所に住むAの娘Bが，時折，Aの自宅を訪問してAの様子を見るようにしていた。

2. 令和2年4月10日，Aの友人であるCがAの自宅を訪れると，Aは廊下で倒れており，呼び掛けても返事がなかった。Aは，Cが呼んだ救急車で病院に運ばれ，一命を取り留めたものの，意識不明の状態のまま入院することになった。

3. 令和2年4月20日，BはCの自宅を訪れ，Aの命を助けてくれたことの礼を述べた。Cは，Bから，Aの意識がまだ戻らないこと，Aの治療のために多額の入院費用が掛かりそうだが，突然のことで資金の調達のあてがなく困っていることなどを聞き，無利息で100万円ほど融通してもよいと申し出た。

  そこで，BとCは，同日，返還の時期を定めずに，CがAに100万円を貸すことに合意し，CはBに100万円を交付した（以下では，この消費貸借契約を「本件消費貸借契約」という。）。本件消費貸借契約締結の際，BはAの代理人であることを示した。Bは，受領した100万円をAの入院費用の支払に充てた。

4. 令和2年4月21日，Bは，家庭裁判所に対し，Aについて後見開始の審判の申立てをした。令和2年7月10日，家庭裁判所は，Aについて後見開始の審判をし，Bが後見人に就任した。そこで，CがBに対して【事実】3の貸金を返還するよう求めたところ，BはAから本件消費貸借契約締結の代理権を授与されていなかったことを理由として，これを拒絶した。

〔設問1〕
　Ｃは，本件消費貸借契約に基づき，Ａに対して，貸金の返還を請求することができるか。

5.　その後，Ａの事理弁識能力は著しい改善を見せ，令和3年7月20日，【事実】4の後見開始の審判は取り消された。しかし，長期の入院生活によって運動能力が低下したＡは，介護付有料老人ホーム甲に入居することにし，甲を運営する事業者と入居に関する契約を締結し，これに基づき，入居一時金を支払った。また，甲の入居費用は月額25万円であり，毎月末に翌月分を支払うとの合意がされた。同日，Ａは，甲に入居した。

6.　Ａは，本件不動産以外にめぼしい財産がなく，甲の入居費用を支払えなくなったことから，令和4年5月1日，知人のＤから，弁済期を令和5年4月末日とし，無利息で500万円を借り入れた。

7.　令和5年6月10日，Ａは，親族であるＥから，本件不動産の売却を持ち掛けられた。Ｅは，実際には本件不動産が3000万円相当の価値を有していることを知っていたが，Ａをだまして本件不動産を不当に安く買い受けようと考え，様々な虚偽の事実を並べ立てて，本件不動産の価値は300万円を超えないと言葉巧みに申し向けた。Ａは，既に生活の本拠を甲に移しており，将来にわたって本件不動産を使用する見込みもなかったことから，売買代金を債務の弁済等に充てようと考え，その価値は300万円を超えないものであると信じて，代金300万円で本件不動産を売却することにした。そこで，同月20日，Ａは，Ｅとの間で，本件不動産を代金300万円で売り渡す旨の契約（以下「本件売買契約」という。）を締結し，同日，本件自宅についてＡからＥへの売買を原因とする所有権移転登記（以下「本件登記」という。）がされた。

8.　令和5年7月10日，本件売買契約の事実を知ったＤは，Ａに対して，本件不動産の価値は3000万円相当であり，Ｅにだまされているとして，本件売買契約を取り消すように申し向けたが，Ａは，「だまされているのだとしても，親族間で紛争を起こしたくない」として取り合おうとしない。なお，本件売買契約に基づく代金支払債務の履行期は未だ到来しておらず，Ｅは，本件売買契約の代金300万円を支払っていない。

〔設問2〕

　Dは，本件不動産について強制執行をするための前提として，Eに対し，本件登記の抹消登記手続を請求することを考えている。考えられる複数の法律構成を示した上で，Dの請求が認められるかどうかを検討しなさい。

Ⅰ．基礎編

▶**基礎的事項のチェック**

1. 後見の制度はどのようなものか？
2. 代理権を有しない者による代理行為の効力はどうなるのか？
3. 無権代理人が本人の後見人に就任すると代理行為は有効となるのか？
4. 詐欺による意思表示の効力はどうなるのか？
5. 債権者代位権の制度はどのようなものか？
6. 詐害行為取消権の制度はどのようなものか？

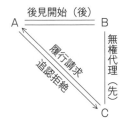

1．意思能力を欠いた者のための法律行為

　【事実】2および3において、Aは意識不明の状態になったが、入院費用を捻出するために、その娘BがAに代わってCから借金をすること（金銭の消費貸借）が問題となっている。本来、契約が有効に成立するためには、本人自身による意思表示が必要であり、かつ、その本人が意思能力、すなわち行為の意味を理解する能力を有しなければならない（3条の2）。ところが、意識不明となったAは意思能力を有さず、自分で有効な意思表示をすることができない。

　そこで、他人がAに代わって法律行為・意思表示をすることが不可欠であ

り、これが代理、とりわけ法定代理の制度である。そのためには、他人が本人に代わって意思表示をする権限、すなわち代理権を有しなければならないが、本人が意思能力を喪失したからといって、当然にその子Bが代理権を有することにはならない。むしろ、Aが事理の弁識能力を欠く常況に至った場合には、【事実】4にあるように、子Bら（四親等内の親族）の請求を受けて、家庭裁判所が後見開始の審判をし、裁判所が選任した後見人が本人Aを代理する権限を有することになる（8条・859条1項）。

　ところが、【事実】3の後半にあるように、Bは、そのような代理権授与の手続を経ないまま、Cとの間で、Aに代わって100万円を借り受ける消費貸借契約の意思表示をした。これは、代理権を欠く者による代理行為、すなわち無権代理に当たる。無権代理行為の効果は本人には帰属しないから、原則として、Cは、Aに対して契約の効力を主張することができず、消費貸借契約に基づく貸金返還請求をしえないことになる（113条1項）。もちろん、本人AがBの代理行為を事後的に追認すれば、代理行為の有効要件は追完され、それは契約締結の意思表示の時点に遡って本人に対して効力を及ぼすことになるが（116条本文）、逆に本人Aが追認を拒絶すれば、代理行為の効果はAに帰属しないことが確定する。

2. 事後的な後見人就任の無権代理行為への影響

（1）問題の所在

　本問では、Aは意識不明の状態にあるので、それによる追認も追認拒絶もないままであった。ところが、【事実】4のとおり、無権代理による消費貸借契約締結の後に、無権代理人BがAの後見人に就任し、以後は、BはAの財産管理について包括的な代理権を有するようになった。そこで、Cとしては、これによって代理行為の有効要件としての代理権の存在が事後的に充足されたとして、以後は、Aに金銭消費貸借契約の効果を主張し、Aに対して貸金を返還するように請求したいところである。もっとも、Aは意思能力を欠いている以上、このような請求も現実には法定代理人となったBに対してしなければならない。ところが、Bは、契約締結時には代理権が授与されていなかったとして、この請求を拒絶している。〔設問1〕は、ABいずれの主張が妥当かを

問うものであろう。

(2) 無権代理人が本人を単独で相続した場合との異同

　本人による追認も追認拒絶もない状態で、無権代理人が本人を単独で相続した場合には、判例は、無権代理人の資格と本人の資格が融合し、代理行為の有効要件が当然に追完されたものとし、相手方は無権代理人に対して代理行為の有効性を主張しうるとしている（最判昭和40年6月18日民集19巻4号986頁）。判例に対して、学説は、もともと本人は無権代理行為の追認を拒絶することができた以上、無権代理人はこのような追認拒絶権も含めて本人の財産を包括的に承継するのであり、代理行為の有効要件が当然に追完されるというべきではないとしている。もっとも、学説上、自ら代理行為をした無権代理人が本人の有した追認拒絶権を行使することは、基本的には信義則（1条2項）に反し、許されないとする見解が有力である。それゆえ、理論構成に差異はあるものの、無権代理人が単独で本人を相続した場合には、相手方の履行請求を容認するのが一般的見解といえる。

　これに対して、本問のように、無権代理人が本人の後見人に就任した場合には、相手方が代理行為の有効性を主張しうることになるかは難しい問題である。確かに、後見人は本人の財産管理について包括的な代理権を有する以上、その地位は本人を単独で相続した場合に類似する。しかし、無権代理人による相続の場合には、もはや本人は死亡しているため、その利益を顧慮する必要はないのに対し、無権代理人が後見人に就任した場合には、本人の利益をなお顧慮しなければならず（869条参照）、本来であれば、追認を拒絶しうるという地位も、特段の事情がない限り保護しなければならない。それゆえ、たとえ無権代理行為をした者が後見人になっても、本人の利益保護のためにこれに代わって後見人が追認を拒絶しうる可能性を認めなければならない。はたして、（3）で説明する判例も、無権代理人が本人の後見人に就任した場合には、無権代理人の資格と本人の資格が融合するとはしていない。

(3) 後見人による追認拒絶が信義に反するとした判例

　しかしながら、後見人に就任した無権代理人が本人の利益を考慮しなければならないとしても、個別の事情次第では、その追認拒絶が信義則に反するとさ

れる場合もありうる。実際に、追認拒絶が信義に反するとした判例がある（最判昭和47年2月18日民集26巻1号46頁）。それは次のような事案であった。

　Yは、昭和25年12月頃、Aの後見人と称するBからA所有の甲建物を代金25万円で買い受ける旨の売買契約を締結した。この売買契約当時、Aは未成年（17歳10ヵ月）であって、昭和25年7月31日、その父Cの死亡により親権を行なう者がなくなり、Aのために後見が開始したが、BがAの後見人に就任したのは同26年12月24日であった。このため、売買契約時点ではBはまだAを代理して当該契約を締結する権限を有しなかった。しかし、Bは、後見人に就任する以前においても、Aのために叔父として事実上後見人の立場でAの財産の管理や整理にあたっており、このことについては何人も異存なく承認してきた。そして、売買契約から間もない翌年には、BはAの後見人に就任し、正当な法定代理人の資格を取得した。ところが、Aが成人になった後の昭和34年2月2日、Aは、Xとの間で、20万円を借り受けるとともに、期日にその返済をしないときは甲建物を債務の代物弁済に当てる旨の予約をした。その後、Aが期日までに弁済をしなかったので、Xが予約完結権を行使した。そこで、Xは、Yに対し、所有権に基づき甲建物の明渡しを請求した。

　原審は、Yによる甲建物の所有権の取得を認め、他方で、Xへの所有権移転については登記に不備があるとして、その請求を棄却したところ（XYは二重譲渡の関係に立つが、Xは登記がなければYに対して所有権に基づく請求をすることができない）、最高裁も、次のような理由からXの請求を棄却した。

　　未成年者のための無権代理行為の追認は、該未成年者が成年に達するまでは、後見人がこれをなすべきものであり、したがつて、無権代理行為をした者が後に後見人となった場合には、無権代理行為をした者が後に本人から代理権を授与された場合と異なり、追認されるべき行為をなした者と右行為を追認すべき者とが同一人となったものにほかならない。加えて、原審の確定した前記事実によれば、無権代理人たるBは、後見人に就職する以前においてもAのため、叔父として事実上後見人の立場でその財産の管理に当っており、これに対しては何人からも異議がでなかったのであって、しかも、本件売買契約をなすについてAとの間に利益相反の事実は認

められないというのであるから、このような場合には、後にBが後見人に就職し法定代理人の資格を取得するに至った以上、もはや、信義則上自己がした無権代理行為の追認を拒絶することは許されないものと解すべきである。したがって、原審の確定した事実関係のもとにおいては、追認の事実がなくても、無権代理行為をなしたBが後見人に就職するとともに、本件売買契約はAのために効力を生じたのであって、これと結論を同じくする原審の判断は正当である。

（4）本問の検討

そこで、本問でも、Bによる追認拒絶が信義則に反するか否かを検討してみる。Bは、Aが意識不明の重体になったことを受けて、これを監護する費用の捻出のために、Aを代理してCから金銭を借り受けた。これは、判例の事案と同じように、Bは事実上Aの後見人として行動していたといえる事情であり、かつ、相手方のCもそれを前提にしていたといえよう。しかも、BがCから受領した100万円を現実にAの入院費用の支払いに当てたという事実がある（【事実】3参照）。これは、明らかに消費貸借契約がAの監護という利益となっている事実である。それゆえ、本人の利益を考慮しても、この契約の有効性を否定する要請はほとんどない。むしろ、本問では、Aが意識不明となっている以上、誰かがその監護のための法律行為をせざるをえない状況にあったのであり、後見人の選出まで待てずにBが事実上の後見人として契約を締結したという事情がある。それにもかかわらず、現実に後見人に選出されたBが代理行為の有効性を否定するというのは、やはり信義に反するといえるのではないか。

とすれば、Cの消費貸借契約に基づく貸金返還請求に対し、Bが無権代理行為を理由として追認を拒絶することができない以上、CのAに対する請求は認容されることとなろう。

なお、無権代理人自身が本人の後見人には就任せず、それに近い身分の者が後見人に就任した事例に関する判例もある。これについては、展開編で説明することにしたい。

3. 詐欺による意思表示の効力

　【事実】5 において、A の意思能力が回復したため、後見開始の審判が取り消されている。それゆえ、以降は、A は単独で契約の意思表示をすることができるようになった。したがって、【事実】6 における金銭消費貸借契約は有効に成立しており、D は A に対して元本 500 万円の金銭債権を有している。

　問題は、A が債務の弁済を目的として E と締結した本件不動産の売買契約の有効性である。E は、本件不動産が 3000 万円の価値を有するものであることを知りつつ、これが 300 万円の価値しか有しないと虚偽の事実を A に対して述べ、A をそのように信じ込ませて、売買契約の意思表示をさせているからである。これは詐欺による意思表示に当たり、A にはこの意思表示を取り消す権利が認められる（96 条 1 項）。詐欺による意思表示に該当するためには、①相手方が取引通念上違法とされる欺罔行為をし、②その結果（因果関係）、③表意者が錯誤に陥って意思表示をすることのほか、④これらについて相手方の故意があることが必要となるが、本問では各要件は充たされているといえよう。

　しかし、取消権はあくまで表意者に帰属するものであり、表意者が取消しの意思表示をしない限り、契約は有効のままになる。A の債権者 D とっては、A のめぼしい資産は本件不動産だけだったので、債権の満足のためには AE 間の売買契約が取り消されることが都合がよい。仮に A が取消権を行使すれば、売買契約は当初より無効となるため（121 条）、A は 300 万円の代金債権を失うが、他方で、本件不動産の所有権は当初から A に属していたこととなり、A が所有権に基づいて E に対し所有権移転登記の抹消登記手続を請求すれば（改正法では、これを 121 条の 2 第 1 項の原状回復義務の履行請求と見ることもできる）、本件不動産の登記は A 名義となる。そうなれば、D は、A が債務を弁済しない

ならば、強制執行により本件不動産を差し押さえて、500万円の満足を得ることができよう。

4. 取消権、登記請求権の代位行使の可否

(1) 債権者代位権の意義・要件

　ところが、【事実】8において、Dのそのような希望に対して、Aはあくまで取消しをする気はない旨の申し出をしている。このような場合、Dは、Aに代わってその取消権を行使し、さらには、それによりAの有する抹消登記手続請求権も代わりに行使できないのかが問われる。〔設問2〕でいう法的構成のうちの1つがこれに当たる。かかるDの権利を基礎づけるのが債権者代位権の制度であり（423条1項本文）、この制度の趣旨は次のとおりである。

　まず、債権者は債務者の財産を直接支配する権利を有しないから、本来、債務者はその財産（弁済の引き当てになるという意味で特に責任財産という）を自由に管理・処分することができるのが本則である。しかし、債務者が債権者を満足させるに足る資力状態にない場合（無資力である場合）、この原則を貫くと、債権の保全に支障をきたすことになりかねない。たとえば、AがBに対して1000万円の金銭債権を有し、Bが有する財産として時価1000万円の甲不動産しかない場合において、甲不動産についてBからCへの不実の所有権移転登記がされているとき、Aは甲不動産に対して強制執行をしたいはずである。ところが、甲不動産の登記名義がCになっていると、強制執行のために甲不動産を差し押さえることは難しい。そこで、本来であれば、Bがその所有権に基づく抹消登記手続請求権を行使して、B名義の登記が回復すれば、Aの強制執行も可能となる。それにもかかわらず、Bがその登記請求権を行使しないならば、Aは強制執行をすることができず、その債権の保全に支障をきたすことになる。

　そこで、債権の保全のために、①債務者が無資力であるにもかかわらず、②その権利を行使しない場合には、債権者は債務者に代わって権利を行使することができるとされている（423条1項本文）。債務者が無資力であるにもかかわらず権利を行使しないならば、債権者に権利行使を認めても、債務者の財産管理の自由に対する不当な干渉にはならないというのが、この制度を正当化する

理由となっている。この制度は、債務者の責任財産を保全して債権者を保護するものであるため、被保全権利は基本的に金銭債権でなければならない。また、権利行使の対象となる債務者の権利は、その責任財産にかかわる権利であることを要し、債務者の一身に専属する権利、たとえば、その人格権等は対象外とされる（423条1項但書）。さらに、この制度は債権者の強制執行を実現するためのものである点からは、保全されるべき債権の弁済期が到来していなければならない（423条2項本文）。他方で、差押えを禁じられた債務者の権利は代位権の対象とはならず（423条1項但書）、そもそも債権者の権利が強制執行により実現しえないものである場合にも、債権者代位権の行使は認められない（423条3項）。

（2）本問の取扱い

本問でのAの取消権は、表意者を保護するためのものであり、これが423条1項但書の一身専属権に該当するかが一応は問題となる。

平成29年改正前の旧法において、錯誤による意思表示は無効とされつつ（旧95条本文）、それが表意者保護を目的とする点から、表意者以外の者が無効を主張しうるかが議論され、表意者の債権者がこれを主張しうるかも判例上問題となった。判例は、表意者自身が錯誤に陥っていることを認めている場合には、債権者も無効を主張しうるとし、さらに、債務者はこれによって表意者が取得する不当利得返還請求権を代位行使することができるとしていた（最判昭和45年3月26日民集24巻3号151頁）。しかし、これに対しては、表意者自身が錯誤を認めているか否かにかかわりなく、債権者代位権の要件が充足されれば、債権者は、代位権を根拠として、表意者に代わって無効を主張するとともに、不当利得返還請求権を行使しうると解すべきという見解が有力であった（四宮和夫『民法総則〔第4版〕』（弘文堂、1986年）182頁）。この議論は、錯誤の効果が取消権の発生とされた改正法でも問題になり（95条1項）、また、同じく詐欺による意思表示の取消しにも当てはまるだろう。

ただ、取消権もその行使によって責任財産を回復させる意義を有し、本人の人格権が侵害された場合に成立する慰謝料請求権のように、あくまでその行使については本人の主観的意思を尊重すべきようなものではなかろう。それゆえ、詐欺や錯誤についての表意者の態度にかかわりなく、債権者代位権の要件が充

足される限り、これもその対象となりうると解するのが無難である。

次に、その取消権の行使によって発生するAの登記請求権も債権者代位権の対象となりうることには問題はない。

そして、Dは500万円の金銭債権を有するから、これは債権者代位権によって保全されるべき権利といえ、かつ、【事実】6にあるように、AD間の消費貸借契約における返還期限は令和5年4月末日となっているから、その弁済期限も到来している。それゆえ、前記（1）の①②の要件が充たされれば、Dは、Aの取消権および抹消登記手続請求権を代位行使することができる。【事実】6および7によれば、Aの有する財産は、Eに対する300万円の金銭債権のみであり、Dの500万円の債権を満足させるに足らないから、前記（1）の①の要件は充たされる。また、【事実】8にあるとおり、それにもかかわらずAが取消権等を行使しようとしないため、前記（1）の②の要件も充たされる。

5. 詐害行為取消権の成否

（1）詐害行為取消権の意義・要件

さて、〔設問2〕は、Dが本件不動産について強制執行をするための複数の法的構成の検討を求めている。そこで、DがAE間の売買契約を取り消し、登記名義をAにするための手段として、詐害行為取消権の行使も考えられよう。この制度の趣旨は以下のとおりである。

たとえば、AがBに対する1000万円の金銭債権を有するほか、CもBに対して1000万円の金銭債権を有していたとしよう。Bが唯一の財産である不動産をDに贈与した場合、これによって、債権者ACは債権の満足を受けられなくなる。本来は、Bが自分の財産を処分する自由を持つとはいえ、Bが債権者らを害することを知りつつこのような処分をした場合まで、同列に論じることはできない。そこで、このような場合、各債権者は、裁判によって、債務者が債権者を害することを知ってした行為の取消しを求めることができるとされた（424条1項本文）。

この詐害行為取消権の要件として、まず、取消しを主張する者が債権を有しなければならないことは当然であり、かつ、その債権が取消しの対象となる行為より前の原因によって発生したものでなければならない（424条3項）。債務

者の行為の後に債権取得の原因となる契約等をした者は、もともと、そのような行為によって減少した債務者の責任財産のみを当てにしていたにすぎず、債務者の行為によって害されたとは言い難いからである。そして、①債務者の行為が債権者を害するものであり（詐害行為）、かつ、②そのことを債務者が知っていたこと（詐害意思）、が必要となる。債権者を害する行為とは、基本的に、債務者がその責任財産を減少させ、債権者の満足を妨げるものである。

（2）詐害行為取消権の行使方法・効果

　以上の要件が充足されれば、債権者は訴えによって債務者の行為の取消しを請求することができるが、この制度の目的が債務者の財産を従前の状況に戻す点にある以上、債権者に認められる権利は純粋な取消権のみではない。仮に債権者には純粋な取消権しか認められないとすると、前述の贈与の例では、契約に基づいてされた所有権移転登記がそのままの状態になってしまい、原状に戻すという制度趣旨に合わないからである。そのため、以前から、判例は、ここでの取消権には、債務者の行為を無効とする権限のほかに、処分の相手方（これを受益者という）に対する原状回復請求権も包含されると解していた（大連判明治44年3月24日民録17輯117頁）。

　ただ、判例は、債権の保全に必要な範囲でのみ処分行為に干渉すべしという見地から、取消しの効果は受益者との関係でだけ生じるものとし（相対的無効）、それゆえに、詐害行為取消権の訴えは受益者だけを相手にすれば足りるとしていた。取戻しのためにはそれで十分であるからである。ところが、このような考え方では、たとえば不動産の贈与が取り消され所有権移転登記が抹消された場合、当然、債権者は目的不動産に対して強制執行をするだろうが、債務者との関係では取消しの効力がないとすると、実は債務者の財産でない不動産に対して債権者は強制執行をしていることとなる、という理論的難点が生じる。また、受益者が債務者に対してその対価を支払っていた場合には、受益者は取消しによって財産を奪われる以上、その対価を不当利得として返還するように債務者に求めたいところであるが、取消しの効果が相対的にすぎないと言い張るならば、債務者と受益者との間では契約が有効であり、債務者は対価を返還しなくてもよいということになりかねない。

　このため、平成29年の改正法は、ここでの取消権が処分行為の取消しとと

もに財産の返還請求権を債権者に認めるものであることを明示しつつ（424条の6第1項）、さらに、かかる取消しの効力（判決の効力）を債務者に対しても及ぶ絶対的なものと位置づけるに至った（425条）。もっとも、詐害行為取消権の訴えは受益者だけを被告として提起すればよいという実務上の扱いはそのまま維持され（424条の7第1項）、ただ、訴えを提起した債権者は、これによって影響を受けることになる債務者には、遅滞なく訴訟告知をしなければならないとされている（同条2項）。

（3）本問の取扱い

では、本問のAの行為はどのように評価されるか。まず、【事実】6のとおり、DがAに対して500万円の貸金債権を取得したのは令和4年の5月1日であり、AE間の売買契約は令和5年6月10日であるから、被保全債権の取得時点の要件は充足されている。さらに、AE間の売買契約は、Aのめぼしい唯一の財産である本件不動産を時価3000万円の10分の1の代金で売り渡すというものであり、Aの責任財産を減少させ、Dの債権の満足の妨げとなる。すなわち、前記（1）の①の要件は充たされる。

問題は、Aがこの売買契約が債権者を害することを知っていたといえるかである。【事実】7によれば、Aが本件不動産を売り渡した目的は債務の弁済であり、しかも、Aはその価値が300万円を超えないものであると信じていた。そうすると、Aは、この売買が自分の責任財産を減少させることを認識していないし、さらに、代金を債務の弁済にあてようと考えていた以上、債権者の満足がこれによって妨げられることも認識していない。それゆえ、本問では、前記（1）の②の要件、詐害意思が欠けるとして、Dの詐害行為取消権の行使は認められないとするのが穏当であろう。

なお、本問では、AE間の売買の代金がまだ支払われていないにもかかわらず、目的不動産の所有権移転登記だけがされており、これは、本来、不自然な事実関係であろう。それにもかかわらず、本問がこのような事実関係を設定したことには、仮に詐害行為取消権の行使が容認されるとする場合に法律関係が複雑化することを避ける狙いがあったと思われる。これについては、展開編で説明したい。

1.〔設問 1〕について

（1）Ｃの請求の法的根拠・要件の検討

　本問がＣのＡに対する貸金の返還請求を問題としている以上、まず、その法的根拠がＡＣ間で 100 万円の金銭消費貸借契約が成立している点にあり（587 条）、特に、ＢがＡの代理人としてその契約締結をしている点から、代理行為の有効要件が充足される必要があることを指摘すべきである。そして、代理行為が有効となるためには、①代理人が本人のためであることを明らかにして金銭消費貸借の意思表示をし、かつ、金銭を受領すること、②その代理人が当該意思表示の代理権を有すること、が必要であり（99 条 1 項）、本問では、①は明らかに充足されるが、②が充足されていないことに言及することになる。すなわち、Ｂの代理行為は無権代理であり、その効果はＡに帰属せず（113 条 1 項）、Ａは、Ｂの代理行為の追認を拒絶して、消費貸借契約の効力を否定することができる。

（2）後見人就任による追完の可否

　そのうえで、Ｂが事後的にＡの後見人に就任し、Ａの財産管理に関する包括的代理権を有することになったために（859 条 1 項）、代理行為の有効要件が追完されることになるのかを問うことになる。しかし、この点については、後見人が本人の利益のために行為をすべき地位にある点から（869 条）、無権代理行為は当然には追完されず、代理行為は有効にはならないというべきであろう。つまり、本人Ａにはなお、Ｂの無権代理行為を追認するか、あるいはそれを拒絶するかを決定する権利が帰属する。

（3）後見人による追認拒絶と信義則

　しかし、Ａの追認拒絶権を現実に行使する者は、後見人となった無権代理人Ｂであるため、Ｃの契約に基づく履行請求に対し、自ら無権代理行為をしたＢがＡに代わって追認を拒絶することが、信義に反しないのかを問うこととなろう。基礎編で説明したように、これについては次の点を指摘すべきだろ

う。確かに、BはAの利益のために行為をしなければならないが、Cからの借金は、Aの監護のための費用を捻出する点において、基本的にはAの利益を害するものではない。また、Bは、後見人に就任する前にも、事実上Aを監護すべき立場にある点から、そのためにCから金銭を借り受ける契約を結んだ。それゆえ、後見人ではなかったことを理由にして、事後的にその代理行為の有効性を否定することは、相手方Cの信頼を裏切ることになる。

結論的には、追認拒絶は信義に反し許されないとして、その結果として、CのAに対する消費貸借契約に基づく貸金返還請求は容認される、とするのが無難に思われる。

2.〔設問2〕について

(1) 2つの法律構成の明示

この設問は、Dが本件不動産の所有権移転登記の抹消登記手続請求をするための複数の法律構成を明示することを求めているから、まず、2つの法律構成を簡単に示すのがよいだろう。すなわち、1つは、Aの本件不動産の売買契約の意思表示は、Eの詐欺によるものであり、Aには意思表示の取消権があるから（96条1項）、Aに対して金銭債権を有するDは、その保全のために、Aの有する取消権を代わりに行使し、さらには、それによってAがEに対して有する抹消登記手続請求権も代わりに行使する、という法律構成である（423条1項本文）。もう1つは、Aがめぼしい唯一の財産である本件不動産をその時価より極めて低い代金でEに売り渡す行為は、債権者Dを害することを知ってした行為であるから、Dは、詐害行為取消権の行使によってEに対して抹消登記手続請求権を行使する、という法律構成である（424条1項本文）。このさい、詐害行為取消権の内容に言及し、それが取消権とともに目的財産の返還請求権も内包する点から（424条の6第1項）、Dは取消しによって生ずる抹消登記手続請求権も行使することができることに言及するのがよい。

(2) 取消権の代位行使の可否

まず、取消権の代位行使の可否については、Eとの売買契約の意思表示を取り消す権利が成立するかを検討することになる。すなわち、基礎編で説明した

96 条 1 項の要件を簡単に敷衍し、本問の事実関係ではこれが充足されること
を説明する。

　次に、債権者代位権の要件を検討する。すなわち、これが責任財産保全の制
度である点から、その要件は、①金銭債権を有すること、②債務者が無資力で
あること、③それにもかかわらず債務者が権利を行使しないこと、となる。そ
して、本問では、D が A に対し金銭債権を有し、A は、もはや D を満足させ
るに足る財産がないにもかかわらず（無資力）、責任財産を回復する取消権を行
使していない、という点を指摘することとなる。なお、D の債権の弁済期が
到来していることも付言しておくべきである。

　ただ、詐欺による取消権が表意者保護を目的とするものである点から、これ
が 423 条 1 項但書の債務者の一身に属する権利に当たるか否か、を一応問う
べきだろう。しかし、この取消権の行使によって債務者の責任財産が回復され、
金銭債権が保全される点や、これは人格権的権利とは異なる点からは、無資力
である債務者があくまで自分だけしか取消権を行使しえない、とするのは適切
ではないというべきだろう。その結果、債権代位権の要件は充たされ、D は
A に代わってその取消権を行使しえ、また、取消しによって A は所有権に基
づく抹消登記手続請求権を有するために、D はこれをも代位行使しうる、と
結論づけることになろう。

(3) 詐害行為取消権の成否

　さらに、詐害行為取消権の成否を見ることになるが、ここでも、その要件の
充足を検討しなければならない。すなわち、①詐害行為とされる AE 間の売
買契約より前の原因による金銭債権を D が有すること、② A の売買契約が D
を害すること（詐害行為）、かつ③そのことを A が知っていたこと（詐害意思）
が要件となり、これを本問の事実に照らして判断することになる。基礎編で述
べたように、①②は充足されようが、最後の③の充足は困難であろう。それゆ
え、詐害行為取消権によって抹消登記手続請求権を行使することはできない、
とするのが無難である。

3. 出題の趣旨

(1) 出題趣旨

　法務省から公表された令和2年度予備試験の民法の出題趣旨は、以下のとおりである（http://www.moj.go.jp/content/001340861.pdf）。

> 　設問1は、高齢者が事理弁識能力を失った後に、その親族が本人の代理人として契約を締結し、その後に本人の後見人に就職したという事例を題材に、無権代理人の後見人就職という論点について問う問題である。無権代理人が後見人に就任した場合には、無権代理人の本人の地位を相続した場合と同様に、追認拒絶の可否が問題となり得るが、解答に当たっては、問題の所在を的確に指摘した上で、相続事例との異同等を踏まえながら、事案に即した論述をすることが求められる。
>
> 　設問2は、債務者の唯一のめぼしい責任財産である不動産について詐欺による売買契約が行われた事例を題材として、詐害行為取消権と債権者代位権に関する民法の規律の基本的知識を問うとともに、取消権の代位行使の可否について論理的な法的思考ができるのかを問うものである。解答に当たっては、詐害行為取消権と債権者代位権の要件該当性等について事案に即した検討をするとともに、特に債権者代位権の行使については、表意者保護のために認められている詐欺取消権等が代位行使の対象となるか否かについて論理的に分析をすることが求められる。

(2) コメント

　今回の問題は、基本的な制度・条文を事案に則して的確に運用することができるかを試したものといえ、分量的にも難がない良問だと感じている。本問とは異なり、無権代理人による本人の相続という問題は、どんな教科書でも丁寧に説明している論点である。ところが、時々、学生たちは、無権代理人が本人を相続した場合には追認拒絶は信義則に反し、本人が無権代理人を相続した場合には追認拒絶は信義則に反しない、と結論を単純化して覚えようとする傾向にある。しかし、信義則違反は、当該事案の様々な事情を総合的に判断してされるものであり、一律に定型化されるものではない。とりわけ、無権代理人が後見人に就任したケースでは、具体的事情によってさまざまな判断がされる可

能性があり、今回の問題は、このような個別事情を評価する能力を試す点でも
いい問題ではないかと考えている。

4. 参考答案例

第1〔設問1〕について

1　CのAに対する貸金の返還請求は、AC間の金銭消費貸借契約（民法
587条。以下では民法の条文は条数のみで記す）を根拠とする。本件では、
BがAの代理人として契約締結をしている点から、AC間で消費貸借契約が
有効に成立するためには、①Bが本人Aのためであることを相手方Cに示
して意思表示をし、金銭を受領すること、②代理人Bが当該意思表示をする
代理権を有すること、が必要となる（99条1項）。【事実】3によれば、①は
明らかに充足されるが、Bが代理権を授与された事実は存在せず、②は充足
されていない。したがって、Bの代理行為は無権代理であり、その効果はA
に帰属しない（113条1項）。もっとも、AはBの代理行為を追認し、ある
いはこれを拒絶することができる。

2　そこで、Cは、【事実】4において、BがAの後見人に就任し、Aの財産
管理に関する包括的代理権を有することになったために（859条1項）、代
理行為の有効要件が当然に追完されたとして、消費貸借契約に基づく返還請
求をしたいところである。

　しかし、無権代理人が本人の後見人に就任した場合には、無権代理行為に
拘束されないという本人の利益を考慮しなければならず、無権代理行為は当
然には追完されないと解すべきである。そして、本人が有する追認拒絶権を
後見人となった無権代理人がこれに代わって行使することは、基本的に許さ
れると考えるべきである。【事実】4のBの主張はこれに相当するものである。

3　もっとも、無権代理行為をしたBがAに代わって追認を拒絶することが
信義則（1条2項）に反しないかは問題となろう。この点については、Bは
Aの利益のために行為しなければならないが（869条参照）、他方で、追認
拒絶によって相手方の信頼が害されるか否か、それによって相手方が負う不
利益と本人の利益との比較考量が重要となる。

　本件では、Cからの借金はAの入院費用に当てられたものであり、Aがこ
の契約に拘束されても、格別の不利益が生ずるわけではない。他方で、Bは、

後見人に就任する前にも、事実上Aを監護すべき立場にある点から、そのために C から金銭を借り受ける契約を結んでおり、C も、事実上 B が A に代わってその財産を管理すべき地位にあるものと判断して、消費貸借契約の締結に至ったのである。それゆえ、B が法律上は後見人ではなかったとして、事後的にその代理行為の有効性を否定することは、C の信頼を裏切ることになり、C の受ける不利益は、A が契約に拘束されることによる不利益より甚大というべきであろう。

したがって、結論として、A に代わっての B の追認拒絶は信義則に反するというべきである。その反射的効果として、C の A に対する消費貸借契約に基づく貸金返還請求は容認される。

第2〔設問2〕について

1　D が本件不動産の所有権移転登記の抹消登記手続請求をするための法律構成としては、2つが考えられる。

第一は、A の売買契約の意思表示が E の詐欺によるものであり、A には契約ないし意思表示の取消権があるから（96条1項）、E は、その債権の保全のために、この取消権を代位行使し、また、取消しにより A が有する所有権に基づく抹消登記手続請求権も代位行使する、という法律構成である（423条1項本文）。

第二は、AE 間の売買契約は、債権者 D を害することを知ってした行為であるから、D は、詐害行為取消権の行使によって E に対して抹消登記手続請求権を行使する、という法律構成である（424条1項本文）。詐害行為取消権には、取消権とともに目的財産の返還請求権、すなわち抹消登記手続請求権の行使も認められるからである（424条の6第1項）。

以下では、それぞれの可否を検討する。

2　取消権の代位行使について

（1）　E は、本件不動産が 3000 万円の価値を有するにもかかわらず、故意をもって、300 万円の価値しかないという虚偽の事実を A に説明し、A は、これを信じたこと（錯誤）によって、売買契約の意思表示をした以上、詐欺による意思表示の取消権の要件が充たされている。

（2）　そこで、D が423条1項本文により取消権を代位行使できるかが問題となる。債権者代位権の要件は、責任財産保全の制度である点から、①金銭債権を有すること、②債務者が無資力であること、③債務者がその権利を

行使しないこと、である。【事実】6により、DはAに対し金銭債権を有し、また、【事実】7および8によれば、Aは、もはやDを満足させるに足る財産を有しないにもかかわらず、取消権を行使しようとしていない。なお、Dの債権の弁済期は到来している（423条2項）。

　したがって、債権者代位権の要件は充足されているが、Aの取消権が表意者保護を目的とするものであるため、本人の意思を尊重すべく、これが423条1項但書の債務者の一身に属する権利に当たるかが問題となる。しかし、取消権も債務者の責任財産の回復に寄与し、他方で、人格権侵害における慰謝料請求権のようにその主観的意思が尊重されるべきものではないから、これも代位行使の対象となりうると解すべきである。

　（3）　以上から、Dは、債権者代位権により、Aの有する取消権および抹消登記手続請求権を行使することができる。

3　詐害行為取消権の成否

　（1）　詐害行為取消権の要件は、①債務者の行為より前の原因による金銭債権を有すること（424条3項）、②債務者の行為が債権者を害すること（詐害行為）、および③そのことを債務者が知っていたこと（詐害意思）、である。②は、責任財産を減少させ、債権の満足を妨げる行為を意味する。

　【事実】6および7によれば、DA間の消費貸借契約はAE間の売買契約の前であり、また、その売買契約は、代金が目的物の時価の10分の1にすぎないというものであり、①②は充足される。しかし、Aは、債務の弁済のために適正な価額で売り渡したと信じていた以上、③が充足されない。

　（2）　結論として、詐害行為取消権の行使による抹消登記手続請求は認められない。

以上

Ⅲ. 展開編

1. 無権代理人の本人の相続、後見人就任に関する判例

（1）過度の一般化に内在する問題―資格融合説の問題

　無権代理人が本人を相続し、あるいは本人の後見人に就任した場合において、代理行為の有効性を認めるか否かは、あくまで個別事情に照らして判断するの

がよい。確かに、判例は、無権代理人自身が本人を単独で相続した場合には、無権代理人の資格と本人の資格が融合し、当然に代理行為が有効になるという判断を下した（最判昭和40年6月18日民集19巻4号986頁）。しかし、当該事案では、代理行為の相手方は、無権代理について悪意ではなく、もともと無権代理人の責任を追及することができた（117条1項）。それゆえ、この事案では代理行為の有効性を否定する実質的理由は全く見当たらなかったのである。

　確かに、無権代理行為をした者が、その後、本人を相続した場合に、形式的に追認拒絶権が自分に帰属するとしてこれを行使するというのは、通常は信義則に反するだろう。しかし、相手方が無権代理であることについて悪意である場合にまで、追認拒絶を否定するために、無権代理人と本人との資格が融合して代理行為が当然に有効になるとするのは適切とはいいがたい。というのは、もともとこの場合には、相手方は代理行為が有効となることへの期待を有しておらず、無権代理人の責任も追及しえない以上（117条2項1号参照）、無権代理人が本人を相続したという一事をもって、その地位が逆転するという結論には疑問が生ずるからである。しかも、判例は、本人が無権代理人を単独で相続した場合には、その追認拒絶権は存続し、これを行使することは信義則に反しないとしている（最判昭和37年4月20日民集16巻4号955頁）。資格融合という考え方は、本人の地位と無権代理人の地位が相続という包括承継によって同一人に帰する点を重視するものであり、理論的には本人が無権代理人を相続した場合にも妥当するはずである。それにもかかわらず、本人が相続人となった場合にこれを否定するというのは、この立場に一貫性がないことを表している。

　それゆえ、判例のとった資格融合説には問題がある。むしろ、資格融合説をとったことが災いして、代理行為の有効性を否定すべき場合に、その結論を明快に導くことができない状況に陥っている事案さえ存在する。以下では、代理行為の有効性を認めるべきか否かが微妙な判例の事案を検討して、そのことを明らかにしたい。同時に、これらの判例を見ることにより、追認拒絶が信義則に反するとされるための重要な要素も明らかとなる。その1は、無権代理人が相手方に適法な代理行為であるように思い込ませ、相手方もこれを基本的に信じていたことである。その2は、本人らが無権代理人を相続し、あるいは、無権代理人が本人の後見人に就任した場合でも、特に追認拒絶によって保護すべき正当な利益がもともと本人らに存在しないことである。

(2) 無権代理人の相続人が本人も相続した場合 (最判昭和63年3月1日判例時報1312号92頁)

(a) 事実の概要

Aの妻Bは、昭和35年7月、Aの代理人として、Aの所有する甲土地をCに対し売り渡す契約を結んだが、Aから売買に必要な代理権を授与されていなかった。ところが、これには次のような背景事情があった。

Aは婿養子であって、甲土地はBの父から家督相続したものであった。しかし、Aは、昭和27年11月から昭和28年4月まで、さらに同年9月から昭和48年6月まで、主として火を弄ぶことが原因で措置入院をし、統合失調症であるとの診断を受けていた。このため、昭和28年にAが入院してからは、子X₁が昭和35年10月に結婚するまでの間、Bが家計を掌握し、A所有の不動産等の家産を管理してきた。このため、X₁はBと同居していたものの、甲土地をCに売却したのはBのみの意思に基づくものであった。昭和35年、X₁は、結婚するに際し多少家屋を改造したが、その費用および挙式費用は上記の売買代金のほかに、X₁の貯金によって賄われた。昭和43年、Bは、A所有の乙土地もAに無断で売却し、その売買代金を家屋の建替費用に充てた。なお、Aらの子X₂ X₃は、すでに家を出ていた。

その後、Bは、昭和44年3月に死亡し、Aおよび子であるX₁〜X₃がBの法律上の地位を相続により承継した。さらに、Aは昭和48年6月に死亡し、XらがⒶ同人の法律上の地位を相続により承継した。AはBの無権代理行為につき追認も追認拒絶もしていなかった。甲土地について、売買契約上の地位を譲り受けたとするYを権利者とする所有権移転登記がされていたため、Xらは、Yに対し、上記の売買の効力を否定して、抹消登記手続を請求した。

(b) 原審の判断

原審は、無権代理人を相続した者がさらに本人を相続した場合の法律関係について、次のような説明をした。

> そもそも無権代理人が本人を相続した場合に追認を拒絶することが信義則上許されないとされるのは、当該無権代理行為を無権代理人自らがなしたという点に存するというべきところ（最高裁判所昭和35年（オ）第3号、同37年4月20日第二小法廷判決・民集16巻4号955頁参照）、

無権代理行為を自らなしていないという点においては、無権代理人を相続した者が本人であっても、本人以外の相続人であっても異なるところはないから、無権代理人を相続した本人に追認拒絶権を認める以上、無権代理人を相続した後本人を相続した相続人についてのみ追認拒絶権を認めないとする根拠は見出し難いといわなければならない。それ故、相続人が無権代理人を相続した後本人を相続しようとも、また本人を相続した後無権代理人を相続しようとも、いずれの相続人の場合も同列に論ずべきものである。そして、無権代理人及び本人をともに相続した相続人に追認拒絶権を認めるのであれば、少なくとも特定物の給付義務に関しては、無権代理人の履行義務についての拒絶権もこれを認めるべきである。けだし、これを反対に解するとすれば、一方で与えたものを他方で奪う結果となるからである。一方、相手方としても、本人の追認がない以上、無権代理人の相続人が本人を相続したという偶然の事情がなければ、本来特定物の給付を受け得なかったのであるから、相続人に履行義務の拒絶権を与えたからといって、不測の不利益を蒙るというわけではない。もっとも、無権代理人の負担した義務が金銭債務の場合には、相続人に履行義務の拒絶権を認めるとしても損害賠償義務が残存することは前示のとおりであり、しかもその義務の内容は履行利益の賠償であると解すべきであるから、履行義務の拒絶権を認める実益に乏しいといわざるを得ない。それ故、金銭債務の場合には、相続人に追認拒絶権も履行義務の拒絶権も認められないと解してよいであろう（最高裁判所昭和46年（オ）第138号、同48年7月3日第三小法廷判決・民集27巻7号751頁参照）。これを要するに、無権代理人及び本人をともに相続した相続人は、相続の時期の先後を問わず、特定物の給付義務に関しては、無権代理人を相続した本人の場合と同様に、信義に反すると認められる特別の事情のない限り、無権代理行為を追認するか否かの選択権及び無権代理人の履行義務についての拒絶権を有しているものと解するのが相当である。

　そのうえで、原審は、上記の事実関係に加えて、Ｙが、本件売買に関しＢに代理権が存しないことを知っていたことも考慮して、Ｘらには、追認拒絶権の行使が信義則に反すると認められる特別の事情があるということができないとした。

（c）最高裁の判断

しかし、最高裁は、以下の理由によって原判決を破棄した。

> 　無権代理人を本人とともに相続した者がその後更に本人を相続した場合においては、当該相続人は本人の資格で無権代理行為の追認を拒絶する余地はなく、本人が自ら法律行為をしたと同様の法律上の地位ないし効果を生ずるものと解するのが相当である。
>
> 　けだし、無権代理人が本人を相続した場合においては、本人の資格で無権代理行為の追認を拒絶する余地はなく、右のような法律上の地位ないし効果を生ずるものと解すべきものであり（大審院大正 15 年（オ）第 1073 号昭和 2 年 3 月 22 日判決・民集 6 巻 106 頁、最高裁昭和 39 年（オ）第 1267 号同 40 年 6 月 18 日第二小法廷判決・民集 19 巻 4 号 986 頁参照）、このことは、信義則の見地からみても是認すべきものであるところ（最高裁昭和 35 年（オ）第 3 号同 37 年 4 月 20 日第二小法廷判決・民集 16 巻 4 号 955 頁参照）、無権代理人を相続した者は、無権代理人の法律上の地位を包括的に承継するのであるから、一旦無権代理人を相続した者が、その後本人を相続した場合においても、この理は同様と解すべきであって、自らが無権代理行為をしていないからといって、これを別異に解すべき根拠はなく（大審院昭和 16 年（オ）第 728 号同 17 年 2 月 25 日判決・民集 21 巻 164 頁参照）、更に、無権代理人を相続した者が本人と本人以外の者であった場合においても、本人以外の相続人は、共同相続であるとはいえ、無権代理人の地位を包括的に承継していることに変わりはないから、その後の本人の死亡によって、結局無権代理人の地位を全面的に承継する結果になった以上は、たとえ、同時に本人の地位を承継したものであるとしても、もはや、本人の資格において追認を拒絶する余地はなく、前記の場合と同じく、本人が自ら法律行為をしたと同様の法律上の地位ないし効果を生ずるものと解するのが相当であるからである。

（d）検討

一般の教科書等では、無権代理人を相続した者がさらに本人を相続した場合において、本人が追認も追認拒絶もしないままに死亡していたならば、当然に代理行為の有効性が認められ、追認拒絶の余地はない、とするのが判例である

と説明することが多い。つまり、無権代理人が本人を単独で相続した場合と同様に、無権代理人の資格と本人の資格が融合して、代理行為が当然に追完されるというのが判例の立場だというのである。

　確かに、この判例の理由づけを見る限りでは、そのように理解するのもやむをえないかもしれない。しかし、果たしてそうだろうか。本件では、代理行為の有効性を争った当事者は無権代理行為をしてない者であり、それゆえに、原審は、この当事者には本人の地位と無権代理人の地位が併存的に承継され、追認拒絶権を行使するのが当然に信義に反するものではないとして、結論的にその主張を認めた。ところが、個別の事情をより綿密に検討すると、当時は家督相続制度の名残があり、Bが売り渡した土地には家の財産という意味合いが強く、意思能力を失ったAに代わって、Bが家計の管理のためにこの土地を処分したということが見て取れる。そして、売買契約の相手方CもBが家の代表者だとして取引に入っていたと思われる。しかも、その売買代金が家計に入れられたという事実もある。したがって、Xらが、Bの無権代理行為に加担していなかったとしても、事実上、家の財産の管理をBに委ねておきながら、売買から10年以上も経過してから、法律上はAに財産管理権が留保されており、Bにはその権限がなかったと主張することは、信義に反すると判断されても仕方がない。それゆえに、最高裁は、追認拒絶権の行使を容認した原審を破棄し、代理行為の有効性を容認したというべきではないか。

　したがって、この判例をもって、無権代理人を相続した者がさらに本人を相続した場合には、判例は一般的に資格融合説を採用し、もはや追認拒絶の余地を全く認めていないと理解することは問題である。現に、この判例は公式判例集である民集には登載されていない。むしろ、原審のいうように、このような場合には、一般論としては、2つの相続によって無権代理人の地位と本人の地位が併存的に承継され、相続人が本人の追認拒絶権を行使することは当然には信義に反することにはならないとすべきである。ただし、たとえば相手方が適法な契約がされているものと考えており、他方で、本人の地位を承継した相続人自身にも無権代理行為を是とする態度があった場合には、その追認拒絶が信義に反するとされる場合もありうると理解するのが適切だろう。この判例は、そのことが表面化した事例として位置づけるべきではないか。

　この判例が先例として引用している大判昭和17年2月25日民集21巻164

頁は、無権代理人を家督相続した者がさらに本人も家督相続した場合は、本人自らが法律行為をした場合と同様になるとしていた。しかし、その理由として次のようにも述べていた。無権代理人は、その代理行為が本人によって追認されない限り、原則として相手方に対し損害賠償その他の債務を負担すべきことになり、この債務を無権代理人の相続人は承継する。したがって、かかる債務を負担する者は、本人の地位に就いた場合には、むしろ相手方に対し無権代理行為の追認をすべきであり、これを拒絶して代理行為の効果が自分に帰属することを回避するというのは、信義則上許されない。つまり、相手方が無権代理人自身の責任を追及しえたという事情が、無権代理人自身が本人を相続した場合にその追認拒絶を否定する基礎となっているのである。逆に言えば、そのような事情がない場合には、無権代理人の追認拒絶が絶対的に信義則に反するというわけではない。

（3）無権代理人の相続人が本人も相続したが、本人が追認を拒絶していた場合（最判平成 10 年 7 月 17 日民集 52 巻 5 号 1296 頁）

（a）事実の概要

A は、昭和 58 年 11 月には、脳循環障害のために意思能力を喪失した状態に陥っていた。昭和 60 年、A の息子 B は、A の意思に基づくことなく、A を代理して、その所有する各不動産に Y らのために抵当権等を設定する契約を結び、その登記が経由された。さらに、昭和 61 年には、B は、A の意思に基づくことなく、A を代理して、Y₁ との間で連帯保証契約を結んだ。

昭和 61 年 9 月 1 日、借金の返済に追われた B は自殺したため、相続が開始し、その妻 C および子の X らは、これについて限定承認をした。さらに、昭和 62 年 5 月 21 日、A は、家庭裁判所において禁治産者（平成 11 年法改正後の被後見人に相当する）とする審判を受け、当該審判は、同年 6 月 9 日、確定した。

昭和 62 年 7 月 7 日、A の後見人に就任した C は、A の法定代理人として、Y らに対して、所有権に基づき抵当権設定登記等の抹消登記手続を請求する訴えを提起した。この訴訟係属中の昭和 63 年 10 月 4 日、A が死亡し、X らが、代襲相続により、A 所有の不動産の所有権を取得するとともに、訴訟を承継した。

これに対し、Y₁ は、反訴として、X らに対し、A の相続人として連帯保証

債務を履行するように請求した。

(b) 原審の判断

　原審は、次のような理由で、X らの請求を棄却し、Y_1 の反訴請求を認容した。

　X らは、無権代理人である B を相続した後、本人である A を相続したから、本人と代理人との資格が同一人に帰したことにより、信義則上本人が自ら法律行為をしたのと同様の法律上の地位を有し、本人である A の資格において無権代理行為について追認を拒絶する余地はなく、本件無権代理行為は当然に有効になる。したがって、A が訴訟上の攻撃防御方法の中で追認拒絶の意思を表明していると認められる場合であっても、その訴訟係属中に本人と代理人との資格が同一人に帰するに至った場合、無権代理行為は当然に有効になる。

(c) 最高裁の判断

　これに対し、最高裁は、以下のように述べて X らの請求を認容し、Y_1 の反訴請求を棄却した。

> 　本人が無権代理行為の追認を拒絶した場合には、その後に無権代理人が本人を相続したとしても、無権代理行為が有効になるものではないと解するのが相当である。けだし、無権代理人がした行為は、本人がその追認をしなければ本人に対してその効力を生ぜず（民法 113 条 1 項）、本人が追認を拒絶すれば無権代理行為の効力が本人に及ばないことが確定し、追認拒絶の後は本人であっても追認によって無権代理行為を有効とすることができず、右追認拒絶の後に無権代理人が本人を相続したとしても、右追認拒絶の効果に何ら影響を及ぼすものではないからである。このように解すると、本人が追認拒絶をした後に無権代理人が本人を相続した場合と本人が追認拒絶をする前に無権代理人が本人を相続した場合とで法律効果に相違が生ずることになるが、本人の追認拒絶の有無によって右の相違を生ずることはやむを得ないところであり、相続した無権代理人が本人の追認拒絶の効果を主張することがそれ自体信義則に反するものであるということはできない。
>
> 　これを本件について見ると、A は、Y らに対し本件各登記の抹消登記手続を求める本訴を提起したから、B の無権代理行為について追認を拒絶したものというべく、これにより、B がした無権代理行為は A に対し効力を

生じないことに確定したといわなければならない。そうすると、その後に
Ｘらが Ａ を相続したからといって、既に Ａ がした追認拒絶の効果に影響は
なく、Ｂ による本件無権代理行為が当然に有効になるものではない。そし
て、前記事実関係の下においては、その他に Ｘ らが右追認拒絶の効果を主
張することが信義則に反すると解すべき事情があることはうかがわれない。

(d) 検討

　この判例の事案は、無権代理人の相続人が本人も相続した点においては、
(2) の事案と共通しているが、すでに本人が追認を拒絶していた点では異なっ
ている。そこで、原審が (2) の判例と同じ結論を導いたのに対し、この判例
は、追認拒絶の効果が確定したことを根拠にして、代理行為の有効性を否定し
た。もっとも、無権代理人の相続人がすでに確定した追認拒絶の効果を主張す
ること自体は、信義則に反しないとするものの、なお、そのような主張が信義
則に反するとする特別の事情もありうることは指摘している。

　しかし、すでに述べたように、そもそも (2) の判例が、無権代理人の相続
人が本人を相続すると、無権代理人自身が本人を相続した場合と同様に、代理
行為が当然に有効になるという理由づけをしている点が問題である。本来、こ
のような場合には、代理行為は当然には追完されないが、ただ、個別の事情次
第では、無権代理人の相続人が本人の追認拒絶権を行使することが信義則に反
する場合がありうる、とすべきだったのであり、(2) の事案はまさにそのよう
な個別事情があったケースというべきであろう。

　それゆえ、この判例の事案でも、Ｘ らは、もともと無権代理行為をした者
ではない以上、たとえ先に無権代理人を相続した場合でも、その後本人を相続
することにより、原則として本人の地位を主張しうる立場にあり、そのことは、
本人がすでに追認を拒絶しているか否かにかかわらない、というべきである。
つまり、私見では、仮に本件で Ａ がなお追認を拒絶していなかったとしても、
Ｘ らはその追認拒絶権を行使することができ、それが信義則に反することは
ない、ということになる。

　以上のように、判例が採用していた資格融合という法的構成は、個別事情に
照らして穏当な結論を導くために明快なものではない。それゆえ、たとえ無権
代理人自身が本人を単独で相続した場合でも、この法的構成は捨てるべきであ

り、ただ、この場合には、相手方が悪意である等の特別の事情がない限り、無権代理人が本人の追認拒絶権を行使することは信義則に反する、と解すべきである。

(4) 無権代理人に近い者が本人の後見人に就任した場合 (最判平成6年9月13日民集48巻6号1263頁)

(a) 事実の概要

Yは、生まれつきの聴覚等の障害によって6歳程度の知能年齢にあった。Yの父Aは、昭和40年3月2日に死亡し、その相続人は、妻B、長女C、二女D、三女Yおよび長男Eであったが、Yを除く相続人らは、Aの遺志に従い、Yの将来の生活の資に充てるため、遺産に属していた甲建物の所有権およびその敷地の借地権をYが取得するとの遺産分割協議が成立したこととして、Yに対し甲建物の所有権移転登記手続をした。そして、B、C、DおよびEは、以後、Yと同居していたBとCがYの身の回りの世話をするものとし、主としてCが甲建物を管理することとした。甲建物について、Cは、昭和43年5月、Yを賃貸人とするXとの間の賃貸借契約の締結をし、その後の賃料の改定、契約の更新等の交渉にも当たり、そのことについて誰からも苦情が出なかった。

昭和55年、甲建物の敷地およびそれに隣接する土地の上に等価交換方式によりビルを建築する計画が某株式会社によって立てられ、計画実施のために甲建物を取り壊すことが必要になった。このビル建築をめぐるXとの間の交渉には主としてCが当たり、同年9月19日、Xが甲建物からいったん立ち退き、ビルの完成後にYが取得する区分所有建物を改めてXに賃貸する旨の合意書が作成された。Cは、合意書にYの記名および捺印をし、また、同年11月14日に作成された合意書にも、Yの記名および捺印をした。

その後、CDは、弁護士に相談して、XY間の賃貸借契約書案を作成してもらい、昭和56年2月17日、弁護士が作成した契約文書に、Xが自己の署名および捺印をし、CがYの記名および捺印をして、新建物についての賃貸借の予約(以下「本件予約」という)がされた。本件予約には、(1) Xは、Yから新建物を賃借することを予約する、(2) Yは、Xに新建物を引き渡すまでに、Xとの間で賃貸借の本契約を締結する、(3) Yの都合で賃貸借の本契約を締結

することができないときは、Yは、Xに対し4000万円の損害賠償金を支払う、という内容の合意が含まれていた。

Xは甲建物を明け渡し、昭和57年8月にはビルが完成したが、Cは、Xに対し、ビル完成前の同年4月ころ、賃貸借の本契約の締結を拒む意思を表明した。このため、Xは、Yにあてて新建物を賃貸するよう求める旨の書面を送付したが、Y側は、これに対する回答をしないで、Fに対し、同年6月17日付けで新建物を借入金の担保として譲渡した。

Xは、Yに対し、昭和57年8月27日、本件予約中の（3）の合意に基づき、4000万円の損害賠償等を求める訴えを提起した。Bは、家庭裁判所に対し、昭和61年2月21日、Yを禁治産者とし、後見人を選任することを求める申立てをしたところ、裁判所は、同年8月20日、Yを禁治産者とし、Dを後見人に選任する旨の決定をした

（b）原審の判断

原審は、次のとおり判断し、Xの請求を認容した。Cは、Yの事実上の後見人として、甲建物についてのXとの間の契約関係を処理してきており、本件予約もCが同様の方法でしたものである。本件予約は、その合意内容を履行しさえすればYの利益を害するものではなく、Y側には本契約の締結を拒む合理的理由がなく、また、後見人に選任されたDも、本件予約の成立に関与し、その内容を了知していた。それゆえ、本件予約の相手方であるXの保護も十分考慮されなければならず、Dが本件予約の追認を拒絶してその効力を争うことは、信義則に反し許されない。

（c）最高裁の判断

しかし、最高裁は、以下のように述べて、原審の判決を破棄した。そこでは、特に、Yの受ける不利益とXが賃借権放棄によって受けた不利益との比較衡量が重視された。

禁治産者の後見人は、原則として、禁治産者の財産上の地位に変動を及ぼす一切の法律行為につき禁治産者を代理する権限を有するものとされており（条文略）、後見人就職前に禁治産者の無権代理人によってされた法律行為を追認し、又は追認を拒絶する権限も、その代理権の範囲に含まれる。後見人において無権代理行為の追認を拒絶した場合には、右無権代理行為

は禁治産者との間においては無効であることに確定するのであるが、その場合における無権代理行為の相手方の利益を保護するため、相手方は、無権代理人に対し履行又は損害賠償を求めることができ（民法117条）、また、追認の拒絶により禁治産者が利益を受け相手方が損失を被るときは禁治産者に対し不当利得の返還を求めることができる（条文略）ものとされている。そして、後見人は、禁治産者との関係においては、専らその利益のために善良な管理者の注意をもって右の代理権を行使する義務を負うのである（条文略）から、後見人は、禁治産者を代理してある法律行為をするか否かを決するに際しては、その時点における禁治産者の置かれた諸般の状況を考慮した上、禁治産者の利益に合致するよう適切な裁量を行使してすることが要請される。ただし、相手方のある法律行為をするに際しては、後見人において取引の安全等相手方の利益にも相応の配慮を払うべきことは当然であって、当該法律行為を代理してすることが取引関係に立つ当事者間の信頼を裏切り、正義の観念に反するような例外的場合には、そのような代理権の行使は許されないこととなる。

　したがって、禁治産者の後見人が、その就職前に禁治産者の無権代理人によって締結された契約の追認を拒絶することが信義則に反するか否かは、(1) 右契約の締結に至るまでの無権代理人と相手方との交渉経緯及び無権代理人が右契約の締結前に相手方との間でした法律行為の内容と性質、(2) 右契約を追認することによって禁治産者が被る経済的不利益と追認を拒絶することによって相手方が被る経済的不利益、(3) 右契約の締結から後見人が就職するまでの間に右契約の履行等をめぐってされた交渉経緯、(4) 無権代理人と後見人との人的関係及び後見人がその就職前に右契約の締結に関与した行為の程度、(5) 本人の意思能力について相手方が認識し又は認識し得た事実、など諸般の事情を勘案し、右のような例外的な場合に当たるか否かを判断して、決しなければならないものというべきである。

(d) 若干の検討

　この事案でも、やはり意思能力を欠く者のために事実上後見人として行動していた者が無権代理行為をしたが、後見人に就任したのは無権代理人の妹であった点が特徴的である。しかし、後見人が無権代理人に近しい地位にあり、さらに無権代理行為に関与していた点からは、無権代理人自身が後見人になった

場合とそれほど大きな差はないといえよう。

　問題は、かかる無権代理行為が有効となることによって本人が受ける不利益である。この点が無権代理人らが後見人に就任した場合にもっとも留意されるべき要素であり、それが相続事例とは異なる。本判決の事案は、基礎編で言及した判例とは相当異なっており、やはり本人の利益を保護しなければならないケースにおいては、この点が追認拒絶の可否の鍵を握っている。

2. 詐害行為取消権行使の絶対的効力に伴う問題

（1）受益者の反対給付の返還請求権

　基礎編で触れたように、本問では、Aは、Eとの売買の代金の支払いを受けていない状況で、本件不動産の所有権移転登記をしていた。それゆえ、詐害行為取消権の行使が容認されるのであれば、Dは無条件にEに対してその抹消登記手続を請求できることは明らかである。しかし、仮にAが代金300万円を受け取っていたならばどうなるか。

　平成29年改正前には、取消しの効力は債務者には及ばないとするのが判例であったため、Eが、債務者Aとの関係で、売買契約が取消しによって無効になったとして代金の返還を求めることができるかには疑問があった。しかし、これを容認しなければ、Eは目的物の所有権を失うにもかかわらず、その代価を返還してもらえないこととなり、明らかにAE間の公平に反することになる。改正法では、取消しの効力は債務者にも及ぶこととなったため、このことは当然に認められることになった（425条の2）。

（2）反対給付の返還請求権を根拠とする抗弁権

　しかし、ここで新たな問題が生ずる。EのAに対する代金300万円の返還請求権も、AがEに対して有する抹消登記手続請求権も、ともに取消しによって生ずる原状回復請求権であり（121条の2第1項）、両者は同時履行の関係に立つべきかが問われる。契約当事者間では、契約上対価関係にあった給付の返還請求については、同時履行関係を認めるのが公平の理念に合致するだろう（546条・533条参照）。そうすると、受益者たるEは、債務者Aに対して300万円の支払いの提供まで抹消登記手続請求に応じないとの抗弁を主張しうるだろ

うし、債権者Dからの請求に対しても同じ抗弁を主張しうるかに思われる。とすれば、債権者Dは、みずから300万円を提供しなければ、抹消登記手続請求権を行使しえないことになりかねない。

　改正法においては、この問題に関する明文の規定が置かれず、解釈に委ねられることとなった（筒井健夫＝村松秀樹『一問一答・民法（債権関係）改正』（商事法務、2018年）112頁（注2）参照）。ただ、筆者は、取消しの絶対的効力が容認された改正法においても、債務者との関係においてはかかる抗弁を容認すべきとしても、債権者に対する関係ではこれは否定すべきものと解する。その理由は以下のとおりである。

　詐害行為取消権の対象となる行為は、債権者の地位を害する点で、これとの関係では違法性を有するために取り消されるものである。したがって、債権者との関係では、受益者は、違法な行為によって債務者の財産を獲得した以上、その返還請求には無条件に応じなければならない（筒井＝村松・前掲書112頁も、詐害行為取消権の実効性の観点からこの立場をとる）。これに対し、詐害行為の当事者間においては、双方がその意思で違法な行為をしている以上、各当事者の受けた給付の返還に関しては引き換え給付の関係を認めるのが公平である。すなわち、この場合の抗弁権は、詐害行為の当事者間でのみ妥当する人的な抗弁というべきである。

事項索引

判例索引

《著者紹介》

古積　健三郎　中央大学法科大学院教授
こづみ　けんざぶろう

実戦演習民法─予備試験問題を素材にして

2021（令和3）年10月15日　初版1刷発行
2023（令和5）年6月15日　　同　3刷発行

著　者　古積健三郎
発行者　鯉渕　友南
発行所　株式会社　弘文堂　　101-0062 東京都千代田区神田駿河台1の7
　　　　　　　　　　　　　　TEL 03（3294）4801　振替 00120-6-53909
　　　　　　　　　　　　　　https://www.koubundou.co.jp

装　幀　青山　修作
印　刷　三　陽　社
製　本　井上製本所

ISBN 978-4-335-35880-7